当代武术与民族传统体育
专业人才培养模式

薛文忠 著

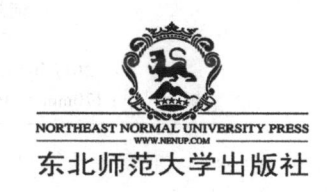

东北师范大学出版社

图书在版编目（CIP）数据

当代武术与民族传统体育专业人才培养模式 / 薛文忠著.
-- 长春：东北师范大学出版社，2017.4（2024.8重印）
ISBN 978-7-5681-2968-8

Ⅰ.①当… Ⅱ.①薛… Ⅲ.①武术－人才培养－培养模式－研究－中国 ②传统体育项目－人才培养－培养模式－研究－中国 Ⅳ.①G85

中国版本图书馆CIP数据核字（2017）第091161号

□策划编辑：王春彦
□责任编辑：卢永康 李 密 □封面设计：优盛文化
□责任校对：赵忠玲 □责任印制：张允豪

东北师范大学出版社出版发行
长春市净月经济开发区金宝街118号（邮政编码：130117）
销售热线：0431-84568036
传真：0431-84568036
网址：http://www.nenup.com
电子函件：sdcbs@mail.jl.cn
河北优盛文化传播有限公司装帧排版
三河市同力彩印有限公司
2017年10月第1版 2024年8月第3次印刷
幅画尺寸：170mm×240mm 印张：14.5 字数：258千

定价：47.50元

前言

我国民族传统体育是在人们长期的生产、生活中产生和发展起来的，其历史悠久、形式多样、文化底蕴浓厚，有着独特的健身和娱乐价值。随着社会的发展，我国民族传统体育也逐渐为世人所知，成为人们的日常健身和娱乐项目。当前，我国一些民族传统体育项目取得了一定程度上的发展，但大部分民族传统体育项目还未得到充分的挖掘和利用。在数千年的发展历程中，传统武术逐步形成了内容丰富、价值广泛、文化色彩浓厚的体育文化形态。然而，随着科技的迅速发展、全球化进程的加速以及体育市场化的冲击，在农耕文明背景下形成的传统武术很难与现代体育相抗衡。这就对传统武术的传承和发展提出了新的挑战，也对传统武术的创新发展提出了更高的要求。

本书共分八章，第一章对民族传统体育和武术从总体上进行了概述，内容涵盖民族传统体育和武术的定义、特征、起源、发展、分类以及价值和文化作用等。第二章从民族传统体育武术的科学化发展出发，从民族精神、东西方文化交流等方面对武术进行了发展趋势研究。第三章主要针对武术教育的价值进行了分析。第四章重点分析了武术在高校的发展概况，结合武术在高校中面临的种种实际问题和制约因素，提出了相应的对策。第五章从四个方面对武术体育人才培养典型模式进行了研究。第六章论述了武术体育人才的激励机制。第七章构建了武术体育人才培养新模式。第八章对学校武术教育课程改革进行了介绍。

本书内容丰富、结构严谨，逻辑层次清晰。既有理论上的分析和研究，又有具体项目的实践介绍。本书在撰写过程中，参考和借鉴了一些专家、学者的观点和资料，在此对其表示诚挚的感谢！由于时间和能力所限，书中难免存在疏漏和不足之处，恳请广大读者批评指正。

目 录

第一章 民族传统体育概述 1
第一节 民族传统体育的起源 1
第二节 民族传统体育的界定、内容与分类 10
第三节 民族传统体育的特点和价值 24
第四节 民族传统体育的文化内涵 29

第二章 民族传统体育武术的科学化发展研究 56
第一节 武术教育与中华民族精神培养 56
第二节 在政策上保障民族传统体育武术的发展 57
第三节 东西方武术文化交流与融合 65

第三章 武术教育的价值 69
第一节 关于武术教育功能价值的研究 69
第二节 学校武术教育价值溯源 76
第三节 学校武术教育价值探析 81
第四节 学校武术教育价值解读 83
第五节 我国武术教育的反思 95

第四章 武术在高校的发展概况研究 98
第一节 武术运动的特点及其形成原因 98
第二节 武术在高校的开展现状 103
第三节 武术发展面临的机遇与挑战 112
第四节 武术在高校中发展的思路与对策 117

第五章　我国武术体育人才培养典型模式 … 159

第一节　"体教结合"模式 … 159
第二节　"三级训练体制"模式 … 166
第三节　"校企结合"模式 … 169
第四节　"教学、训练、科研"模式 … 174

第六章　武术体育人才的激励机制 … 178

第一节　相关激励理论的概述 … 178
第二节　武术体育人才激励的现状 … 183
第三节　"五结合"的激励模式 … 185

第七章　武术体育人才培养新模式的理论构建 … 194

第一节　武术体育人才培养路径 … 194
第二节　武术专业人才培养评价指标的构建 … 198
第三节　武术专业建设及人才培养模式发展趋向 … 208

第八章　学校武术教育课程改革 … 215

第一节　反思课程现实 … 215
第二节　选择课程未来 … 220
第三节　体现教育价值 … 223

参考文献 … 226

第一章 民族传统体育概述

第一节 民族传统体育的起源

一、民族传统体育的起源

（一）生产劳动

生产劳动是促进原始体育活动萌生的重要因素之一。在距今有10万年历史的山西阳高许家窑文化遗址中，考古工作者挖掘出了古人类化石以及数以万计的石器。在这些石器中有1 500多枚大小不一的石球。据专家们考证，这些石球是当时许家窑人狩猎所用的投掷武器。伴随着弓箭等先进战斗工具的发明和出现，人们的狩猎水平也得到了极大的提高，诸如石球等笨重的武器很少再使用。在这种情况下，石球的功能便开始向娱乐性转化。在距今4~5万年前的西安半坡人文化遗址中挖掘出了三个石球，这三个石球被放置在一个三四岁小孩的墓葬中。由此可知，石球已不仅是狩猎的工具和保卫自身安全的武器，同时也被作为一种游戏流传开来。

在古代狩猎活动中，弓箭是一种重要的狩猎工具。东汉应劭《风俗通义·卷二·封泰山禅梁父》一书中有这样的记载："乌号弓者，柘桑之林，枝条畅茂，乌登其上，下垂着地。乌适飞来，后从拨杀，取以为弓，因名乌号耳。"由此可知，原始人可能是通过发现桑柘这一类树木具有弹力，从而发明的弓箭。因此，古代的良弓亦称"乌号"。在原始狩猎时代，"乌号"的发明是一件盛事。恩格斯在《家庭、私有制和国家的起源》一书中明确指出："弓箭对于蒙昧时代，正如铁剑对于野蛮时代和火器对于文明时代一样，乃是决定性的武器。"弓箭的出现，大大提高了狩猎的效率，直至后来，人们学会了种植庄稼和饲养牲畜，狩猎开始成为人们寻求食物的次要方式，弓箭就开始成为人们展示射箭技艺的工具。因此，射箭活动开始带有体育的性质。

（二）种族繁衍

种族繁衍是人类传承的大事。在古代，为了实施氏族外的婚配，在一些居住分散而又相对闭塞环境的少数民族中，往往会举行男女集体交往与求爱的活动，来达到繁衍种族的目的。另外，在择偶方面，少数民族对男子的身体状况与劳动能力非常的注重，往往会通过体育竞技来让青年男子充分展示自身的智慧和力量，进而获得姑娘们的青睐，这也是促进少数民族传统体育起源与发展的一种重要驱动力。很多的少数民族传统体育项目都与青年男女的社交有关，有的甚至就是为了两性的交往。例如壮族的"抛绣球"，维吾尔族和哈萨克族的"姑娘追"，苗族的"跳月"，瑶族的"踏歌"等活动。又如广西苗族、瑶族和侗族的"射弩"，在古代除了用来传信和防身外，还常常被用来作为青年男女表达爱慕之情的一种信物。

（三）宗教祭祀

在原始社会，由于科学欠发达，人们对自然现象存在恐惧和不理解，懵懂地认为万物是有灵的。正是在这种情况下，原始宗教得以产生，例如图腾崇拜、自然崇拜和祖先崇拜等，以及在此基础上产生的原始巫术活动，在这些原始宗教中，图腾崇拜和原始巫术对民族传统体育产生了极为深远的影响。

据史料记载，图腾在我国上古时期就已经出现，如鸟、蛇、蛙、虎、熊等多种图腾。关于长江以南广大地区的赛龙舟活动，据说最初也是龙图腾崇拜的一种仪式。闻一多先生在《端午考》和《端午的历史教育》等文中认为，早在屈原投江之前，龙舟竞渡就已经在古越族中盛行了。为表示他们是"龙子"，古越族人有"断发文身"的习俗，而且还有乘着刻画成龙形的独木舟在水中模仿龙的姿态进行竞渡的比赛活动。除了赛龙舟之外，其他一些民族传统体育活动也有龙图腾崇拜的踪迹，例如扎纸龙、舞龙灯等。

原始人对自然现象的恐惧和不理解是原始巫术产生的直接原因。原始巫术认为自然界与人之间可以产生影响，可以通过巫术来祈祷狩猎成功、庄稼丰收、家畜强壮多产等。拔河就是一种祈祷丰收的巫术活动，人们希望通过众人的拔河之力感应农作物，使之借助这种力量茁壮成长，从而获得来年的丰收。

在原始宗教信仰出现之后，崇拜祭祀仪式也开始逐渐渗透到人们社会生活的各个方面，在生产劳动与日常生活中都要举行祭祀活动。当遇到重大的祭日时，往往会举行非常盛大的祭祀仪式，在祭祀中，舞蹈贯穿于宗教仪式的始终，从而促进了原始舞蹈中处于萌芽状态的民族传统体育的发展。在各民族的崇拜和祭祀活动中，由于所信奉的"神灵"不同，因而祭祀中的舞蹈也不一样，譬如自命为"虎族"的彝族，在祭祖时，人们要身披"虎衣"，在雄浑的锣鼓声中，模仿虎的动作，翩翩起舞。又如汉族的"傩舞"、白族的"绕三灵"以及傈僳族的"飞舞"等舞蹈都是祭祀中体育活动的典型舞蹈。

（四）军事战争

自进入氏族公社时期之后，各大势力内部或外部之间为了争夺生存空间或为了复仇，不断地进行战争，这些原始的军事活动也促进了民族传统体育的萌芽。

在历史上很多有关战争的记载中都有关于传统体育的萌芽记载。例如《管子·地数篇》记载："葛芦之山发而出水，金从之。蚩尤受而制之，以为剑、铠、矛、戟，是岁，相兼者诸侯九"。又如《述异记》记载："轩辕之初立也，有蚩尤兄弟七十二人……与轩辕斗，以角抵人，人不能向，今冀州有乐名蚩尤戏。其民两两三三，头戴牛角而相抵。"从这些传说中大致可知，角抵，即后来的摔跤、角力、相扑等运动最早起源于蚩尤。虽然这些传说不一定是真实的历史，但蚩尤部落改进了原始兵器则是可能的。原始兵器往往是在模仿兽角、鸟嘴的形状基础上制造的，伴随着战争规模的扩大和频繁爆发，又出现了石弹、石刀、石斧和石铲等专门武器，以及石或骨制的标枪头和弓用的矢镞等武器。

从很大程度上来说，战争的出现促进了武器和战斗技能的发展，同时也让人们更加重视战斗人员的身体训练和军事技能训练。例如南朝梁人宗懔《荆楚岁时记》、刘向《别录》中的记载："蹴鞠，黄帝所造，在练武士，本兵势也。"由此可知，蹴鞠就是一种为了训练将士而被创造出来的运动。

（五）经济活动

在民族传统体育的萌生过程中，经济活动也起到了非常重要的作用。在自然经济时代，由于多方面的原因，散居在山区各村寨的少数民族一般在节日里才会有相聚的活动。许多传统的节庆集信仰、娱乐、社交、经济等多种功能于一体，这些节日是商人们进行交易的大好时期。有些体育活动及其节庆本身就是商人们出于商业活动的需要而创造出来的。例如侗族的"抢花炮"，被称为"侗家橄榄球"，是流行于湘、黔、桂的独具特色的侗族传统文化体育活动。在节庆期间，村民卖掉自己的土特产，同时买回日常生活用品，因此，花炮节促进了人们经济活动的发展。

（六）教育传承

教育是一种将自身生活经验传承给后代人的主要方式。原始教育最初与生产过程是一体的，也就是在生产劳动实际过程中进行的简单生产技能的传授。

最早的文字（记事符号）、信仰、风俗习惯等都是在氏族公社时期出现的，教育内容也逐渐变得复杂。关于氏族公社时期的教育，毛礼锐在其《中国古代教育史》中提到"氏族公社成员除在生产实践中受教育外，又在政治、宗教和艺术活动中受教育。他们参加选择领袖、讨论公共事务以及宗教等社会活动，利用游戏、竞

—3—

技、唱歌、舞蹈、记事符号进行教育，利用神话与传说作为材料和手段"。在这个时候，教育是在劳动之外进行的，开始用模拟化的劳动动作代替直接传授劳动技能的活动，并且融入了大量的由人设计的各种动作和活动形式。由此可以推断出原始教育中包含着大量的体育内容，并且这些体育内容带有明显的地域性特征。因此，在各个民族的原始教育中，便包含对各自独特的传统体育内容的学习和利用。

（七）健身娱乐

对于人们来说，从事民族传统体育活动最基本和最直接的价值追求就是健身娱乐，在这种目的驱使下，各族人民创造出了多种多样的有益于健康和身心愉悦的民族传统体育活动。相较于从生产劳动、宗教祭祀、军事战争中衍生出的民族传统体育模式来说，健身娱乐更多的是源于人们的创造。

古代民间的娱乐活动多种多样，广大民众通过自己的双手和智慧创造出了各种戏曲、舞蹈、杂技以及丰富多彩的民族传统体育活动，以此来丰富生活，增进身心健康。例如宋代市民十分喜爱踢毽子的体育活动，在当时的临安城就有专门制作毽子的手艺人。明代《帝京景物·卷二·春场》中关于踢毽子有这样的记载："杨柳儿活，抽；杨柳儿青，放空钟；杨柳儿死，踢毽子；杨柳儿，发芽儿，打拨儿。"由此可知，当时的民间娱乐健身活动是十分活跃的。这是人们根据自身的娱乐目的、借助一些外部自然条件和其他生产劳动成果或经验而创造出来的。

在体育游戏中，很多儿童游戏得以产生的原因都是健身娱乐需要。相较于成年人，儿童在好奇心、游戏欲和创造力方面要强一些，他们往往能够创造出一些形式活泼、内容新颖的体育游戏。例如备受儿童喜爱的"老鹰捉小鸡"的游戏，在激烈的"老鹰"和"小鸡"的较量中，儿童获得了娱乐身心的效果。又如山东民间的"老虎叼羊"、广西仫佬族的"凤凰护蛋"等儿童游戏，也都是一种对现实生活的联想和创造。总而言之，这些儿童游戏往往是为了满足儿童娱乐玩耍的需求而创造出来的，都具有很好的健身效果。

可以说，人们创造娱乐活动的最终目的就是对身心健康的追求。值得强调的是，只有具有身体活动特色鲜明、身体活动能力影响游戏成效的活动，才被称为体育游戏。

二、我国传统武术的起源

（一）技击的萌芽

传统武术起源于我国原始社会的生产劳动活动之中。由于原始社会的生产力水平极为低下，原始人类主要以狩猎等原始的生产活动为生，并在从事这些生产活动的过程中学会了徒手或使用木棒、石头等器具击打野兽的方法。此时的原始人类虽还未有意识把搏杀技能作为一种技能专门练习，但这些源于本能的、自发的、随意的身体动作却为武术技击的产生奠定了重要基础。进入旧石器时代晚期，人类打制石器等生产工具有了较大发展。到新石器时代，人们已较广泛地运用弓箭来狩猎了。随着劈、砍、击、刺等经验的逐步累积以及生产工具的不断改进，人们开始自觉地尝试运用格斗技术和使用锋刃工具。这是传统武术进入了萌芽状态的标志，但其技能本质上还是属于生产活动的范畴。

在原始人群的生存竞争中，技击产生的因素萌生于人与兽的斗争之中，而人与人斗则直接促使了传统武术技击的萌生。《史记》中记载，"黄帝与炎帝战于阪泉之野，三战，然后得其志。蚩尤作乱，不用帝命。于是黄帝乃征师诸侯，与蚩尤战于涿鹿之野，遂禽杀蚩尤"。原始社会末期，随着对社会生产力水平有较高要求的私有制的产生，氏族与部落之间出现了有组织的大规模战争，如古籍传说中的黄帝与炎帝的战争、黄帝与蚩尤的战争、夏禹伐九黎、三苗的战争等等。这些战争使得本来用于狩猎的技能和工具开始逐渐用于人与人的厮杀上，并促进了技击技术的发生和发展。传说中，勇猛非常的蚩尤不仅是徒手搏斗的英雄，还是兵器的发明者。《述异记》中记载："蚩尤氏耳鬓如剑、戟，头有角，与轩辕斗，以角抵人，人不能向。"这也同时表明，原始战争对人们徒手的擒、拿、摔、打等战斗技能的产生，有着巨大的促进作用。《世本》中记载："蚩尤作'五兵'：即戈、殳、戟、酋矛、夷矛。"这表明战争促进了武器的创造与发展。

总之，人类在战争中开始逐渐掌握战争所需的格斗技能以及使用兵器的技艺，二者均为传统武术产生的必要条件。人们反复模仿和练习在战争中总结出来的应用广泛的技击方法，并将其传授给下一代。与此同时，从生产技术中分离出来的这些技击方法也逐步开始作为军事训练的重要内容。

还有人认为，人们的战斗意识、竞争意识的出现，是传统武术在原始社会萌生的另一个重要标志。

(二) 武舞的产生

据有关史料记载，原始人在进行狩猎、战事等活动的前后，一般要跳武舞。武舞是人们将狩猎或战争场景进行模拟，并把用于实战格杀的经验按一定程式来进行演练的舞蹈。它融知识、技能、身体训练和习惯的培养等为一体，是原始社会战斗技术的展现，是古代武术由感性认识向理性认识的升华。人们认为，武舞之中的击刺杀伐动作会蕴含着某种超自然的力量。

人们从战争实践中总结的攻防技能和经验,为后来武术套路的形成奠定了基础。集宗教祭祀、教育、娱乐以及搏斗训练于一体的武舞,是原始社会多位一体的文化形态的重要组成部分,其实质是对搏杀技能的操练,也是用来宣扬武威的手段。因此,武舞可以说是传统武术最主要的原始形态。据记载:虞舜时期,三苗部族多次反叛,屡次征伐也未能使之降服。后来,禹停止进攻,让士兵持斧和盾进行操练,请三苗部族的人观看"干戚舞",结果三苗部族被"干戚舞"雄浑的力量所慑服,立即臣服于大禹。这就是原始社会一次盛大的武术自卫演练。

在近代某些带有原始风貌的民族风俗中,原始武舞的影子依稀可见,如云南纳西族的祭神武舞"东巴跳",在这个武舞中由数十或上百人组成,且狂舞的人们均手持武器。此外,在我国一些现存的原始岩画中,也能看到一些原始武术的图像。如在云南沧源的一幅原始岩画就生动地展现了原始武术的威武形象——远古的战士们成横列状,右手高举短戈,傲然屹立;画中的其他人则一手持方盾,一手执两端粗中间细的武器,双腿弯曲呈马步下蹲。

三、传统武术的形成与发展

真正的传统武术是在进入阶级社会以后才逐渐形成并得到发展的。

(一)传统武术的形成

由中华民族特有的文化土壤孕育而成的传统武术,有着击舞一体、内外兼修的独特武术形式。

夏朝的建立标志着中国社会从氏族公社的原始社会进入到奴隶制社会。自夏朝建立后,武术开始被视作一种军事技能并逐渐从生产活动中分化出来,成为当权者的阶级统治工具。此时的武术开始向专门化、复杂化的方向发展。在夏朝,还出现了"序"和"校"等主要负责教授和演练各种武艺的教育机构。当时的武技称"手搏""手格""股肱"等。

随着农业文明的发展,到了殷商时期,出现了武术训练的重要手段——田猎。此时的田猎已不再是单纯的狩猎食物,而是一项具有军事意义的活动。"田猎时,进行军事技能训练的将士们驱驰车马,弯弓骑射。"诸如此类的关于田猎的记录,在殷商甲骨文中有大量记载。随着青铜冶炼技术的发展,矛、戈、戟、斧、钺、刀、剑等兵器开始出现,大大增强了武术的杀伤力。

西周时期,统治者通过让贵族子弟学习"六艺"的方式来维护贵族专政。"六艺"中的"射""御"分别指射箭和驾驶战车,这些都是与武术有直接关系的训练内容。"乐"指的是周朝时期的一种舞蹈,这种舞蹈是在东南西北四方各做四次击刺的动作。这种套路后世称为"打四门",对于后来的武术基础套路和传统套路有着深远的影响。另外,西周时期的武术学校还经常请著名的将帅讲述武术课程,武术文化教育的气象由此萌生。

春秋战国是我国由奴隶制社会向封建社会转型的重要时代。在这个剧烈变化、不断动荡的时期,各诸侯国攻城略地,战事频繁,练兵习武得到空前的重视和发展。当时,诸侯各国"以兵战为务",对身体素质优秀、战斗技巧高明的人才都很重视。据《管子·小匡》记载:为使齐国强盛,齐国宰相管仲实行兵制改革,改革的主要内容包括官兵必须进行实战性武技训练;勇猛而不当兵的百姓皆要问罪。为了发掘人才,提高军队战斗力,齐国于每年的春秋两季都会举行全国性的"角试",并从中选拔出武艺高强的人才。经过训练的齐军"举兵如飞鸟,动兵如闪电,发兵如风雨,前无人敢阻,后无人敢伤,独出独人,如入无人之境"。这是齐国后来能够成为春秋霸主的重要原因之一。随着冶炼技术的发展,作战形式和兵器的种类、质量在很大程度上发生了改变,这使得春秋战国时期的战争由车战为主转为步兵和骑兵作战为主,也为武技的发展创造了有利的条件。而随着奴隶制的崩溃,奴隶主、贵族在军队和教育方面垄断武技的局面被打破,民间开始出现许多剑客、剑士和剑家。"吴王好剑,百姓多创瘢。"(《后汉书·马廖传》)"赵文王喜剑,剑士夹门而客三千余人,日夜相击于前。"(《庄子·说剑》)他们的出现,标志着武技开始走向民间,传统武术开始具有了一定的雏形。

(二)传统武术在我国古代的发展

传统武术源于我国远古祖先的劳动生产实践,经过几千年的发展,它已变成人类生活中的一个重要环节。中国传统武术以中国文化为理论基础,并融合了道家、儒家、佛教等各种哲学思想。人们在最基本的物质需求得到满足以后,就开始有了更多的精神需求。传统武术根据所处时代的发展特色,逐渐在自身发展的过程中融入了传统中医、健身等元素,这使得传统武术在发展的过程中受到越来越多人的喜爱,并逐渐演变为具有健身性和娱乐性的民间传统运动。

传统武术是中华武术的灵魂,为中华武术的悠久传承和发展赋予了强大的生命力。它在各个历史时期都有不同的发展特点。

1.夏商周时期

早在夏商周时期,传统武术便已初具雏形。由于传统武术是中国劳动人民在长期的社会实践与发展中不断积累的产物，因此它的产生具有极其广泛的群众基础。

夏朝是我国古代的第一个奴隶制社会。由于当时社会发展的局限性，传统武术只是一种简单的、用于狩猎等基本生活的技击术。随着奴隶主与贵族之间的利益纷争愈演愈烈，最终导致了战争的爆发。频繁的战争推进了技击技术的发展，为了达到更好的战争效果，出现了传统武术中的传习和演练。

到了商朝，当时已处于农业经济为主的社会。随着社会的进步，冶炼技术得到了快速发展，矛、戈、戟、斧、钺、刀、剑等精良兵器开始出现，各类做工精良的青铜兵器大量用于配备军队。传统的田猎从人类赖以生存的谋生手段变成了集身体、技术、战术训练为一体的、具有军事意义的综合训练。在商朝时期，田猎的主要作用是训练士兵熟练使用各种武器以及学习驭马驾车的技术。这样的训练加之精良武器的配合运用大大增强了传统武术的杀伤力，已不再像夏朝时期单纯的传习和演练。

到了西周时期，统治者为维护其统治，开始加大武艺教育的力度。周成王曾对鲁公伯禽说："尔知为人上之道乎？……夫有文无武，无以威下；有武无文，民畏不亲；文武俱行，威德乃成。既成威德，民亲以服。"注重"孟秋之月，……天子乃命将帅选士厉兵，简练桀俊、专任有功，以征不义，诘诛暴慢，以明好恶，顺彼远方""孟冬之月，……天子乃命将帅讲武，习射御角力"，并且提倡"三时务农，而一时讲武"的武艺教育。另外，西周的金文中也有许多关于周天子提倡习射的史实记载，如，有铭文曾记载了周宣王为太子时，在学宫中学习射箭的场景。

西周时期是"武士"的时代，贵族子弟均要接受一种文武结合，以"武"为主的名为"六艺"的教育。三代之士，皆武士，武士又称"国士"。武士在平时帮助统治阶级管理平民，在战时则负责保卫国家社稷。由于西周时期主要以车战为主，战车上的甲士主要以武士为主，所以"射""御"是武士必须学习的武艺内容，而这一时期的武术教育自然也是以"射""御"为主要内容。

2.秦汉时期

秦朝是我国第一个大一统王朝，秦始皇为了维持国家的统一和皇权的专制，明令禁止民间的习武行为，这严重阻碍了我国传统武术的传承与发展。

到了汉朝，传统武术又重新发展起来，其发展速度较夏商周时期有过之而无不及。这是因为十分重视武备和军事训练的汉朝采取了"兵民合一""劳武结合"的措施，使得尚武之风在民间盛极一时。在这一时期还出现了许多与传统武术有关的理论著述，在这些理论著作之中，首次出现了关于"武德"等行为规范的描写。这标志着武术理论体系开始出现。

3. 魏晋南北朝时期

魏晋南北朝时期是我国古代历史发展中的民族大融合时期。这一时期的传统武术在民间也十分盛行。由于南方的汉族政权注重武术的艺术价值，使得传统武术出现了向娱乐性发展的趋向。当时民间流行的角抵戏、刀枪表演、刀剑表演以及武打戏就是传统武术在娱乐方面的发展表现。南北大融合的同时，佛教、道教的思想开始逐渐地对传统武术产生影响。

4. 唐宋时期

唐代有着开明的政治、繁荣的经济、开放的文化与社会环境，在这个时期，我国传统武术发展迎来了又一高峰。唐王朝将武术纳入了科举考试的行列，被称为武举。武举的出现为平民百姓的仕途之路打开了方便之门，这就使得传统武术更加贴近于平民社会。此外，当时的武学思想已经与可文学的发展媲美，甚至还出现了推崇武学的文人墨客。"初唐四杰"之一的杨炯就是其中的一位，就有诸如"宁为百夫长，胜作一书生"这样的诗句。

到了宋代，民族矛盾问题日益尖锐，战争频繁，这促进了军事武艺的发展，出现了弓、弯、刀、枪、铜、棒、鞭、斧等能够满足战争需要的多种武器类型。这些武术器械的出现为后世民间武术器械的丰富发展和武术技艺的提高起到了积极的推动作用。为了抵御外来民族的侵略，反抗上层社会的压迫，武艺结社组织开始在民间大量涌现，如影响较大的"弓箭社""英略社"等。武艺结社组织的出现，加速了传统武术在民间的发展。

5. 元明清时期

元朝时期，一方面，元曲的普遍流行加强了文艺戏曲对传统武术的需要，使传统武术的表演性得到了进一步发展；另一方面，元朝为了防止各族人民的反抗，在强化朝廷习武练兵的同时，制定了严禁民间习武的相关律法，这在很大程度上阻碍了传统武术在民间的发展。

到了明清时期，民间的传统武术逐渐与军事武艺分离开来。民间武术的发展迎来了传统武术的集大成发展时期，趋于成熟和稳定的招式套路，方便了后世的流传与发扬；传统武术文化完全形成，奠定了传统武术在未来教学中的基础。

因此，根据传统武术的发展历史及其在各个历史时期所呈现出来的特点，可以总结出传统武术指的是：以突出中华武术武德修养意志为主体，展现出其流传有序、体用兼备，理、法、势齐全，风格突出，强调身心意志精神协调发展的拳种总称，区别于现代竞技武术。

第二节 民族传统体育的界定、内容与分类

一、我国民族传统体育的界定

由于不同的研究者对民族传统体育的概念有着不同的理解，因而对民族传统体育的概念并没有一个统一的认识。在1989年由人民体育出版社出版的《体育史》一书中，把民族传统体育界定为近代以前的体育竞技娱乐活动。《民族体育》认为民族体育是指具有民族特色的体育活动。《体育人类学》认为民族传统体育是某一个或几个特定的民族在一定的范围内开展的，还没有被现代化，至今还有影响的体育竞技娱乐活动。也有学者把民族传统体育界定为在中华大地上产生并流传至今的，或在古代由外族传入并生根发展且有中华民族传统特色的体育活动。还有一些学者将少数民族传统体育简称为民族传统体育或民族体育。

综合以上观点，本书认为民族传统体育是指在中华民族不同历史时期，不同地域产生发展并传承下来的具有浓厚民族传统特色的各种体育活动的总称。

二、我国民族传统体育的内容

我国的民族传统体育在五千多年的发展历程中逐渐形成了丰富多彩、各具特色的传统体育项目。据1990年《中华民族传统体育志》统计，我国已搜集到的55个少数民族的传统体育项目有676项，汉族民间体育项目有301项。其主要内容包括武术、导引术、民间体育游戏、少数民族传统体育等。

（一）武 术

武术是一项注重内外兼修的中国传统体育项目，其主要内容为攻防技击，以套路演练和搏斗对抗为运动形式。不管是对抗性的搏斗运动，还是势势相承的套路运动，都是以中国传统的技击方法为核心。武术是传统武术与传统文化结合的产物，伴随着传统武术的产生和发展，其文化属性在社会中有着诸多的价值角色。武术的体育属性非常地明确，其内涵主要涵盖了古代哲学、兵学、导引养生学、中医学、美学、气功等学科领域的理论成果，并与整体观、阴阳变化观、形神论、气论、动静说等相结合，注重内外兼修，被誉为"博大精深"的文化体系。传统武术发展成现代体育项目，其健身价值就显得更为突出。即便是一些由二人直接进行身体对抗的项目，如太极推手、散打等，也能使练习者在规则的限制下通过掌

握一些身体运动的技能和方法，达到强身健体的目的。

1.武术的概念

在武术产生和发展的历程中，不同的历史时期对武术有着不同的表述。但是武术的本质属性——技击性，却始终没有变化。早期武术被称为"手搏""白打"，这两种表述突出的是武术的搏斗、击打的特性；在春秋战国时期被称为"技击"，又饱含了技术的特征；汉代称为"武功""武艺"，则又分别饱含反映武术本质属性的技艺和功力；在清初又借用南朝《文选》中"偃闭武术"中的"武术"一词；民国时期称"中国武术"为"国术"；在新中国成立之后仍沿用"武术"一词。

《中国武术百科全书》对武术的定义是这样解释的："武术是以技击动作为主要内容，以套路和格斗为运动形式，注重内外兼修的中国传统体育项目。"该定义包含了两层含义：一是以技击动作为内容的体育项目；二是注重内外兼修的中国传统体育项目。

2.武术的内容与分类

武术是一种极受人们喜爱的体育项目，各民族的武术有着各自的风格和套路。"击"和"舞"是武术运动的两个显著特点，其内容主要表现为："击"即"技击"，也就是从徒手搏斗的拳术发展为搏击敌人的武艺，在民间有着根深蒂固的传统；"舞"即"武舞"，也就是现在流行的套路形式，它与"技击"的搏击性有一定的差异。

（1）根据武术的运动形式，可将武术分为套路运动和搏斗运动两种类型。

套路运动是以技击作为素材，以攻守进退、动静疾徐、刚柔虚实等矛盾运动的变化编成的整套练习形式。根据套路的演练形式，又可将套路运动分为单练、对练和集体演练三种类型。

搏斗运动是指两个人在一定条件下，按照一定的规则进行的斗技、斗智的对抗性实战形式。目前，被列为竞赛项目的主要有散打、推手等。

（2）根据武术的功能，可将武术分为竞技武术、健身武术、实用武术和学校武术四种类型。

（二）导引术

导引是指以肢体活动为主，并配合呼吸吐纳的一种运动方式。"古代的康复体育运动即为导引"，导指宣导气血；引的本义是开弓，引申为伸展，伸展肢体之义。导引术最为显著的特点就是意、气、形三者合一，既是一种中国传统的养生术，也是一种体疗方法。导引术在秦汉时期取得了很大的发展，在《淮南子》一书中就已经有关于通过模仿动物进行养生练习的记载，包括"鸟伸""熊经""虎顾""猿躩""凫浴""鸱视"等，也就是所谓的"六禽戏"。1973年，湖南长沙马王堆3号西汉墓中出土了一幅《导引图》，这是迄今所发现的最早的、最完整的古代导引图解。在这幅导引图中有大量模仿动物形态的仿生类导引，从这点可以看出，我国古代体育具有仿生性。经过几千年的发展，导引术逐渐发展成为一个博大精深、特点鲜明的体育养生和医疗体系。

到秦汉以后，在先秦阴阳五行哲学思想和精、气、神等原理的影响与推动下，行气术已开始形成系统的体系。行气，又称为吐纳、炼气、服气、胎息等，这是一种在意念指导下的呼吸锻炼方式。

很多养生学家对我国古代的一些养生功法进行了深入研究和整理。除导引术、行气术之外，按摩术也逐渐成了养生活动中的一项重要内容。从形式上来看，太极拳属于武术的拳术，具有技击的特色。但太极拳又兼有导引、行气和按摩术的特点，与武术的技击完美地结合在一起，充分地体现了中国古代养生体育的特色和发展方向。在我国民族的传统体育形式中，保健养生体育中按摩术的流行与发展，充分体现了中华民族传统体育文化独特的民族特色。

（三）民间体育游戏

民间体育游戏是民族传统体育的一个重要组成部分，其在民间被广泛流传和开展。但是，伴随着社会的发展，很多具有民族特色的体育游戏已逐渐被遗忘，有的甚至已经消失。在游艺民俗中，游戏是最普遍、最常见、最有趣的娱乐活动。在少年儿童和成人娱乐节目中都很流行。有些体育游戏经过发展逐渐形成了竞技项目或杂技艺术。自古以来，我国各民族各地区的民间游戏活动种类和样式繁多，许多民间游戏活动在性质、方式以及游戏者的范围等方面存在着某些相同或者是相似之处。在这些民间游戏中，比较典型的有儿童游戏、季节游戏、歌舞观赏游戏、智能游戏、斗赛游戏等。

除民间体育游戏之外，民间体育竞技活动也是一种重要的民族传统体育活动，并且这两者之间有着非常密切的联系。在许多民间游戏中都存在不同程度的竞技特征，同样，在许多民间竞技活动项目中也存在不同程度的游戏特征。例如我国古代的传统民间竞技活动踢毽子在北魏时期就已出现。宋代高承的《事物纪原》中指出当时毽子的形式，也说明踢毽子与蹴鞠活动的渊源。在宋人周秘的《武林旧事》一书中记载了4种"毽子"的基本技巧，即两脚向内侧交替的踢法"盘"；屈膝弹毽的"磕";用脚外侧反踢的"拐";用脚尖正踢的"赖"。此外，踢毽子还常有花样技巧比赛，常用肩、背、腹、胸、头等身体各部位与两脚配合，做出各种姿势，使毽子经久不落地，缠身绕腿，翻转自如。这种民间竞技活动就带有明显的游戏性质。再如跳皮筋游戏，"小皮球，香蕉梨，马莲开花二十一……"这首古老的跳皮筋童谣曾伴随一代又一代人的成长。这本是一种边跳边伴唱的游戏活动，其自娱的特点非常明显，虽然其后来逐渐发展成一种竞技活动，但仍然具有游戏的特性。在竞赛中玩耍正是我国民间竞技游戏活动的最为显著的特征。

相较于集玩耍与竞赛于一体的传统民间竞技活动，近现代形成的体育竞技活动则是较为严肃认真的比赛。从我国古代盛行的竞技活动蹴鞠与近现代的足球比赛来看，这两者之间一脉相承，但在比赛的氛围上却截然不同。在蹴鞠比赛过程中，玩耍自娱的随意性特点非常明显，但在现代足球比赛中却根本看不到这种随意性。

如今，伴随着经济、文化的全球化，在不同层面上衍生出不同的制度文化与精神文化。虽然以竞技体育为主流的正规体育仍然制约着传统体育游戏的发展，但在世界上一些地方传统体育和新生的民间游戏已经开始对竞技体育提出了挑战。因此，在全球化的冲击下，各民族都要从自身的需要出发，在适应全球化文化发展的基础上，力图使自身民族文化适应新时代发展的需要。

（四）少数民族传统体育

少数民族传统体育主要是指生活在特殊地域的人群，世代传承的，表现本民族文化特色的身体活动。少数民族传统体育是各少数民族在其长期的历史发展过程中不断积累和保存下来的一种体育活动，反映了各民族意识和多方面活动的文化财富。在我国的55个少数民族中，几乎每一个少数民族，都有着自己独特的传统体育活动。

少数民族传统体育体现了不同社会形态的遗痕、各民族的不同特征，同时还反映了不同的地域特点。从文化人类学的视角看，民族传统体育活动与种族繁衍、生产劳动有着非常密切的关系。还有许多身体活动带有很强的军事性。在我国少数民族地区，其民族传统体育在宗教仪式、婚丧嫁娶、喜庆丰收等各种节日中出现得非常频繁，这是其他文化所不能比拟的。例如我国西南许多民族的秋千和丢包、蒙古族的打布鲁、瑶族的跳鼓、哈萨克等民族的姑娘追、回族的木球、朝鲜族的跳板、苗族的划龙舟、傣族的跳竹竿、高山族的竿球、侗族的哆毽、赫哲族的叉草球、羌族的推杆等传统体育活动。这些民族传统体育项目都突出地再现了民族特色、民族心理和民族意识。

如今，少数民族传统体育经过长时间的发展，已经从传统的娱乐及其文化的附生物转变为具有独立特征的传统体育运动项目，其内涵和外延都变得更为丰富和广阔，其体育的竞技性也更为规范和鲜明。从总的趋势看，少数民族传统体育的原始宗教色彩逐渐淡化，变得逐渐世俗化。那些特定的身体活动，不仅是民族物质、精神和社会生活的重要组成部分，其同时还起着维系民族生存和团结的重要作用，并且也逐渐内化为一种民族性格的象征。

三、我国民族传统体育的分类

从总体格局上来看，民族传统体育项目呈现出多元性特征，在地域分布上则呈现广阔性特点，在社会发展方面则具有不平衡性，因此，对民族传统体育项目的分类比较复杂。我们可以按照性质、民族以及项目特点、作用和功能、地域分布等，将民族传统体育归纳成不同的类别。

（一）按民族传统体育的性质和作用进行分类

1. 竞技类

竞技类是指按竞赛规则规定的比赛场地、器械以及其他特定的条件进行的体力、技战术以及智力等方面的竞赛。其中珍珠球、龙舟、蹴鞠、毽球、木球、押加、秋千、抢花炮、打陀螺、武术、马术、射弩、民族式摔跤、踩高跷共14个项目被列为全国民运会的正式比赛项目。这类项目包括单人项目和集体项目，又可分为体能、竞速、命中、制胜、技艺等多种类型。

2. 娱乐类

娱乐类民族传统体育项目趣味性很强，其主要目的就是休闲娱乐。这类项目大致包括棋艺、踢打、投掷、托举、舞蹈等，其中棋艺主要指各民族棋类项目，以启迪智力为主，如象棋、围棋、藏棋等；踢打有踢毽子、打飞棒、踢沙包等；投掷有抛绣球、投火把、丢花包、抛沙袋；托举通常以托举器物或负重为主，如掷子、举皮袋、抱石头等；舞蹈有接龙舞、跳芦笙、耍火龙、打棍、跳桌等。

3. 健身养生类

健身养生类项目的主要目的是健身、养生、康复和预防疾病。其项目形式有很多种，如导引、太极拳、气功等。这类项目在动作上通常比较简单、轻缓，强度较小，长期坚持锻炼可起到增进健康和预防疾病的作用。

（二）按不同的民族所开展的项目进行分类

在我国的56个民族中，每一个民族的传统体育活动都有着自己的民族特色，都深刻地反映着本民族的文化。在我国的民族传统体育项目中，有些项目是某个民族独有的，而有的项目则可在多个民族中开展。众多民族在相当大的范围内难以完全趋同，因此，将不同民族所开展的项目进行分类，有利于我们了解不同民族所开展的各类体育项目，并明确区分其各自的特点。

（三）按运动项目的形式与特点进行分类

根据运动项目的形式和特点，可以将民族传统体育项目大致分为跑跳投类、水上项目、球类、骑术、武艺、射击、舞蹈以及游戏等。其中跑跳投项目主要包括跳板、跑火把、跳马、投沙袋、雪地走、丢花包、掷石等；球类项目有木球、珍珠球、蹴球、毽球、叉草球等；骑术项目有赛马、姑娘追、刁羊、赛牦牛等；水上项目主要包括龙舟竞渡、赛皮筏、划竹排等；武艺项目主要包括打棍、摔跤、斗力、顶杠、各族武术等；射击类项目主要包括射弩、射箭、步射等；舞蹈项目主要包括跳竹竿、跳绳、踢毽子、跳皮筋、跳花鼓、跳房子、跳火绳、东巴跳等；游戏项目主要包括秋千、跳绳、斗鸡、打手毽等。

（四）按地域进行分类

我国幅员辽阔，在不同的地域中，其自然地理环境、社会历史和文化、经济类型、生产和生活方式、风俗习惯以及民族心理等方面都存在一定的差异，这些差异的存在，使得区域的民族体育具有不同的特色。为了从整体上把握民族传统体育概貌及地域性特征，可以根据我国地域分布情况分为东北地区、西北地区、中原地区、长江中下游地区、东南沿海地区、西南地区，从而可以方便地对各区域民族开展的传统体育项目进行分类。

在以上所讲的四种分类方法中，每一种方法都有自己的特点和局限性。在具体的实践过程中，可根据研究的目的和任务，来选用不同的分类方法，使我们更全面和深刻地对民族传统体育进行认识，并正确把握其发展规律。

四、传统武术的定义

传统武术源于中国，是中华民族优秀传统文化的组成部分，是世界公认的中国符号。传统武术的发展，见证了中华民族文明的历史进程。因此，发展和弘扬传统武术，具有振兴民族文化、促进中外文化交流的重要意义。

关于传统武术的定义，有多种说法。学者周伟良先生认为，传统武术是农耕文明的产物，是一种注重体用兼备的中华民族传统体育活动。它以练习套路、招式、功法为主，以家传或师徒承为主要方式，以提高技击能力为主体价值。随着现代竞技体育的产生与发展，竞技武术随之出现。由于竞技武术与民间流传的武术区别越来越大，人们便将在民间流传的武术称为传统武术。还有学者认为，传统武术是一种集修身养性、防身自卫、娱乐审美为一体的，富有浓郁的民族传统特色的身体活动。它以中国传统文化为理论基础，以技击的训练为核心内容，以掌握攻防技击为主要活动目标，体用兼备，打练结合。传统武术是中华民族经过长期实践逐步积累发展起来的，富有浓厚民族特色的民间武术流派技术的总称。

尽管学者们对传统武术的界说各不同，但是大体都包含以下内容。

1. 是一种中华民族传统体育。
2. 以传统文化为理论基础。
3. 以技击练习为主要内容。

学者们关于传统武术定义的解释，有益于提高和深化人们对传统武术的认识。为了揭示传统武术的内在品质，并为本文阐释传统武术的传承与发展提供有力支撑，在此将传统武术定义为：传统武术是以农耕文明为诞生背景，以民间习武群落为主要依托（直至现在），以"源流有序、拳理清晰、风格独特、自成体系"的拳种为基本单位的各种武术门派的总称。

五、传统武术的分类

我国的武术文化博大精深，在历史的发展过程中，出现了各种不同的武术类型。传统武术类型可按其特点或运动形式加以划分。

（一）以传统武术特点划分

我国的传统武术内容丰富多彩，各有特色。具体可以分为：少林拳系，以柔克刚的武当派，以道术武器为代表的昆仑派。

1. 少林拳系

少林拳是外家拳的一种，以长拳见长。少林拳基本上都是由遁入空门的民间武术家传授发扬而来，比较有代表性的是包括龙拳、虎拳、鹤拳、豹拳和蛇拳的"少林五拳"。进行更为系统、具体的划分，少林拳系可分为小洪拳、大洪拳、罗汉拳、梅花桩、炮捶等几十种少林拳法。

众多的少林拳法，和少林特有的刀、枪、剑、铲、棒等器械的技击法以及少林易筋、阴阳功、混元一气功等气功一样，都是少林武术的重要组成部分。

2. 武当派

在中华传统武术中，武当武术是以柔为主，主张以柔克刚，讲究内功心法。

武当武术起源于元末明初，盛行于明末清初。武当功法不讲求进攻，而是以自卫为主。武当拳的风格特点是以静制动，以柔克刚，以短见长，以慢击快。武当拳最具有代表性且最为著名的，就是在后世衍生出许多分支且对后世传统武术有着极大影响的太极拳。武当派的主要技击特点是动作小、变化大、以柔克刚、借力打力。攻防时交叉使用以静制动和以动制静，多顺势前钻，借力反击，以快取胜。

3.昆仑派

由于昆仑派在一开始表现出的最大的特点是炼丹制药，这使得它在许多人的印象中与神仙道术关系密切，后来的二郎拳、大圣拳的命名就受到昆仑神仙道术的影响。但炼丹制药毕竟是不切实际的，所以昆仑派发展到后世也出现了自己的武术套路，昆仑武术发展成熟后，其主要的作用变为了强身健体。

昆仑派是传统武术中武器使用的集大成者，其武术特点是使用各种小巧精致、携带方便的兵器。在交手中这些兵器往往不易被对方发现，有出奇制胜之效。昆仑派武术讲究的是实打实拿，目的是为了以技击的运动方式强身健体、增加功力。

（二）以运动形式分类

按运动形式进行分类，中国传统武术可分为套路、技击和功法运动。

1.套路运动

传统武术套路运动是以踢、打、拿、击、刺等为基本动作，并在整套练习中融入了攻守进退、动静疾徐、刚柔虚实等矛盾运动的变化规律。传统武术的套路运动按演练的形式可分为单练、对练和集体演练三种类型。

（1）单练

单练即个人独自练习，包括徒手的拳术与器械运动。

①拳术

中国拳术是中国古代民间的一种徒手技击术，它在各个历史时期的发展也是有所不同。

拳术讲究的是力道与套路，记载于史料中的拳术内容，主要包括"手搏""手足""角抵"等。从传统武术的产生与发展这一角度来看，拳术的历史在剑术之后。拳术的发展始于汉朝时期，在当时，为了平定匈奴之乱，汉武帝命大将卫青、霍去病率军远征匈奴。漠北之役，匈奴军死伤七万余人，元气大伤，此后无力南下。中原人民想要与匈奴交战，首先必须解决体质相对较弱和民族精神柔弱的问题，中国拳术就是在这样的历史背景下形成和发展的。在以后的武术发展中，拳术的地位逐渐上升，发展越发迅猛，并慢慢形成了各种拳术套路。中国拳术可以分为四大类：一是形意拳、八卦拳类；二是通背拳、翻子拳、劈挂拳类；三是地趟拳、象形拳类；四是少林拳、太极拳、各门派的传统南拳以及查、华、花、豹、燕青、戳脚等其他拳术。

形意拳又称行意拳，相传是宋代的抗金名将岳飞所创。它以动作整齐简练、严密紧凑、发力沉着著称，是我国汉族人民的传统拳术之一。形意拳以力量训练为主，以三体式为基本桩法，以五行拳（劈、崩、钻、炮、横）和十二形拳（龙、虎、猴、马、鸡、鹞、燕、蛇、骀、鹰、熊、鼍）为基本拳法。形意拳在近年来被广泛应用于医疗体育领域，由于其动作中正不倚，打法可刚可柔，因此，即使是体质偏弱的人也可以进行练习。

八卦掌又称八卦连环掌，据考证是清代河北文安县人董海川在江南游历时得到道家修炼的启示，结合武术加以整理而成。八卦掌是一种注重涵养道德的拳术，集技击和养生于一体。沿圆走转，身灵步活，势势相连，随走随变是其主要的运动特点。拳谚说它"形如游龙，视若猿守，坐如虎踞，转似鹰盘"。

通背拳以其伸臂动作由背而发的特殊伸臂动作著称，相传为清末时的祁信所创。近代通背拳主要流传于北京、天津一带。与一般拳法比较，这种拳法的拳或掌的手形较为丰富多样，其运动特点是出手为掌，击手成拳；腰背发力，放长击远；甩膀抖腕，立抢成圆；大开密合，击拍响亮，发力冷弹脆快。

八极拳拥有悠久的历史，以其独特的风格和拳法自成一家，并在历代传人对其刻苦精研的基础上，不断发扬光大。八极拳在拳种里面占据着相当重要的位置，武谚有云："文有太极安天下，武有八极定乾坤。"八极拳是一种短打类型的拳术，以挨、傍、挤、靠等贴身近攻作为主要内容的拳术，具有节短势险、刚猛暴烈、猛起硬落、逼身紧攻的运动特点。

被视为中国武林中的精华之一的翻子拳，在明代称为"八闪翻"。该拳法以直拳为主，并十分注重腰力的使用。翻子拳的拳法理论认为，以腰力贯穿其身法，可使两拳快似闪电，密如疾雨。翻子拳在实战中非常实用，往往使人防不胜防。翻子拳讲究动作一气呵成，具有步疾手快，身势闪摆，翻转灵活，双拳交替快速的运动特点。明代戚继光在其所著的《纪效新书·拳经捷要》中对翻子拳的称赞是"善之善者也"，这可谓是对拳术的最佳赞誉了。

劈挂拳古称"披挂拳"。劈挂拳于明代中期开始盛行，是一种以猛劈硬挂为主、长击快打、兼容短手的拳术。其运动特点是远则长击、近则抽打、可长可短、可收可放，吞吐含放，翻滚不息。戚继光的《纪效新书》对劈挂拳的论述是："活足朝天而其柔也。"

地躺拳又称为地功拳、八折拳、北趟拳，其拳术内容主要包括跌、扑、滚、翻等摔跌技术。其运动特点是腰身灵活，跌法巧妙，顺水推舟，起伏闪避，一气呵成。地躺拳的技巧性较强，其打斗技术除了打击法之外，多半是利用杠杆原理，并通过高难度的动作来击倒敌人之后再予以擒拿。

少林拳因嵩山少林寺而得名，在众多拳法中拥有武术正宗的崇高地位，为少林武术的总称。注重技击、立足实战的少林拳建立在中国古代健身术的基础上，其套路结构短小精博，严密紧凑，巧妙而多变。动作起、落、进、退多为直来直往。少林拳的主要套路有少林五祖拳、小洪拳、大洪拳、罗汉拳、梅花拳、七星拳、柔拳等等。进退和顺，起落自然，变换灵活以及步法的轻灵敏捷，沉实稳固，是少林拳的主要运动特点。明末清初之际，少林武术在本寺武术的基础上通过广泛吸收、融汇、改进北方许多拳派的精华，最终形成了内容渊博，技艺精湛的少林拳系。

太极拳的运动特点主要表现为柔和缓慢、圆活、均匀且连贯。它以掤、捋、挤、按、采、挒、肘、靠、进、退、顾、盼、定等为基本运动方法。虽然太极拳有许多不同的派系，但为达到太极拳特色的要求，有五点必须做到：第一，要做到平心静气，心意相通，以意识引导动作，自然平稳；第二，要让身体保持舒适、自然的状态，打拳时如行云流水；第三，需要注意全身上下，由内而外，由表及里的整体性；第四，保证动作重心的稳定，以由内及外的对于动作的衔接进行协调；第五，要轻松沉稳，外柔内刚。

南拳是流行于南方各地的拳种，所以又称南方拳。南拳拳种流派很多，比较有名的有洪拳、刘拳、咏春拳、五祖拳、广东洪家的伏虎拳等。由于历史悠久，再加上师承关系的演变和北方武术的影响，形成了多种打法，各门派的特点各有不同，但总体的特点则是拳势刚烈、步法稳固、自成一体。体现出的技击特色是：以小打大、以巧打拙、以多打少、以快打慢。

戳脚是北方一种以腿脚功夫为主的拳术。相传起于宋代，盛于明清。其运动特点是架势开展，刚健快捷，放长击远，灵活多变，刚柔兼施，以腰为主，手脚并用，脚力向下带臀发腿，向上带肩背发手。主要步法有玉环步、转趾步、倒插步、旋转步等。相传武松打虎就是用了戳脚的套路。戳脚的套路分为武趟子和文趟子，武趟子是戳脚最原本的套路，文趟子则是戳脚发展和变化后的套路。

② 器械运动

器械运动是指手持武术兵器进行练习的套路运动。传统武术中使用的器械主要包括各种兵器及练习传统武术时的附属辅助用品。器械主要由古代兵器演化而来，除了用于实战外，在其发展过程中也常被用于演练、防身或健身。器械的种类繁多，大体上可分为短器械、长器械、双器械和软器械四种。短器械主要有剑、刀等，长器械主要有枪、棍、大刀等，双器械主要有双刀、双剑、双钩、双枪、双鞭等，软器械主要有三节棍、九节鞭、绳标和流星锤等。

剑术的历史比拳术还要悠久，早在《吴越春秋》和《庄子·说剑篇》中就有关于古代击剑的技术和战术的相关描述。剑术套路以刺、点、撩、截、崩、挑等剑法为基础，并辅以步型、步法加以完善。其运动特点是轻快灵活，潇洒飘逸，富有韵律，有"剑如凤飞"的美誉。

刀术指的是刀（官刀、牛尾刀、柳叶刀、双刀、双手刀、朴刀、斩马刀、大刀等）的各种使用方法，主要包括劈、砍、斩、撩、扎、挂、刺等。其运动特点是勇猛快速，简练流畅，气势浑厚。

枪是由古代器械矛演变而成，可分为大枪、花枪、双头枪。枪术以拦、拿、扎、崩、点、穿、挑、云、劈等枪法为基础，并辅以各种步型、步法、跳跃构成套路。其运动特点是虚实相生，变幻万千，不动如山，动如雷霆。

棍术是以棍为传统武术器械进行的各种武术运动的总称。棍术套路主要以抡、劈、扫、挂、戳、击、崩、点、云、拨、绞、挑等棍法为基础，并辅以各种步型、步法、身法。其运动特点是勇猛快速，密集如雨，有雷霆之势。

大刀是长器械的一种，种类颇多。其运动特点是双手握持，以腰力发劲，气势雄浑威武，勇敢果断。其基本刀法为持、扎、劈、砍、撩、反折、平折、切、扑、击、点、刺、抽、抹、夹花、单花、拖、拉、拨、挂、画、挂、削、绞、挡等，结合舞花等动作构成天罡刀、混元刀、春秋刀、定未刀、岳胜刀等多种套路。

双刀的刀身形状与单刀基本相同，双刀对合的一侧为刀盘，另一侧为半个护手盘，双刀合并犹如一刀。双刀的运动特点是刀法密集，贴身严谨，左右兼顾。由于双刀的套路练习是由劈、斩、撩、绞等刀法结合双手左右缠头、左右腕花、交互抡劈等变化所构成，因此双刀对使用者的上下肢的协调能力有着较高的要求。

双剑外形特点与双刀相似，双剑合并似一剑。其运动特点是身随剑动，剑随身移，步伐灵动。其套路以穿、挂、云、刺等剑法为主，以身法、步法以及双手的交替变换为辅。

双钩是由古代兵器戈演变而来的，主要以勾、锁、挂、搂等方法构成套路。其运动特点是起伏吞吐，矫捷优美，身随钩走，钩随身动，灵活多变。

九节鞭是由鞭把、鞭头和中间八节组成，主要以抡、扫、缠、挂及各种舞花组成套路。根据九节鞭的运动形式及其运动规律，可将其划分为平圆类、立圆类、斜圆类。九节鞭运动特点是上下翻飞，灵活多变，可收可放，势势相连。人们常以"收回如虫，放击如龙"来形容九节鞭的运动风格。

三节棍以抡、扫、劈、戳等棍法及舞花构成套路，三节相连，节节能用。其运动特点是轻巧灵活，可长可短，可伸可缩；方向易变，不易掌握。

绳标是一种技巧性较强的项目，其主要套路用法是一根长索在身前、身后、颈部、肘部、腿部翻飞缠绕。出击自如、灵活收放、变幻莫测是绳标的主要运动特点。但这种器械在练习时讲究巧劲，不易操作。

（2）对练

对练是指两人或两人以上的对手练习，包括徒手对练、器械对练及徒手与器械对练三种形式。

① 徒手对练

徒手对练是指运用踢、打、摔、拿、推等技击动作，按照攻防格斗的运动规律组成的拳术对练套路。在进行徒手对练的过程中，会经常使用拳法技术、腿法技术及摔法技术。常见的对练形式主要有对打拳、对擒拿、南拳对练、形意拳对练等。

② 器械对练

器械对练是指以器械的劈、砍、击、刺、缠等技击方法组成的对练套路。主要有对刺剑、对劈刀等的短器械对练，三节棍进棍等的长器械对练，单刀进枪等的长短器械对练，以及双匕首进枪等的单双器械对练等。

③ 徒手与器械对练

徒手与器械对练是指双方在练习中一方徒手，另一方持器械的攻防练习套路，如常见的徒手夺刀、徒手对三节棍、徒手对双枪等。在进行徒手与器械对练的时候，练习者必须具备扎实的基本功、较强的协调能力以及良好的心理素质。相比于前面两种对练，徒手与器械对练有着更高的难度。

（3）集体演练

集体演练指的是多人集体进行的徒手、器械或徒手与器械的演练形式。集体演练是以武舞为雏形，经过历代的传承和发展后最终演变而成的。据《东京梦华录》所记载，宋代有化装集体演练，少者数人，多者近百人，演练时，有的披发，穿青纱，一人带花帽，执白旗，"余皆头巾，执真刀。互相格斗，击刺，作破面剖心之势"或"两两出阵格斗，作夺刀击刺之势"。

2. 技击运动

（1）散打

散打，一般专指外家拳类的技击，是一种格斗对抗形式。在中国的不同历史阶段，散打有不同的称谓，如相搏、手搏、白打、对拆等。由于散打的实战多在擂台上进行，因此在中国民间还有"打擂台"之称。散打是与整套套路相对而言的，散打中的攻防技击动作均是从套路中抽出来，通过单独的训练，进而转变成独立的外家拳术技击动作，如拳打、脚踢、擒拿和摔跤等。

（2）太极推手

太极推手也称打手，是太极门的技法训练项目。在训练的过程中，对练的两人需按太极拳原理和技击化解对方劲力，使对方失去平衡。它不使用有距离击撞的打踢技法，而是从双方上身接触后发动。太极推手用的是巧劲而不是硬力，讲究"粘连粘随""不丢不顶""以柔制刚""四两拨千斤"。它多以弧线运动化解对方的直线之力。相比其他拳法，太极推手的训练更为安全且不受场地的限制，因此深受广大群众欢迎。

（3）短兵和长兵

短兵是指两人手持一种特制的短器械，遵照一定的比赛规则，进行对抗的竞技项目。长兵是指两人手持一种特制的长器械，遵照一定的比赛规则，进行对抗的竞技项目。

3. 功法运动

（1）武术柔功功法

武术功法中的柔功，是锻炼提高柔韧素质的基本手段，历来受到习武者的重视。明代唐顺之《峨眉道人拳歌》中，说道人练拳时"百折连腰尽无骨"。戚继光《纪效新书·拳经捷要》中说："学拳要身法活便，手法便利，……腿可飞腾，……活着朝天，而其柔也。"

柔功是武术功法的一类，泛指锻炼肢体关节活动幅度和肌肉舒缩能力、提高柔初性的练习方法。

在武术运动中，不论是要达到一定的拳式规格、表现一定的运动幅度、速度和力度，还是要在对搏时击中对手和闪避对方的攻击，都直接受到肢体关节活动幅度的大小、肌肉舒缩能力的影响。因此，柔韧素质是习武者最基本的体能之一。

柔功功法对肢体运动幅度、速度和力度都产生积极的影响。柔功包括腕部、肩部、胸部、腰部、腿部、足踝部的柔功，练习中多采用静压和转动两种方法。

腰部是运动器官中最重要的部分，在武术运动中，腰部柔韧性的好与坏，直接影响着上下肢的协调配合，影响着攻防技法的灵活运用，影响着功法中的力量与速度。武术谚语讲："练功不练腰，终究艺不高。"常见的腰部练习方法有：俯腰、吊腰、甩腰、涮腰、翻腰等。

随着武术套路技术的发展，柔功愈受重视，不论欲达一定动作规格，还是提高武术动作的艺术表现力，都离不开柔功。因此，在现代武术中，柔功得到了较好的发展。长拳基本功训练中的柔功练习，形成了较为系统的内容和程序。

（2）武术内功功法

武术功法中的"内功"，是武术技法与古代气功结合的产物。宋代已流行的"八段锦"，采用"左右辟弓""攒拳怒目""四面冲击"等武技动作，进行以气助势、以气助力的练习，简于早期武术内功练法。武术内功在与古代气功长期融摄的过程中，不断完善。明代天启四年（1624年）问世的《易筋经》，标志着武术内功已发展成一个能与医疗保健气功并立的武术气功体系。它强调内壮与外壮统一，追求通过内外俱练，"使气串于膜间，护其骨、壮其筋"，达到"并其指可贯牛腹，侧其掌可断牛头"的效能。各拳种内功，大都以养气、练气为基本形式，追求以气助势、以气助力、以气为技击服务。内功练习与其他武术功法结合渗透，使武术功法皆具有气功特点。

武术的内功功法是武术运动中，采用以意领气、以气运身、以身发力为基本锻炼手段的一种内外兼修的方法。它的目的在于人体运动时，意、气、劲、形四者一动俱动、一到俱到、一止俱止的能力。通过武术内功锻炼，可以获得内壮外勇、内外合一以及激发人体潜能的效果。内容主要包括各流派的桩功（如浑元桩、骑马桩、七星桩、养生桩等）和坐功，以及八段锦、十二段锦、易筋经十二势、太极筑基功、八卦转旋功、形意三桩五拳功等。

在民间传统中还有武术感知功之说，主要是提高视觉、听觉和皮肤等感官感知能力的功法。

（3）武术硬功功法

也称"外功"，是指增强身体抗击力度和攻击力度的练习方法。硬功是以内部的意气锻炼和外部的撞击操练相结合，其内练注重以意领气、意到气到、气到力发，其外练注重增强肌肤的结实和承受反作用力的能力。硬功锻炼有助于强筋骨、长力气。大致可分为抗击类和增力类。抗击类包括有锻炼局部的铁砂掌、铁头功等，亦有锻炼全身的排打功、金钟罩等功法；增力类包括有增强指力和臂力的上

—23—

罐功、拧棒功等，增强腿力的石柱功等。硬功以内部的意念、气息锻炼和外部的敲打、撞击相结合。其内练注重以意领气，意到气到，气到力发，提高在意识的支配下，将全身的劲力集中从肢体随意部位发放出去的能力。其外练注重增强肌肤的结实和承受反作用力的能力。这种内外结合的练习，能使人体锻炼成"无一处惧打，亦无一处不打人"的所谓"金刚之体"。硬功锻炼有助于强筋骨，长力气。但练习时要严守循序渐进原则，注意预防伤害事故，以免损坏身体。

武术硬功功法中常见的有掌旋球功、推山掌功、合盘掌功、抓绷子功、抓圆锥功、拔桩功、锁指功、拈捻功、拈悬功、点石功、一指禅功、卷棒功、麻辫功、揉球功、铁牛耕地功、吊袋功、石锁功、石柱功、铁头功、抵棍功、戳插功、滚铁棒功、双锁功、霸王肘功、靠臂功、拍靠功、搂贴撞靠功、木人功、排打功、铁膝功、踢桩功、扫桩功等。

（4）武术轻功功法

武术轻功泛指以步履轻快，纵跳自如，以及攀高走脊为锻炼目的的各种功法。该练习方法对发展人体的柔韧性、协调性、灵敏性、空间平衡能力、协调自控能力、爆发速度等专项素质具有重要作用。轻功训练主要是通过逐步增加跳跃的高度、身负重物（如沙袋、铅衣等）的重量，以及减小载负体重的支持力等多种手段，提高训练难度，增进自身的力量、速度和平衡能力，促进发挥人体潜能。传统的轻功功法有飞行功、跑桩、跑缸、走簸箩、跳坑、跑板等。

第三节　民族传统体育的特点和价值

一、民族传统体育的特点

我国民族传统体育经过几千年的发展形成了自己鲜明的特点，主要表现在以下几个方面。

（一）民族性

在地域、环境、人文、历史等因素的影响下，各民族的文化都形成了自己鲜明的特点，并表现出明显的差异。这些差异中体现出了不同文化特点对物质、精神、生活和社会关系等各个层次的不同影响，也就造就了不同的民族，这就是我们所说的民族性。在我国的民族传统体育中，强调人与自然的和谐，追求内外合一、形神合一和身心全面发展，以静为主，动静结合，修身养性。其中，武术和舞龙、舞狮等最具代表性。武术强调"内外兼修,形神兼备"的民族风格,追求形体和精神的同步发展;其他如风筝、龙舟、秋千、舞龙、舞狮等都具有浓郁的民族文化特色。此外,服饰、活动仪式、风俗、历史传承等方面,也能够充分体现出民族传统体育的民族性特点。

(二)地域性

我国各民族生活在不同的地理环境中,在生产生活方式、文化背景等方面都存在非常大的地域差异性,也正是因为这些差异性的存在,使得各民族造就出了各具地域特色的民族传统体育运动项目。例如,"北人善骑,南人善舟"就充分反映了我国各民族之间的地理环境对生产方式和传统体育的影响。例如"草原骄子"的蒙古族,过着随草迁移的游牧生活,精骑善射,"随草迁移"形成了以骑射为特点的赛马、赛骆驼等传统体育项目;居住在青藏高原的藏族以及西南地区的其他民族,有攀登、爬山、骑马、射箭等传统体育。在南方,气候温和,江河较多,很多少数民族善于水上游戏,赛龙舟等活动长久不衰。这些都深刻表现出我国民族传统体育的地域性特点。

(三)交融性

经过长期的发展,我国民族传统体育逐渐形成了一个相对封闭而又开放的独特系统。民族传统体育在不同文化模式与类型的相互碰撞和交流过程中得到了发展,并进一步的融合。各民族传统体育项目之间的交流与融合体现出了民族传统体育具有交融性的特点。

通常而言,一些民族传统体育项目的产生都需要经历一个融合与交流的过程,例如冰上足球的发明。在清代乾隆年间,满族人就把足球与滑冰结合起来,发明了一种"冰上蹴鞠之戏"的冰上足球,并以此来训练禁卫军。此外,还有其他一些人们较为熟悉的项目,也是通过不同的交流与融合发展而来的。例如骑射是射箭与马术的结合;马球是球技与马术的结合等。

另外,民族传统体育的交融性特点还体现在民族传统体育文化与艺术的相互融合。我国少数民族能歌善舞、能骑善射,产生了技击性和艺术性相统一的传统体育项目,既强身健体又愉悦身心,达到健、力、美和谐统一。如黎族的"跳竹竿",就融合了音乐素质和舞蹈技巧。正是因为这些体育文化与艺术的融合,使得民族传统体育具有丰富多彩的内涵。

(四)多样性

在我国的56个民族中,每一个民族都有自己的传统体育项目。在这些传统体育项目中，有的与种族的繁衍有关，例如，哈萨克等民族的姑娘追、羌族的推杆、朝鲜族的跳板等；有的是从生产、生活习俗的活动中发展而来的，例如，赫哲族的叉草球、草原的赛马和骑射以及江南水乡的竞渡等；有的项目是宗教习俗中的一部分；还有一些项目则直接由军事技能转化而来，例如，各个民族的武术等。正是这些不同的来源，构成了多姿多彩的民族传统体育，体现了我国民族传统体育的多样性特点。

在民族传统体育项目中，多样性特点也比较明显，例如舞龙、舞狮、武术、毽球、抢花炮、珍珠球、蹴球、龙舟竞渡、扭秧歌、木球、射弩、斗牛、拔河、风筝、马术、踩高跷、荡秋千、姑娘追、打陀螺、押加、赛马等，这些活动都有着自己的技术特征，从而形成了各具特色、风格迥异的运动项目。

（五）适应性

在内容方面，民族传统体育项目也非常丰富，从而给了人们极大的选择空间。在所有的民族体育项目中，许多项目不受时间、季节的限制，也有些项目在场地、器材上可以做到因地制宜、就地取材，还有的项目可徒手或持器械进行，这些都有利于开展群众性的体育活动。正是由于民族传统体育的这种广泛的适应性特点，才满足了人们对体育的不同需求。

二、民族传统体育的价值

（一）强身健体

强身健体是民族传统体育所具有的显著功能与锻炼价值。另外，由于很多的民族传统体育项目是在民间游戏的基础上发展而来的，因此，其除了具有强身健体的功能之外，还具有较强的娱乐价值。在参加民族传统体育活动的过程中，通过全身各肢体的运动可以有效地锻炼心肺功能，提高身体各器官的能力，还可以有效地愉悦身心，减轻压力，最终达到强身健体的目的。

（二）修身养性

民族传统体育除了让人们在身体上实现强身健体外，还能够有效促进修身养性方面的发展，提高生命质量。例如，"导引养生术""五禽戏""六字诀""太极拳""八段锦"等是人们修身养性的最好方法和最具有实效性的健身运动。

（三）文化教育

在文化教育方面，民族传统体育也具有极高的价值。民族传统体育是一种综合性的民族文化，对人们的价值观、道德观、伦理观念、审美以及行为模式等方面都有着极为深远的影响。从整个社会的发展史来看，无论是哪个时代都对民族传统体育的教育功能比较重视。在古代的学校教育中，其内容主要是祭祀与军事。在新中国成立后，学校教育对民族传统体育的教育功能更加重视，从而使得民族传统体育在学校获得较快的发展。随着我国教育事业的快速发展，人们对民族传统体育在教学过程中的重要性也有了更为透彻的认识，对民族传统体育教育的功能与价值的研究也是越来越深入。

（四）促进社会政治稳定

在促进社会政治稳定方面，民族传统体育也具有极高的价值，这一价值在现代社会得到了很好的体现。伴随着科技的发展，人们的社会压力也越来越大，很多人为了缓解压力，养成了诸多的恶习，例如酗酒、赌博等，这些都严重地影响了社会的治安稳定。因此，大力开展民族传统体育，让人们参与进来，不但可以让其养成健身的习惯、舒缓生活压力，亦能有效地避免人们养成不良的生活习惯，进而有效地引导良好的社会风气，保证社会政治的稳定发展。

（五）凝聚各民族精神

在我国的民族传统体育项目中，很多项目都与传统节日或者历史人物有关，通过举行这些民族传统体育活动，能极大地增强人们团结合作的精神，表现出强烈的凝聚民族精神的功能和价值。例如"赛龙舟"比赛，其在最初是源于对龙图腾的崇拜，后来又增加了纪念屈原的人物内容，从而将龙舟比赛与屈原身上的中华传统伦理道德和价值观凝聚起来，并代代相传，使后世子孙对这些民族精神产生认可，进而产生强烈的民族自豪感和自信心，也从侧面增加了人们的民族向心力、凝聚力和号召力。

三、传统武术的价值

就其实用性来讲，我国传统武术具有强身健体、防身自卫、修身养性、观赏娱乐等多方面的价值与作用，是人们增强体质，振奋精神的一种很好的民族传统体育运动。具体来说，主要体现在以下几方面。

（一）强身健体

在当今时代，人们把健康视为人生大事，这是社会文明程度发展到一定阶段所形成的社会共识。时至今日，人们对健康的理解不再是没病就是健康，而是从身心两方面的协调发展来认识。传统武术要求精神、意、气与动作内外相合，所以它不仅是形体上的锻炼，而且能使身心得到全面的锻炼。武术中"内外兼修"的思想对人们树立健康意识是很有帮助的，它强调对人体身心的全面锻炼，即外练能强筋骨，利关节，壮体魄；内练能通经脉，调精神，理脏腑。传统武术的许多功法注意调息行气和意念活动，对人体内环境的调节、人体机能的改善、体质的增强具有明显的效果。因此，系统地进行武术锻炼，有助于人体速度、力量、灵敏、耐力、柔韧、协调等素质的加强。此外，传统武术对人心理上提出保持乐观情绪、平常心的要求，使人在处世为人、社会交往中寻求一种和谐的方式，因而调节人的精神和情感，使人的身心协调一致，促进人的身心健康的发展。

（二）防身自卫

我国传统武术具有攻防技击的特点，讲究的是踢、打、摔、拿、击、刺等动作，练就的是手、眼、身、法、步、精、神、气、力等，追求的是站如松、动如涛、静如岳、快如风等"十二形"的精神境界。通过习武，不仅可以掌握各种踢、打、摔、拿、击、刺等技击方法，发展身体的灵活性和反应能力。持之以恒地练功不仅能增长劲力和功力，还能提高身体的抗击打能力，对抗搏击能力以及强身健体、防身自卫的能力。

在武术套路和搏斗运动中，技击动作是其主要内容。套路虽然是以演练的形式出现，但它包含了许多攻防中可用的拳法、掌法、腿法、擒拿法和快摔法，经常锻炼不仅使人体机能和素质得以提高，而且增强了距离、时机的判断能力，可以起到防身自卫的作用。散打、推手的许多招式动作可以直接用于搏击和防卫，其中许多战术有益于防身自卫能力的增强。

（三）修身养性

我国传统武术强调人与自然、人与社会、人体内外的和谐统一，追求人与自然融合的"天人合一"的哲学思想，这对当代社会培养全面合格的人起到潜移默化的作用。

传统武术具有典型的东方传统文化特点，它注重内在世界的深化，重礼仪，讲道德，并且偏重于全面人格的内在修养，既具有广博而扎实的科学文化知识，更具有健康身心的强烈的使命感和积极进取的人生态度。在几千年绵延的历史中，我国传统武术一向"尚武崇德"。诸如"未曾学艺先学礼，未曾习武先习德"，培养人的道德品质是武术的传统，武德教育是对人格培养、精神品德教育的重要部分，通过练武习德，可以培养人尊师重道、讲理守信、见义勇为等良好的心理素质和高尚的道德情操，有益于武术运动的健康发展。

（四）观赏娱乐

传统武术作为一种民族传统的人体运动，具有很强的艺术魅力和观赏价值。

无论是套路运动还是搏斗运动,历来为人们喜闻乐见。

传统武术以变化多样的运动形式和丰富的文化内涵充实着人们的生活。传统武术在长期的发展过程中,深受中国古典美学的熏染,具有很高的审美价值。它展示的是"形"的美,或勇猛剽悍,雄健有力;或飘洒轻漂,吞吐自如;或轻灵柔和,连绵不断;或道劲势刚,舒展大方。它带给人们的形体感、节奏感、协调感,会使人产生一种"行云流水"般的悠然自得,"虚无缥缈"般的舒适感,从容不迫的惬意感;给人一种内外合一,完整和谐的豪迈的英武之美——这是一种超级的心理享受。人们在观赏或自我演练中享受到形的飘逸,神存的韵味,给人一种奋发向上的启迪,充实了人的精神,使人们从武术演练中获得身心的愉悦,从武术的观赏当中获得艺术美的享受,因而丰富了人们的文化生活。

汉代的"角抵戏""三百里内皆来观",宋代的"瓦舍",明清的"走会",都充分体现了武术的表演功能。

现代竞技武术套路强调攻防特点,突出高、难、美、新。它所表现的富有生动韵律和气势如虹的招式动作、演练技巧以及散打的激烈巧取、推手中的借力发力,都具有极高的表演价值和观赏性,给人以美的享受。

此外,人们还可以根据自己的兴趣和爱好选择适合自己的项目进行锻炼。群众性的练武活动可以成为人们切磋技艺、交流思想、增进友谊的良好形式,既可达到健身,又可达到自娱、娱人的目的。

第四节 民族传统体育的文化内涵

一、民族传统体育的物质文化内涵

(一)民族传统体育项目本身

随着民族传统体育的不断发展,许多专家和学者越来越致力于中华民族传统体育的研究和论证,他们最终得出的结论是:民族传统体育产生于人们的需要。在这些理论研究中,梁柱平和戴文忠先生的研究较有价值。梁柱平先生对民族传统体育的理解是:"由于各民族所处的山川地理环境不同,从而形成了各民族的不同风俗习惯,产生了风格、形式各异的民族传统体育活动。"他认为民族传统体育是在民族中形成的。而戴文忠先生对于民族传统体育的理解在《云南少数民族传统体育的起源与发展》中有所体现:"云南少数民族传统体育的起源有四点:第一,人与自然搏斗中产生的体育项目；第二，人与人搏斗中产生的体育项目；第三，宗教祭祀活动中产生的体育项目；第四，娱乐活动中产生的体育项目。"

由于各民族传统体育都源于生产劳动，因而在人类的需要方面具有相似性，但是，又由于其是在不同的地域环境中形成的，因而又存在一定的地域性。

（二）运动器材、器械设备方面

在运动器材、器械设备方面，有的民族传统体育项目有较多的需求，有的基本没有需求。例如刀、枪、弓、箭等是较为常见的器材、器械，这些器材、器械经过历朝历代的改进，逐渐成熟起来，集聚了历代人的智慧。通过对这些运动器材、器械的研究，能够更好地反映出中华民族传统体育的文化内涵。

风筝是一种在我国流传极广的民族传统体育项目。其中，又数北京、天津和潍坊的最具特色。北京风筝中金氏风筝和哈氏风筝最为出名，这两种风筝在做工和缝合方面截然不同，金氏风筝造型雄伟，画工粗犷；哈氏风筝骨架精巧，画工素整。天津风筝中，则数魏元泰做得最好，他所制作的风筝用料讲究，样式繁多，形象逼真，色调和谐，骨架用钢箍衔接，能拆散折叠，数丈长的风筝，能拆散放在一尺大小的盒子内或大信封里，在国内外享有很高的声誉。潍坊风筝的主要特点是工艺精巧，浑厚淡雅，并且具有多种样式结构和种类，鸟兽鱼虫、花卉草木、人物百戏皆为风筝，受到人们的喜爱。

（三）民族传统体育的文献典籍

查阅各种文献典籍是当前了解和认识民族传统体育的主要方式，也就是所谓的文献资料法。不同时期的文献记载，都反映出了当时民族传统体育发展的概况。

有关民族传统体育运动项目的记载在历史的每个时期都有。其中，最早的是记载乐舞和射、御考核内容的《周礼》。发展到近代以后，记载民族传统体育的文献资料数量也越来越多，其形式也多种多样，如图谱、秘籍以及各种史料和地方志等。其中《中国民族传统体育志》最具代表性。这是一部对各民族体育进行记载的大百科全书，其内容丰富、详细，为我国研究民族传统体育提供了珍贵的资料，具有极高的参考价值。

（四）出土文物、壁画及民族服饰

在现今出土的各种陶瓷和壁画中有大量关于各民族早期的民族传统体育记载。由此可知，出土文物、壁画是人们早期活动的一个佐证，具有较高的研究参考价值。在这些出土的文物中，在西安半坡村北"半坡遗址"内发现的"石球"较具代表性，这就表明在母系氏族社会时期就已经出现了"石球游戏"，这也充分说明蹴鞠活动起源于原始社会后期。此外，我国的传统节日较多，每逢盛大的节日，人们都要盛装出席，因此，民族服饰也与民族传统体育有着紧密的联系，成为体育文化重要的一部分。

二、民族传统体育的精神文化内涵

（一）追求人与自然的和谐和统一

在自然经济和传统观念的影响下，我国的民族传统体育从整体上较为客观地描述了人体运动过程中的形态、机能、意念、精神以及这些状态与外部世界的联系。以太极拳为例，"以心会意，以意调气，以气促形，以形会神"等是对这种体育运动的形象描述。体育运动以"心灵交通，以契合体道"为最高境界。

民族传统体育有着非常丰富的锻炼内容和方式，其中将基本功练习与完整练习相结合的方法最为常用，这也在一定程度上反映了中华民族追求平衡和顺其自然的主体化思维方式。这种思想和观念在克服西方科学主义"主客之分，身心两分"所带来的科学危机中起到了非常重要的作用。但我国对传统体育促进健康方面的研究还有待进一步的深入，因此，在未来的研究中，应当在"阴阳平衡"的基础上对体育对于健康的意义进行进一步的研究，进而达到更高意义上的人与自然的和谐统一。

（二）具有守内、尚礼、恋土的民族情结

对于民族传统体育的守内、尚礼、恋土情结，我们可以从以下几个方面进行认识与了解：

在体育原理方面，主要表现在中华民族追求平衡和顺应自然的主体化思维方式上；

在技术特点方面，主要是将中华民族以智斗勇、追求技巧的审美心理反映出来；

在竞赛规则方面，我国的民族传统体育具有表演性的特点，并没有对动作和比赛规则进行具体的限制，在竞赛中体现的是礼让为先，点到为止，这充分体现了中华民族守内、尚礼的人格倾向。

中国象棋就是具有这一特点的典型代表。中国象棋中的"将、帅"只能在"九宫"之内活动，不得越雷池半步，并且要在"仕、相"的护卫下完成攻守进退，而且只能够坐镇宫中进行"站、走、移、挪"，这充分反映出了"帅不离位"的恋土归根的农业民族心理。

（三）讲求伦理教化、等级思想严重、崇文而尚柔

在儒家文化思想的影响下，我国古代体育具有在目的作用上的伦理教化的价

值趋向、尊卑有别的等级观念以及崇文尚柔的运动形态特征。

在封建统治阶级和儒家先哲看来，道德需要是人的最高需要，道德价值就是最大的价值。在这一时期中，人们以做一个"内圣外王"的贤人为目标。但是，由于当时的社会对伦理教化的过于重视，使原本正常的思想观念变得扭曲，只重视道德，而忽视了其他方面，最终使得这一思想观念成了走向极端的悖谬。在这种思想状态的影响下，人们对中华民族传统体育的价值缺少全面地了解和认识，甚至连民族传统体育的健康、娱乐等价值与功能也被抹杀，这在很大程度上阻碍了民族传统体育的发展。此外，这种状况也有碍于人的身心健康发展，例如学习射礼时，就要求做到"内志正，外体直"；在进行投壶的活动时，则要做到"不使之过，亦不使之不及，所以中也，不使之偏颇流散，所以为正也，中正，道之根底也"。

在我国民族传统体育中，一直存在尊卑有别的等级观念，并且这种等级观念存在于体育的很多方面，例如体育用品方面、体育活动的顺序方面等。在进行体育活动的过程中，需要遵循"君臣之礼，长幼之序"的体制要求，正是在这种情况下，使得体育的竞争并不公平。例如西周的射礼，射礼被分为大射、宾射、燕射三种，此外，在弓箭、箭靶、伴司乐曲、司职人员等方面也存在一定的等级区别。"秋"是围猎中的最后阶段，需要由皇帝所在的"黄帷"射出第一箭，以宣告狩猎活动的正式开始。由此可知，封建统治者有着非常强的等级观念。我国传统体育在"寡欲不争""中庸""以柔克刚""贵和"等思想观念影响下，也表现出了相应的特征，例如力量、刚强、竞争不足，而舒缓、柔弱、平和有余。从体育的本质特征来看，其所表现出的这些特征并不是体育的真正特征，因此，封建等级观念阻碍了我国民族传统体育的发展。

（四）倡导阴柔与静态之美

在我国古代，以孔孟为代表的儒家文化给人们宣导了一种"乐而不淫""哀而不伤"和"心宁、志逸、气平、体安"的思想，并且在做人上还要做到多"隐"，隐藏自己的情感而使之不外露。太极这种静极之物就在儒家文化的影响下形成的。太极在理论上和文化上都追求静和自然，总的来说，这种静态变化的追求主要体现在追求内在美高于外在美、追求静态美高于动态美、追求封闭的系统胜于开放的系统三个方面。

我国民族传统体育有着丰富多彩的项目，例如温文尔雅的太极拳、导引养生功、围棋等。以太极拳为例，其具有深厚的群众基础，以阴柔、轻缓的动作与内在的气势吸引了大量的国内外人士。太极拳要求"形不破体，力不尖出""有退有进，站中求圆"，在技术动作方面，则要求趋向于"拧、曲、圆"的内聚形态，在切磋、交手的过程中，则要求做到"声东击西，避实就虚，守中有攻，就势借力"。太极拳的这些要求充分体现了中华民族以智斗勇、追求技巧的审美心理。

（五）功利观较强，对休闲娱乐体育偏见较深

在我国古代，"万般皆下品，唯有读书高"一直是社会的主流思想，大多数人都想步入仕途，高官厚禄，平步青云。在这种科举制、八股取士的时代，知识分子们几乎将所有的精力放在故纸堆中，皓首穷经。在这种情况下，学子们所学的内容都是为了考试，要考什么就去学什么，而对这些学习内容是否有用却并不关心，这种强烈的功利观，极大地影响和制约了娱乐休闲体育的发展。在汉代，一些知识分子提出了"去武行文，废力尚德"的观点，并且批判了提倡"角抵戏"的做法，他们认为这是"玩不用之器"，也有一些儒生认为蹴鞠费力劳体，违背了"君子勤礼，小人尽力"的古训，因此，便提出了用其他合乎礼仪的"雅戏"来取代体育活动的主张。

总而言之，我国古代这种抵制和反对娱乐休闲活动的价值观念，影响了人们选择体育运动形式的意向，使人们对娱乐休闲活动产生了偏见，这些都阻碍了我国民族传统体育的发展。

（六）群体价值本位

在我国传统文化中，一直推崇的是亲亲尊尊的宗法观念，这一观念的基本特征是把亲亲尊尊的价值观念，以家庭、家族为本位外推，将其扩大和延伸到整个社会群体之中，长此以往，就导致了中国传统文化的价值取向或为以社会群体为本位。在这样的价值取向影响下，民族传统体育中以个人为基础的竞争就无法得到充分的发展，这也在一定程度上限制了民族传统体育的发展。

三、民族传统体育的制度文化内涵

（一）中国古代体育体制的共性特点

我国古代体育在体制方面都有相通的地方，其主要表现在重文轻武、民族传统体育受传统教育的束缚而变得扭曲两个方面。

1.重文轻武

重文轻武的思想观念在一定程度上阻碍了我国民族传统体育的发展。自汉武帝"罢黜百家，独尊儒术"之后，儒家思想便处于思想统治地位。汉朝改变了当时的取士标准，设立了太学。在官学中，其所教的内容大多是文治方面的，涉及武

艺的教学内容很少，到后来则基本上被排除了，形成了重文轻武的学风。这一学风的出现极大地影响了当时的社会风气，如"彬彬多文学之士""金银满赢，不如一经"。到两汉以后，重文轻武的思想更为严重，南朝时，国民的身体素质已大不如前，"肤脆骨柔，不堪行步；体羸气弱，不耐寒暑，其死仓猝者，往往而然"是对许多贵族子弟最为形象的描述。至北宋以后，在宋明理学以及八股取士制度的影响下，重文轻武之风发展到极盛。

总而言之，在儒家思想的影响下，整个封建社会以"经学"取士的用人标准，在一定程度上阻碍了我国民族传统体育的发展。此外，教育的非理性特点也在一定程度上阻碍了我国民族传统体育的发展。

2. 民族传统体育受传统教育的束缚而变得扭曲

到两汉以后，儒家的"礼乐观"和重在伦理教化的错误价值取向都对我国民族传统体育产生了重要影响。前者造成了"重功利，轻嬉戏"的社会思想倾向。从儒家学者的观点来看，体育是成德成圣的手段，不能任其发展，应该加以制约。射礼就是一个典型的代表，射礼要求射者"内志正，外体直，然后持弓矢牢固，然后可以言中"。后来，这种思想发展到了非统治者不能随意进行体育活动的地步。至此，体育运动具有了等级性的特点。

总而言之，在封建社会思想观念和统治阶级的影响下，我国民族传统体育被戴上了"等级"的帽子，使我国古代体育不能正常地发展。由此可知，封建社会的束缚以及封建思想的禁锢也制约了我国古代传统体育的发展。

（二）中国古代不同历史时期体育体制的差异

1. 夏——春秋时期

在夏——春秋时期，体育的发展进一步具体化。其主要原因包括以下几个方面。

（1）生产和分工的发展、文字和学校的产生、宗教制度的形成等。体育的具体化，主要体现在体育形式呈现多样化特点，例如军事、学校、娱乐、保健等。

（2）在国家军队中，体育也具有非常重要的作用和地位。这主要体现在士兵的日常身体训练方面，以"田猎"与"武舞"为学习的主要内容。《礼记·月令》对当时的军队训练有这样的记载："天子乃教于田猎，以习五戎班马政。"其中"五戎"是指五种兵器，即弓、矢、殳、矛、戟，"马政"是指驭马技术。武舞的基本内容是"教坐、作、进、退、疾、徐、疏、数之节"。

2. 战国——三国时期

在春秋战国时期，贵族统治阶级不再是军事局面的唯一掌控者，这在很大程度上推动了军事体育的发展。战国时期，国家对兵种的划分更加具体化，从而对军队的训练方法也有了新的要求，逐渐运用专门分类训练的方法来训练军队。军队的技击技术逐渐规范系统，武艺水平得到迅速提高。到春秋战国时期以后，军队体育的发展也在一定程度上推动了娱乐体育的进一步发展。在这一时期，出现了很多受到人们喜爱的娱乐体育项目，例如蹴鞠、围棋、射箭、弹棋、斗兽、投壶、击鞠、赛马、风筝、竞渡、秋千、民间舞蹈等。到了汉朝，人们对"百戏"的发展开始逐渐重视起来，并在其发展、兴盛的同时，带动了我国各项运动形式的发展与竞技形式的演进，具有非常重要的意义和影响。秦汉时，盛行宫廷和民间乐舞，方仙术和行气养生术也获得了较大的发展。

3. 西晋——五代时期

我国古代体育在西晋——五代时期盛况空前，在这一时期，一些阻碍我国传统体育发展的体制被废除，并且实行了一系列推动体育发展的有效措施，这在很大程度上促进了体育，特别是武术的发展。到魏晋以后，玄学、佛学以及北方少数民族习俗在一定程度上遏制了传统儒学的"礼乐观"发展。到了隋唐，社会政治稳定，经济得到了进一步的发展，逐渐形成了全国的传统节令活动，休闲体育活动也得到了良好的发展。唐朝武举制的创立在很大程度上促进了军事体育的发展，并且形成了尚武风气。武术在这一时期也得到了较大的发展。

4. 北宋——清时期

在北宋——清时期，在宋明理学和"八股"取士制度的影响下，重文轻武的社会风气开始盛行，这严重阻碍了我国民族传统体育的发展。可喜的是，军事体育和学校体育在这一时期还是取得了一定程度的发展。例如，宋代出现了专门的军事学校武学，并且将学习内容分为理论和实践两部分，除此之外，还实行了严格的升留级制度，通过考试来选拔军官。另外，这一时期实行的教法格、教头保甲制，也推动了军事体育的发展，进一步促进了民间习武的传播和普及。到宋代以后，武术运动出现了一个较好的发展势头，并且形成了一个较为独立的体系。此外，在这一时期，休闲娱乐体育也有了较好的发展，例如瓦舍、社等。到宋明以后，由于娱乐休闲体育的冲击，民族传统体育活动只能在原有的轨道上前行，无法冲破旧体系的束缚。宋元明清时期，养生术、炼养术、导引术等均获得了一定程度的发展。

四、传统武术的文化进程

传统武术是中华民族在长期的生产劳动过程中创造并形成的一种土生土长的民族传统体育。回顾历史，中国传统文化对传统武术的产生、发展有着全面而深刻的影响，这使得传统武术在各方面都带有浓厚的中国传统文化色彩。要想全面认识传统武术，了解继承和发展传统武术的现实意义，就必须深入研究传统武术的丰富文化魅力和内涵，详细分析其与中国传统文化的关系。

中国传统武术在数千年的发展过程中深受中国文化的熏陶和影响，在武术界有着传统武术是独具文化特色的民族瑰宝，是中国传统文化的载体的共识。

传统武术是一门学问，它既含有"武"的成分，也含有"文"的成分。它的"文"的部分主要是受到先秦时期思想文化和宋明理学的影响而成。

（一）先秦时期思想文化对传统武术的影响

中国传统文化雏形的形成源于先秦时期，特别是春秋战国时期。春秋战国时期是中国文化发展的第一个文化繁盛期，在这个时期，诸子蜂起、百家争鸣。文化的繁荣也开始初步影响到武术。整体而言，这一时期的传统武术已经初具以下几方面的文化特色。

1. "尚武之风"的盛行使传统武术一直保持着极为"刚健"的文化特色。
2. 在传统武术中，对中国传统哲学重"道"的特色有着鲜明的体现。
3. 传统武术讲究"重德"。
4. 老子在军事方面"不敢为主而为客，不敢进寸而退尺""以守则故"的思想，以及墨子的"非攻善守"的思想，均从文化角度表明应该促使传统武术朝防卫性文化特色的方向发展。

传统武术正是由于受到了先秦繁荣的文化在很多方面的影响，才从一门单纯的搏杀技术发展至具备了中国文化特色的搏杀技术。如果当时的文化繁荣能够一直持续，传统武术的发展将非常繁盛。

（二）宋明理学对传统武术的影响

宋明理学的兴起使中国传统文化进入第二个发达期。宋明理学以儒学为基本思想根基，并将儒、释、道三教的思想进行了综合。在当时，宋明理学思想对社会的每一个方面均有着极大的影响，传统武术也是其中之一，这是传统武术以及传统武术文化在明清时期全面成熟的一个主要原因。在这个时期，中国传统文化对武术的全方位影响主要表现在以下几个方面。

1. 宋明理学与传统武术相互融合，体现出了"刚柔相济"的特点。
2. 传统武术重"道"的特色得到全方位的体现。
3. 随着宋明理学的世俗化，"德艺双修"在传统武术的发展过程中有着全面且具体的表现。
4. 传统文化注重"和谐"的特色逐渐成为传统武术的主要技术要领和精神追求。

在当今传承民族文化。弘扬民族精神的社会大潮中，深入分析传统武术的文化特色，取其精华，去其糟粕，这对传统武术本身的发展有着十分积极的意义，同时对完成国家和民族的时代使命也具有积极作用。

五、传统武术与中国传统哲学文化

（一）我国古代哲学的基本特点

总体来看，我国古代哲学是通过研究世界的本原和历史演变的规律，从而形成了独具中华民族特色的自然观、历史观、伦理观、认识论和方法论。具体而言，我国古代哲学有以下几方面特点。

1. 我国古代哲学的根本特点是对生命的重视。中国的生命哲学源于人体文化，中国古代哲人的生命哲学即通过体悟自身而认识宇宙，他们认为宇宙万物都有生命的存在，都以正常的生命历程进行生存和演进。
2. 我国古代哲学始于先秦，历史悠久，与同时期世界其他地区的哲学相比，属于少数达到较高水平的哲学形态之一。
3. 我国古代哲学有道、气、理、神、虚、诚、明、体、用、太极、阴阳等独特的传统概念范畴。
4. 我国古代哲学强调用整体、有机、连续的思维看待问题。
5. 我国古代传统哲学与伦理学联系密切、相互渗透。
6. 我国古代哲学思维是一种以经验为基础进行体悟的直观思维。

我国古代特有的哲学体系是中华民族的文化基础，它对中华文化、古代社会的发展起着至关重要的作用。

（二）我国传统武术的思想渊源

我国古代哲学的范畴很大，包罗了许多传统思想及学说流派，下面从古代哲学的本体论、认识论、方法论三方面来探讨传统武术的思想渊源。

1. 本体论

中国古代的朴素唯物主义认为"道"与"气"是构成世界的本源，其中"气"

是用来解释生命的历程的。在传统武术理论中，"气"被视为武术的原力、本根以及武术养生的理论基点，是传统武术生命的精髓所在。传统武术的功能、神韵、绝技等外在的形态，均为"气"的演化与体现。

将本体论的另一个重要观点——"天人合一"思想与传统武术相融合后，表现如下。

（1）习武者追求人与自然的统一。

（2）习武者会在自觉或不自觉的情况下创造出各种象形取意的拳种和拳式。

（3）武术家都追求动作的和谐、协调。

（4）德高望重的武术家不断追求自我道德的完善和技术的完美。

2. 认识论

中国古代哲学认识论的基本概念为"知行"观。古代哲学家认为，只有要把认识和实践统一起来才能称得上"善"。总体来看，中国古代的"知行合一"说强调要真切地认识并实践"天道"和"人道"。

"知行合一"是传统武术的认识论的基础，是传统武术发展的重要理论。在一定的社会需要下所产生的传统武术，其演练武术的宗旨可用"学以致用""直觉体悟""切合实用"等词语来表达，即强调基本功练习，强调切合实用是知行合一在武术中的体现，要求学习者身体力行，用直觉去领悟、体验和把握，这也是我国民族传统思维的特征。

3. 辩证法

我国古代哲学家通过对天地万物两两对立而又统一的自然现象进行考察与理解，进而萌发了辩证思维。我国传统的辩证思维对于中华传统武术也有着深刻的影响，以阴阳学说和太极思想为例来看。

（1）阴阳学说

传统武术"顺阴阳而运动"的思想在先秦时已见记载，其中最具特色的是春秋末年"越女"论剑和战国时《庄子》的有关论述。传统武术讲求"顺阴阳而运动"的原则，即不论何种拳术，都要通过"气沉丹田"来维持体内的阴阳平衡。该原则也同样适用于传统武术的实战之中。另外，传统武术还以阴阳互根、阴阳消长、阴阳转化作为传统武术技法的基本原理和传统武术运动的规律，来对多种拳理法进行解释。

（2）太极思想

太极思想是随着"太极"理、象研究的发展，逐渐渗透到古人的生存方式中形成的一种思维方式。它作为我国古代哲学中认识问题和解决问题的根本法则，自然也影响着传统武术的发展，太极拳的出现就是"太极"文化的思想内涵在传统武术上的最好体现。

总之，我国古代哲学作为传统武术的思想渊源，对于传统武术技理的发展产生了重要的影响作用。

（三）我国古代哲学对传统武术的影响

我国古代哲学思想构成了传统武术的理论基础，并对我国传统武术文化的形成与发展产生了重要的影响作用。

1. 儒学思想与传统武术

我国古代儒家学派强调"仁爱"，认为"仁"为"爱人之本"。传统武术一直将以"仁爱"为基本伦理思想所派生出的"忠、孝、智、仁、勇、宽、信、敏、惠、温、良、恭、俭、让"等道德标准当作伦理思想的核心。儒家学派历来推崇"君子"文化，它把"君子"的行为、道德规范作为"成人"的标准，希望人们去努力达到。传统武术的发展离不开起到向导作用的儒家伦理道德思想以及所提倡的"文武双全""仁勇兼备"的思想。

儒家思想认为，作为君子光有仁爱是不够的，必须同时掌握"六艺"，即"礼、乐、射、御、书、数"，其中"礼""射""御"都和传统武术密切相关。在传统武术中存在着"仁者必有勇"的思想，即追求文武双全、仁勇兼备。这对传统武术从纯武的范畴中脱离出来，积极与中国文化相融合以及其自身的发展起到了导向的作用。

在中国古代，"为国为民，兼济天下"的儒侠文化备受推崇。这些儒侠的共同点是都有兼济天下的志向，勇敢入世的态度，鞠躬尽瘁、死而后已的献身精神。他们之所以会行侠仗义，多与国家和江山有关，当国家遭灾受难、民族遭受欺侮之时，他们便会挺身而出，为维护国家和民族大义奋不顾身，也就是我们所常说的忧国忧民、为国为民。司马迁在《史记》中记载了两类具有儒侠特点的人物：一类是重信义与是非曲直的游侠，如朱家、郭解；一类是以个人忠义为主，不分是非善恶的刺客，如曹沫、豫让、专诸、聂政、荆轲。前者以"义"字当头，重在以"文"行侠，在和风细雨中化干戈为玉帛，其行为特征是惩恶扬善，抑强扶弱，路见不平，拔刀相助；后者以"忠"字当头，重在以"武"行侠，在刀光剑影中完成使命，他们有固定的、单一的服务对象，崇尚的是"士为知己者死"的思想。对于游侠来说，追求具有超越意义的"名"甚至比自己的生命更重要。他们"恩不忘

-39-

报"，为的是"名高于世"。

需要指出的是，最开始出现的侠，往往并不具备完备的道德理性。侠客们主要是感恩知报，看重诺言、义气胜过自己的生命。这种侠对个人尊严看得极重，接受了他人的恩惠就会觉得自己的人生有了亏欠，为此他们会不惜一切代价进行报恩，直至把心理摆平才安心。而后世的侠则更富理想主义和浪漫主义的色彩，因为他们并不限于报答和自己有特殊关系的人，而是要普遍地助危济困。

"为国为民，侠之大者"是一种中国人独有的伦理价值。这是成熟完整的武侠精神，是传统武术与儒家的最高价值标准完美结合的产物。时至今日，它已成为中华民族理想中最完美的英雄形象，受到后人的崇拜和尊重。

2. 阴阳辩证与传统武术

（1）阴阳学说与武术

阴阳最初的含义是十分朴素的，表示阳光的向背，向日为阳，背日为阴，后来引申为气候的寒暖，方位的上下、左右、内外，运动状态的动与静等。"阴阳不测之谓神"，动、静之间，刚、柔之变以及虚实、开合、进退、起伏、攻守、内外、显藏、始终等等，都是在阴阳互补中产生的。

我国古代学者认为：阴阳的规律是自然界一切事物固有的，自然界中的一切现象都存在着相互对立而又相互作用的关系，世界本身就是阴阳两气对立统一运动的结果，人类与宇宙万物都是由阴阳互动而成。他们用阴阳的概念来解释自然界两种对立和相互消长的物质力量，用阴阳学说来揭示宇宙一切事物相互作用的变化发展规律。"动静相生""刚柔互补""快慢相间""后发先至"等，都是以阴阳辩证观念为基础所产生的对传统武术的要求。

阴阳之道构成了中国传统武术独具风采、变化丰富却又架构清晰的辩证模式。传统武术基于"一阴一阳之谓道"的哲理，在延绵数千年的冷兵器时代里坚持遵循"顺阴阳而运动"的原则并不断发展着。

① 形意拳以阴阳学说为理论基础，以五拳为主，以"捶论"作为拳论的重要内容，这里的阴阳相应观念极为清楚。

② 太极拳的基础是动之则分、静之则合的阴阳变化。其基本拳理是："阴不离阳，阳不离阴，阴阳相济，方为懂劲。""太极者，无极而生；动静之机，阴阳之母也。"

③ 八卦掌以易理析拳理，以走圆转圈为主要形态，走中步步都要阴阳俱合，内外浑一，形神兼备，要充分符合刚柔、前后、虚实、显藏等阴阳离合的要求。

④《少林寺短打身法统宗拳谱》把阴阳离合转化看成技巧的根本大法，并在论"立身立足之法"时说："人一身伫立之间，须配合阴阳，方知阴来阳破，阳来阴破之妙。若不明阴阳，则无变化之妙，而有呆钝之嫌。先贤曰'敌未交手，便知胜败'，乃明阴阳之理也。"

总而言之，在中国传统武术中，虚实、刚柔、快慢、动静等对立统一且能在一定条件下相互转化的阴阳学哲理贯穿于各种拳派、拳路和器械套路攻防击技之中。

此外，我国传统武术在解释和规范拳技理法的时候，还强调要以阴阳互根、阴阳消长、阴阳转化作为武术技法的基本原理。阴阳互根是说阴与阳互相为根基。拳家认为：孤阳不生、独阴不长，要阴中有阳、阳中有阴。想要使动作协调灵便，就要有序配合主动肌和对抗肌。如长拳要与短打相辅相成，劲力要"刚中有柔、柔中有刚、刚柔并济"。关于阴阳消长，武术家们认为：每一个阴阳对立的动作，都势必呈现出此强彼弱，此弱彼强的态势。阴阳转化要求习武者在套路演练技法的时候，要在遵循"意欲向上，必先寓下；意欲向左，必先右去"的动作路线规律的基础上，采用从一定状态反向入手的技术方法和训练步骤。阴阳转化原理体现在传统武术训练中，一般要求先练静功，由静功提高人体对外界的感觉能力，再在意识的支配下发起动作。

（2）太极思想与武术

太极拳可谓是中华传统文化中的一朵奇葩，它是以太极思想文化作为理论基础的。比照太极图来看，太极拳中动静、刚柔、虚实、开合等对立统一状态，与太极图的阴阳消长、转化规律是一致的；在练习太极推手时，两人双搭手的形态，则恰如平面太极图中的双鱼环绕。太极拳的动作圆活，招招不离弧形，式式都像圆形。练习中双方臂膀组成环状不断变化，你进我退，粘边黏随，正符合彼阴吾阳、相互消长、交替变化的道理。

3.五行思想与传统武术

金、木、水、火、土是我国古代人民在长期的生活和生产实践中必不可少的物质，被认为可通过运动变化生成世间一切事物。古代朴素的唯物主义哲学家认为这五种物质存在着相生相克的关系，且在不断的相生相克运动中维持着动态的平衡。五行相生的次序是：木生火、火生土、土生金、金生水、水生木，周而复始，生生不已。五行相克的次序是：木克土、土克水、水克火、火克金、金克木，亦是循环往复。

在古代，统治者运用五行思想治理国家，兵家通过五行阐述胜负因素的相互关系，医家在观察病理变化的时候会将五行与病人内外、自然环境结合起来，武术家则以五行结合拳式、结合人体，用以解说拳理，并作为锻炼法则。

在以五行学说为理论基础的传统武术中，五行拳最具代表性。武术家根据五行思想创编出了五行拳的基本拳式，即劈、崩、钻、炮、横。在之后的发展过程中，武术家将五行拳同中医脏象学说中的心、肝、脾、肺、肾以及目、耳、鼻、舌、人中进行相互匹配，从而形成了形意五行拳内与五脏相合、外与五官相配的独具特色的拳派理论，即"劈拳属肺、崩拳属肝、钻拳属肾、炮拳属心、横拳属脾"。由于这种理论在后来又以五行拳分主各脏象为基础衍生出了"劈拳养肺、崩拳舒肝、钻拳养肾、炮拳强心、横拳利脾"的说法，因此人们常认为如长期坚持修炼五行拳，会使自身阴阳平衡、身体健康。具体地说，五行与五拳、五脏、五官相配的顺序是：金在身为肺，在拳为劈拳，在五官为鼻（鼻为肺之窍）；木在身为肝，在拳为崩拳，在五官为目（目为肝之窍）；水在身为肾，在拳为钻拳，在五官为耳（耳为肾之窍）；火在身为心，在拳为炮拳，在五官为舌（舌为心之窍）；土在身为脾，在拳为横拳，在五官为人中（人中通脾）。

4.八卦理论与传统武术

八卦学说是一门庞大的科学思想体系，八卦生化是古人解释宇宙万物的一种方法。我国古人将八卦理论中的乾、坤、震、巽、坎、离、艮、兑来象征天、地、雷、风、水、火、山、泽八种自然现象，并以此为基础推测自然和社会变化，揭示宇宙和生命的规律以及阴阳消长变化的细微过程。八种卦象同八种自然现象八八相叠，产生的六十四卦的形式是万物生化过程更为全面、更加深入的表现。我国古人早在五千多年前，就通过长期探索，认识到宇宙是个万物一体的大系统。

八卦基本理论认为大自然有着极强的规律性，且其各个局部相互关联，太极衍生八卦，即无极生太极、太极生两仪、两仪生四象、四象生八卦。古人就是根据这种理论逐步建立起来了一种朴素的唯物论和辩证法。八卦理论要求在推测事物的发展和走向的时候，需在肯定宇宙间万事万物运动永恒、相互关联的基础上，把发展理解为各种矛盾趋向和谐与不断往复的过程。

八卦理论与我国传统武术的紧密联系主要体现在八卦掌中。八卦掌原名"转掌"，由于该拳法以沿圆绕走作为主要的运动方式，所绕圆圈正经过八卦的八个方位，又以八卦卦象对应人体各个部位，于是被称为八卦掌。八卦掌以八卦卦象比喻人体躯肢：头比乾，乾卦属天，高耸正直，睥睨万物；膝脚比坤，坤卦属地，无所不载，触动即应；胸比离，离卦属火，虚而有容，出人自如；腹比坎，坎卦属水，丹田坚实，气沉而固；项背比艮，艮卦属山，含胸能空，背拟能实，屈伸自如，开合紧凑；臀比震，震卦属雷，下实上虚，收敛坚沉；手比巽，巽卦属风，顺逆起伏，应变灵活；肩比兑，兑卦属泽，垂肩坠肘，刚柔从容。在八卦掌步法、掌法、身法的要则之中，都体现了八卦相荡、奇正相生、阴阳转化等规律，转掌始由乾位，达于坤位变，在其走圆旋转中，始终脚踏八卦，环顾八方，左右互换，阴阳相易。

八卦掌还较为全面地采用"易理"作为拳技的理论依据。"易理"将"变易"作为主要思想，即认为天地及万象万物都处在不停地运动变化中。八卦掌效法这种变易思想，将攻防拳式同沿圆绕走结合起来，使走转招式如周而复始、没有中断的天体运行一般。"以动为本，以变为法"是八卦掌的技法总则，在对敌时，常通过不停地走转来避实寻虚，讲究以动制不动，以快动制慢动。"易理"还包含"不易"的思想，该思想认为天地间万物的循环变化都有着一定的规律可循，即"动静有常"。八卦掌按照这种不易思想，形成了八卦取象、取身不易、运动技法原观不易的定则。如"胸空腹实"等身型要领、"拧旋走转"等运动技法、"滚钻争裹"等劲法原则等，都是习练八卦掌者必须遵守的不易法则。

八卦思想不仅在中国古代哲学思想中占有极其重要的地位，还同儒家思想、阴阳观论、五行思想一样渗透到了中华传统武术的理论当中，为中华传统武术的进一步发展做出了巨大的贡献。

六、传统武术与东方古典美学文化

（一）我国古典美学的特质

美学是研究人与现实审美关系的一门学科，主要包括通过研究审美对象和审美意识来认知美的本质、根源及各种存在形态；通过研究审美关系，来了解审美对象和审美意识的本质特征、相互关系等。我国传统美学具有丰厚的文化蕴涵，承载着中华民族的生命意识，在发展演变过程中呈现出生生不息的生命力。

在我国古代，更多的是通过对"道""气""妙"的探讨来反映美的本质。与西方美学思想相比，中国古代美学思想更强调宇宙本身的意蕴和人的精神境界。如："比德说"，即通过从不同角度进行联想和想象，把自然人格化、道德化，把人的特性客观化、自然化，并依此找出自然事物与人的相似之处。中国古代的哲学思想认为美的本质是自然，自然即为美。这里的自然是指符合事物的规律，即中国古代哲学中的"道"。"合乎自然的即为美，反之则为丑"的审美标准不仅适用于天地万事万物，也同样适用于人类社会。

天地万物和人都是阴阳二气交感而生的，万物的发生、发展、变化都是无目的的，因而美在生命中，生命即美，而这种美的理想境界是"和"，因为在"和"的状态下，生命能得到最顺畅、最现想的发展。以"和"为美，是中国美学一个极为重要而又古老的思想。中国古代美学文化的特质主要表现为以下几方面。

1. 中和之美

"中和之美"是中华民族审美思维方式的显著特色。"中和"思想本指中正、平和，后引申为一种符合中庸之道的道德修养原则。从儒家思想的角度来看，"中和"是最高审美标准。儒家认为只要人的道德修养能达到致中的境界，那么天地万物均能各得其所，达到和谐的境界。

2. 协调之美

"协调之美"是中国传统美学历来的一贯主张。"协调"一词原本出自中国古代道家的"无为"和儒家的"中庸"，并逐渐演变为和谐一致，配合得当之意。儒家强调"人和"即社会美，道家强调"天和"即自然美，佛家强调"心和"即心灵美。和谐、协调是一切美好事物的共同特征。

3. 和善之美

"和善之美"是道德内容与艺术形式的和谐统一。所谓"和善"是指和谐的形式与仁善的内容的有机统一。"和"是一种外在美，意在协调；"善"是一种内在美，意在仁德。儒家思想认为，尽善尽美，至善至美，是中国传统美学的最高境界。

4. 和合之美

中华和合文化源远流长，早在先秦时期，和、合二字就已经存在了。其中，"和"有和平、和谐、祥和之意；"合"有融合、结合、合作之意。在传统美学意义上，"和合之美"的审美观要求审美主体从整体上观察客体。只有在整体上能够体现出和谐协调的客体，才是美的。"和合之美"的审美观还要求客体与周边的自然、社会环境以及客体自身内部各个部分之间的关系都能够和谐协调。例如在将"和合之美"应用于艺术设计中的时候，设计者必须重视设计的整体效果，尤其要求注意设计品内部各个构成要素之间的协调统一，以及设计品与周围环境的协调统一。

（二）传统武术中美的体现

我国传统武术是力与美的高度结合，兼具了健身和艺术之美。具体来说，武术的美主要表现在以下方面。

1. 技击之美

传统武术拳种众多，动作千变万化，但都是为了追求因掌握了某种攻防格斗技术而引起的精神愉悦，即通过实现某种目的而引起愉悦之感，这是最初的审美萌芽。经历代传统武术家将其特有的攻防格斗的技艺加以进一步的提炼、概括、加工和程式化，逐步形成了形式较为稳定的套路招式。这些套路招式既具有"技击"的特点，又符合生命的自由活动形式。人们在观赏传统武术的技击之美的时候，沉淀于技击之中的智慧、才能、力量、灵巧、勇猛、坚强等的体现，能够带给人们一种紧扣心弦的特殊审美感受。

2. 练"气"之美

传统武术的各家各派都把"气"作为武术的根本，并始终强调练"气"的重要性。虽然各家各派对于"气"为何物及如何练"气"的看法不尽相同，但都将练"气"看作是武功达于化境的基本条件。如我国古代拳法家们认为，在修炼武术的过程中，对于人生命的根源，即"气"的修炼是必不可少的一环。

我国古典美学认为，"气"是美的本源，美依赖于"气"而存在。在传统武术中，以生命符合规律、和谐发展为美，以表现生命力的刚健充实为美。传统武术家们通过内修练气，达到"元气充足"、精神健旺、力道厚实、动作灵敏的效果，并借此显示出生命力的刚健、充实，这种行为本身就是一种美的体现，是对人的生命的自由活动的肯定。

传统武术所注重的练"气"，无论是对人的生命力和创造力的修炼，还是对生成为人的元气的修炼，其核心都是极端重视人的生命根基。

3. 形神之美

传统武术强调神形兼备，内外合一。如长拳中的八法，"手、眼、身法、步、精神、气、力、功"；南拳中的内练"心、神、气、胆"，外练"手、眼、身、腰、马"；形意拳的内外三合。传统武术的各家各派对神形兼备的提法都有一个共同的根本点，即是要求使内部意气和外部神气在运动中趋于和谐，进而使内外运动与生命的自由和谐运动相符。除此之外，传统武术家们还认为神代表着内在的精神世界，主要包括美好的道德、高尚的情操、完美的个性等。神是形的内蕴、灵魂，离开了神，就失去了武术特有的韵味。而人们通过观察传统武术的运动形式，能联想到生命生生不息的运动，生命的勃勃生机，进而引发审美上的愉悦。

4. 意境之美

传统美学范畴"意境"，通常被解释为文艺作品中所描绘的图景和表现的思想感情融为一体而形成的一种艺术境界。当具体到传统武术之中的时候，则可理解为是套路的形成和思想感情的相互融合。

套路的形成讲求"情境"交融,"情""技"交融,神形交融。即按演练者、编创者一定的价值取向和审美需要,将具有攻防意义的技击动作进行艺术加工,并在其中融入思想情感。如在演练套路时,传统武术家只有把自己"置于一个战斗的场合",才会气韵生动、气势如虹,表现出一种英武不屈、坚忍不拔的斗志和气概,再现战斗的艺术意境。

武术的意境美还体现在对动作招式的命名上。苍鹰捕食、大鹏展翅体现了传统武术家气吞千里、豪情万丈的雄伟气魄,让人有如在观赏一幅英雄气概十足的画面;白猿献果、猕猴攀枝则体现闪展腾挪和巧妙轻灵,让人体验到灵动、活泼的乐趣;金鸡独立、白鹤亮翅体现了舒展自如和悠闲、潇洒的情态,给人一种舞台艺术造型美的享受。通过这些命名,观赏者不仅能够品味其中的意境神韵,还能感受到传统武术招式套路那神秘而浓郁的文学意蕴。

总体来看,传统武术的风格特色、创造特征都通过意境美得到了充分的展现。

5. 节奏之美

节奏是生命运动的一个极为重要的特征,而生命运动同美的内涵有着深层次的联系。

阴阳二气的运化,使传统武术在动静、起落、快慢、轻重、高低、刚柔的对立转化中具有鲜明的节奏感。传统武术家们将武术中的节奏形象描绘为:"动如涛,静如岳,起如猿,落如韵,立如鸡,站如松,转如轮,折如弓,轻如云,重如铁。"

(三)我国古代美学对传统武术的影响

中华民族的灿烂文化已延续了几千年,这使得中华儿女具备了丰富的传统美学思想和审美体验。传统美学追求传神的境界,并把"形"作为写神或取韵的物质基础,强调形神的高度统一。传统武术在悠久的发展历史中,不断吸收中华民族的优秀文化、融汇中华传统美学的独特神韵,并最终形成了自身独特的艺术内涵。同时,武术作为一项传统民族体育运动,它也聚合了体育与艺术的精华,显示出超越"体育"的艺术魅力。

传统武术的基本审美特征和表现方式是武术运动自身理论体系的重要方面。美的展示是不同美的要素综合作用的结果,虽然传统武术具有独特的审美价值,但其美学的特点并不是孤立的。它建立在中华民族传统文化基础之上,是一种融运动美与修养美等于一体的特殊美学表现形式。

传统武术运动的美兼容了局部美和整体美,它无处不在,是民族文化和运动形式美的统一。传统武术在美学方面的表现形式上,可分为内在美、外在美两种。

它这种内外兼修、兼顾表现内在美与外在美的独特形式，既表现了一个民族过去和现在的文化渊源，也总结和概括了中华民族的审美特征。

传统武术既具有健身自卫的实用价值，又具有绚丽多姿的表现形式，能给人以美的享受，使人赏心悦目，激发人类美的情感。这是我国传统武术能够发展至今的重要原因。在我国传统武术中，充满着中华民族特有的气质、民族心理、民族美感和民族精神。

七、传统武术与中国传统艺术文化

杂技、舞蹈、戏曲等"动"的艺术和书法、绘画、文学等"静"的艺术是我国古代传统艺术的两大重要组成部分。可以说，传统武术与传统艺术有着亲如手足的"血缘"和互相滋养的关系，它们共同在历史的长河中发展传承、丰富壮大。

（一）传统武术与杂技艺术

1. 传统杂技艺术的特征

杂技是一种有悠久历史的表演艺术，它要求表演者掌握多种表演技巧并能够运用长竿、独轮车、球、绷床及吊架等辅助表演的器械。我国古代的杂技充分展示了东方人体文化的辉煌和神韵，即使放眼世界其艺术特征也是独树一帜的，因此，我国也被称为世界第一杂技大国。我国传统杂技的艺术特色概括起来有以下几方面。

① 结合了古朴工艺美术和形体技巧。
② 在道具的选择上大量运用了生活用具和劳动工具，富有生活气息。
③ 讲求平中求奇。
④ 轻重并举，通灵入化，软硬功夫相辅相成。
⑤ 注重险中求稳、动中求静。

2. 杂技艺术与传统武术的关系

同源共生和互传互补是中国杂技与武术的重要联系，可以说，二者几乎是同时出现在中华大地上的。杂技是从人类在与自然争斗中展示自身力量和技能的由自娱到娱人的原始艺术发展而来的；传统武术是经由人类的自卫本能升华、攻防技术积累而产生的。杂技表演以超常的技巧为特征，这使得它比其他歌舞、戏曲、曲艺等表演艺术更接近武术。有着悠久历史的杂技艺术，对中国传统武术的发展起到了十分关键的作用。

武术与杂技有着共通的训练原则。我国古代杂技项目可分为七个方面：形体技艺、力技、投掷技、幻术、动物戏、乔装动物戏、滑稽戏。这七大项中多数项目都可转化为传统武术的训练内容。在杂技训练的过程中，也会采用许多传统武术的训练方法，如"内练一口气，外练筋骨皮"等。中国武术的硬功和柔术常常被杂技发展成为独具特色的表演节目，至今仍活跃在舞台上。

（二）传统武术与舞蹈艺术

1.传统舞蹈与武术同源性

我国舞蹈自创始之初就与传统武术结下了不解之缘。古代的"舞"与"武"交融，舞中行武，舞中现武，舞中存武。

在我国古汉语中，"舞"与"武"是通用的。据说，在远古阴康氏时，洪水泛滥，不断被阴冷潮湿所折磨的人们，自创了有助于伸展筋骨、恢复健康的舞蹈，这可以说是最古老的健身舞，也可以说是一种近似于武术的健身操。在我国古代早期的练武活动，大多是通过"舞"的形式进行的，即所谓"武舞"。人们把徒手或手持武器的各种战斗技术动作整合编组成一套固定的类似舞蹈的动作，并通过这种舞蹈把在战斗中运用成功的一拳一腿、一击一刺重复出来。尽管这种"舞"没有固定的体系和动作规格，只是单纯地对各种动作进行模仿并反复地重复，但练习武舞的过程，也是攻防格斗技术传授过程。武舞是早期舞蹈与传统武术的一种交融，它既有健身自卫的实用性，也能表达我国古代早期人民的思想感情。

2.舞蹈艺术与传统武术的关系

随着社会的发展，舞蹈偏向于表演艺术，而传统武术则融于军事作战与健身之中，这使得二者的概念分得越来越清楚。但由于传统武术同时具备形式美与内在美，它的这种魅力使得许多艺术领域的作家积极地运用和发挥武术的美学功能，在他们编排的舞蹈中往往或多或少夹杂着武术的形式与内容。

当然，舞蹈也同样深深影响着武术的内容和形式。比如，我国汉代流行的由实战剑术演化而来的具有艺术美的"剑舞"，其本身来自民间传统武术；唐朝的《黄獐》《达摩支》等舞蹈在表演形式上也都受到了武术的影响；元明清时期的古典舞蹈更是大胆地引用了扑步、飞脚、旋子、射雁等武术动作，且至今仍广泛应用于舞台表演；又如现代民间的狮子舞，舞狮者在做跳跃、舔毛、瘙痒、打滚等动作的时候，都必须通过相互配合的弓步、马步、交叉步变换，手法变化以及摸、爬、滚、打等，把狮子舞舞得惟妙惟肖。有一种狮子舞表演叫"采青"，有些地方会直接将这种表演作为比武的间接手段。

此外，尽管武术套路都是紧密围绕攻防格斗技术而发展起来的，但其演练风格、演练形式、表演技巧等却都吸取了舞蹈的精华，武术套路中的结构、布局等也吸收了舞蹈的表现形式。例如，"体如遨龙，袖如素蛇"这种身段与手部动作的结合，被武术吸收后通过技击方法紧密结合来表现身法。还有"行如游龙，舞似飞凤"也被武术剑术套路所吸收。还有一些具有表演性质的武术套路，为增强其表演效果，吸收了一些舞蹈及花俏动作，借以丰富套路的内容，突出表演效果。

目前，随着传统武术运动的发展，渗入舞蹈元素的传统武术日益受到广大健身者的喜爱。这些舞蹈化的武术套路，既具有健身价值，又具有很高的表演价值和欣赏价值。比如武术中的木兰拳就是武术与舞蹈相结合并伴有音乐进行的一种健身方法；敦煌拳则是吸取了敦煌壁画上的舞蹈形态而创编的一种健身武术运动。

（三）传统武术与戏曲艺术

以唱、做、念、打为主要表现手段的传统戏曲，与传统武术也有着十分密切的关系。

现今的普遍观点都认为，戏曲起源于周代的"大武舞"。研究中国戏曲史的学者，在追溯中国古代戏曲的起源时，均会提及作为古代武术源流之一的"大武舞"。据历史记载，"大武舞"是武王克商为表现自己的功绩而创作的一种武舞。如果说周代的"大武舞"为中国戏曲的产生创造了条件，那么秦汉时期的百戏则应为中国戏曲诞生的摇篮。百戏，也叫散乐，是汉代民间演出的歌舞、杂技、武术、戏曲等杂耍娱乐节目的总称。据张衡在《西京赋》中的记载，汉代百戏中有许多杂技和武术的节目，如"吞刀""吐火""扛鼎""寻橦""冲狭""燕跃""跳丸""走索"等，这决定了传统武术必然会对百戏产生极大的影响。两汉时期汇总文武的角抵百戏将丰富多变的武术招式与人物性格、戏剧情节有机地结合了起来，并逐渐演变成为戏曲中的武打艺术。

"唱、念、做、打"是我国传统的戏曲表演需具备的四大要素。其中的"做"和"打"是戏曲在表演上应用传统武术招式套路的具体体现。传统武术中的多种技巧，都为戏曲表演提供了技术上的参考；传统武术还直接对中国戏曲的表演形式产生了一些影响，如戏曲的内容、观众的喜好等，这是一种多渠道、多层次的文化氛围的全面影响。

我国的传统戏曲历史悠久，品种繁多，并已成为彪炳世界艺术之林的中华民族优秀文化瑰宝之一。在我国的传统武术的发展过程中，也在一定程度上吸收了戏曲的某些因素。如戏曲中的武打与亮相的招式，在今天的传统武术表演项目中就多有反映。总之，传统武术与戏曲在数千年的发展中，亲如手足，情同连理，互相渗透，互相影响。

（四）传统武术与书法、绘画艺术

中华传统武术博大精深，即使是在书法、绘画等静态艺术中，也能够清晰地看到传统武术的身影。

1.传统武术与书法艺术

我国人民早在2 000多年前就发明了毛笔，虽然钢笔、铅笔与圆珠笔等随着东西方文化的交流融合陆续传入中国，但毛笔书法依旧保持着其独特的艺术欣赏价值并延续至今。书法在内容上，可充分表达书写者的情感、思想、心境等意境；在形式上它则以点、线、黑、白、湿、枯、柔、力、借、倚等结构，章法之独特性来表达它的美。传统武术与书法艺术交相辉映，表现出许多书法所不具备的艺术美。书法与传统武术有很多相通之处：

（1）书法讲究"劲力"，这在每个字的一笔一画之间都有着充分的体现。武术也讲究劲力，如太极拳中的"劲"起于脚跟，发于腿，主宰于腰间，形于手指，发于脊骨，由脚而腿而腰，一气呵成。

（2）书法要求写者用笔要做到能够收放自如，每往必收，每垂必缩，含蓄而锋芒不露，不轻佻浮躁。武术中的拳打、指戳、脚踢、肩撞等都有的放矢，连续进击。

（3）中国书法要求写出的作品要能够传递出一种神韵。传统武术中的一拳一腿，一招一式，也都对"神韵"有着很高的要求。

（4）书法讲究刚柔之法，优秀的武术家能够做到遇虚则刚、临实则柔。

在书法艺术中，运笔的快慢，章法的透、漏、借、移等特点，均是艺术美的表现形式。可以说，书法与传统武术互相交融与影响，它们的形态美、线条美和节奏美都有着一定的共性。如王羲之在《题卫夫人〈笔阵图〉》中形象地说："每作一横，如列陈之排云；每作一戈，如百钧之弩发；每作一点，如高峰之坠石。"张旭自从观看了"公孙大娘"舞剑后，顿悟书法精髓，此后其草书的书写相较以前更具豪情、淋漓顿挫。书法中笔毫在纸上行走的气势，丝毫不输给武术表演中所表现出来的气势，欹侧跃宕的章法，也与传统武术给人带来的艺术美感不相上下。

练习书法具有调气、调心、调身的功效，有益于身心健康。如在练习书法时一般要遵循屏气、落笔、吐气、力透纸背的步骤，写者在这个过程中要随笔势而呼吸，跟着意境而律动，这同"太极拳"的呼吸悠长，行随意走的境界是相同的。再如练书法一般都要站立、悬腕进行，通过协调腰、肩、肘、腕，有利于舒展关节、调节气血，这与气功中的站桩有异曲同工之妙。传统武术融健身、养身、技击、表演为一体,"外"能舒展关节、强身健体,"内"能调理脏腑、疏通经络。它的形式、内容及方法也都体现着美学、哲学、兵法等丰富的传统文化,在这一点上是与书法艺术相同的。

2. 传统武术与绘画艺术

武道与画理是相通的。传统武术是中国绘画极爱表现的内容。从原始壁画到现代的彩色年画,这之中的许多作品都包含传统武术的内容。如古代在宫室、庙堂中绘制的狩猎、武士、侍卫和相扑图、角抵图等壁画,都以武术的形式作为绘画基础。清代年画中,也多见武术内容。天津杨柳青年画中的《张辽威镇逍遥津》,骑将纵马舞刀挺枪,表现出武打的雄姿;《万花楼》则形象生动地展示出了飞檐走壁这种民间传说的武功;在清代乾隆年间绘制的西双版纳勐海的武术壁画中,通过对两位斗矛和两位对刀的武士形象进行描绘,反映了传统武术活动在古代少数民族中的蓬勃发展。

传统武术与绘画艺术的联系还体现为"意"的相通。据传,五代时期的僧人贯休在画十八罗汉时,一直苦于无法体现降龙尊者的神髓,然而在观看了薛仁贵的后裔练戟的情境后,降龙之气韵便由心而生。清代武术家、书画家傅元在刷墨竹时,为求灵感醉舞拳艺的故事,都从侧面反映了中国武术与绘画的灵犀相通之趣。

(五) 传统武术和文学艺术

我国传统武术在文学艺术中的反映主要体现在武侠小说上。武侠小说是中国通俗小说的一种重要类型,多描写身怀绝技的侠客和义士见义勇为或叛逆造反的故事。广义上的武侠包括传统武侠、浪子异侠、历史武侠、谐趣武侠、古典仙侠、奇幻修真、现代修真等,但从狭义层次上来讲武侠则只分为传统武侠、浪子异侠、历史武侠、谐趣武侠这四类。

传统武术在我国文学发展过程中起到了极其重要的作用。如在最初的神话传说中,战争和打斗的故事情节占据了很大的比重。上古神话的英雄中,后羿、刑天、共工及蚩尤等都与武术有直接的关联。

春秋战国时诸侯割据,连年的战事既为武技的发展提供了条件,也为文学创作提供了素材。如《战国策》中所写的人物极为复杂,其中最为动人的当属侠者形象。如《赵策》描写的"鲁仲连舍身游说赵魏共拒强秦"的故事;《魏策》描写的敢发"布衣之怒"的故事;《燕策》所写的荆轲刺秦的故事等。这些故事的内容扣人心弦,情感热血激扬,并为后世武侠文学的发展奠定了基础。如《燕策》中描写燕太子送荆轲赴秦,易水送别一段,直接影响了后世,司马迁曾将一些段落一字不改地移入

《史记》。在先秦历史散文中,除了对个人的侠义行为进行描写之外,还出现了有关大型战役的故事。如《左传》中宣公十二年晋楚之战、成公十六年晋楚鄢陵之战等篇章,从中即可感受到当时的战斗情境,这开辟了大兵团作战和马上武打的先河,为《三国演义》《水浒》等作品中的许多大场面的描写提供了很好的借鉴。

到了西汉,司马迁在《史记》中对游侠"救人于厄,振人不赡、仁者有乎;不既信,不倍言,义者有取焉"的认识,以史传的文学形式第一次将游侠的故事写入了史册,并为之专门立传。在《史记·游侠列传》中,司马迁热情地赞颂了游侠的事迹:"今游侠,其行虽不轨于正义,然其言必信,其行必果,已诺必诚,不爱其躯,赴士之厄困。""既已存亡生死矣,而不矜其能,羞伐其德,盖亦有足多者焉。""要以功见言信,侠客之义又曷可少哉!"这种以史传的文学形式对游侠的事迹进行记录和赞颂的方式,奠定了游侠题材在文学中的良好表现。自此之后,以游侠为主题,以扬侠颂侠作为核心思想的文学作品开始大量涌现。

东汉以后,正史不再为游侠立传。但在建安时代,出现了许多以游侠为主要内容的乐府古诗,如《白马篇》《结客少年场行》《博陵王宫侠曲》《秦女休行》等。在魏晋南北朝时期的诗人们常以古侠士为楷模,并在创作诗作的时候,把自己的生活理想寄托在古侠士身上,并从古侠士的侠义事迹中吸取精神力量。在魏晋南北朝时期初具规模的小说文体中,也不乏对游侠的形象、事迹进行描述、赞颂的作品。如《搜神记》卷十中的《三王墓》,文中赞扬了山中行路见不平拔刀相助,为替莫邪之子复仇甘愿自我牺牲的豪侠气概。而《世说新语·自新篇》中的《周处》一文,则通过对侠士内心世界逐渐转变的描写,称赞了侠士周处勇于改过自新、为民除害的英雄事迹。魏晋南北朝小说中的游侠形象是我国小说中最早的游侠形象,其故事是侠义小说的雏形。虽然这类注重纪实的游侠小说都很简短,但其完整的故事结构,鲜明的人物形象等,都为唐代开始的侠义小说所借鉴。

唐传奇是我国武侠小说真正的起点,它的产生标志着我国小说的发展已逐渐趋于成熟。近代文学史家习惯称唐人小说为唐传奇,如鲁迅先生用"传奇"一词对唐人小说进行概括并于20世纪20年代编写了《唐宋传奇集》一书。武侠小说作为中国传统武术文化影响下的民族文学的重要一支,在唐传奇中亦有属于自己的地位。唐代的侠义小说的主人公多为贴近现实的民间侠客形象。其中,影响较为深远的一篇是以描绘风尘三侠为题材的《虬髯客传》。

唐朝以后,经五代以至宋朝,武侠在题材上并没有什么突出的发展。但随着"说话艺术"的广泛流传,出现了在文学史上有着重要意义的小说话本。这种白话形式的小说与后来的武侠小说颇具渊源。到了元代，话本小说、说唱故事的内容已十分丰富，而武侠文学在其中占有重要地位。

至明清时期，武侠小说同传统武术一样，取得了丰硕的成果。这一时期的武侠小说多是以话本和章回体形式出现的。一般而言，文言小说对于打斗场面多点到而止，而在话本小说和章回小说之中却描写有大量精确生动的打斗场面。如在《三侠五义》《小五义》《彭公案》这类作品中，随处可见的丰富多彩的打斗场面构成了全书描写的核心；在《水浒传》等公案侠义小说中，则对蒙汗药、暗器、迷阵等进行了详细的描写。这一时期小说描写的重点不是行侠的结果，而是更注重除恶扬善的过程。侠客的存在价值和侠义小说的审美价值由此进一步得以增强。

综上所述，传统武术在其发生、发展过程中，受中国传统文化全面而深刻地影响，在各方面都带有浓厚的中国传统文化色彩，并逐渐演变为一种独特的东方人体运动文化的表现形式。为全面认识我国传统武术，并对其进行继承和发扬，就必须深入研究传统武术的丰富文化魅力及其内涵。

八、传统武术与中国宗教民俗文化

（一）古代宗教思想与传统武术

我国古代的宗教作为一种意识形态，是一个涵盖了各种文化观念、伦理观念、社会观念的综合体。宗教，特别是我国土生土长的道教在传统武术的发展过程中产生了巨大的影响。从技术层面来看，传统武术直接借鉴了道教的服气、行气、导引、吐纳之术；从精神与理论层面来看，传统武术将道教的无为、贵柔、主静等思想作为自身建设和发展的理论基础。以内家拳为例：后世内家拳的实践家、理论家将道家的神学体系和修炼方法同我国古代著名学者黄宗羲在《王征南墓志铭》中谈及的"以静制动""后发先至""以柔克刚""守弱处雌"的拳技方法和思想进行了融合；同时，又将以易理为基础的阴阳、五行、八卦等理论，有机地嫁接到武术技术和理论之中。这为宋明时期以贵柔持静为原则，以阴阳、五行、八卦、太极等易理为指导的内家拳的问世，提供了重要的技术支撑和理论依据。此外，道教"贵生""全生""重今生"的养生观点突显了生命延续的作用和价值，这为以弱化技击对抗功效为主要特点的内家拳派体系的建立创造了条件。

佛教对我国传统武术也有着一定的影响。隋唐以后，佛教的精神和人物逐渐融入民间。这使得佛教思想逐渐成为中国传统武术的精神内核之一，主要表现为：佛教寺庙和僧侣集团为少林武术的良好发展提供了外部条件；佛教精神、教义、戒律等对少林武术的武德、武风、武技的形成与发展具有重要的指导意义。与此同时，具有独特功能和影响的少林武术又对佛教的传播起到了积极的促进作用。

当然，原始宗教、民间宗教等其他宗教也与传统武术有着密不可分的联系。总体而言，宗教对传统武术的影响是多方面、多层次的，其中既有表面的、一般性的影响，又有内在的、实质性的影响；既有思想、理论性的影响，又有实践、功能性的影响。

（二）民俗活动与传统武术

主要流传于民间的传统武术，与各种民俗活动有着极为紧密的联系。民间武术活动主要表现为在农闲或庙会期间进行的舞龙、舞狮等表演活动。这种表演作为民间游艺活动中不可缺少的一部分，能够充分反映出武术浓厚的民俗色彩。

龙是我国古代传说中的一种神异动物，舞龙起源于原始的求雨祭祀活动。舞龙作为中华民族灿烂文化的一部分，在我国有着悠久的历史、浓重的民俗色彩和广泛的群众基础。舞龙的一招一式、一腾一挪与传统武术招式如出一辙。在舞龙时，引龙人要充分注意手、眼、身、法、步的灵活运用，在用彩色龙珠逗引长龙俯仰翻转的时候，其一招一式既要优美洒脱、又要灵活自如；任务最重的龙头要紧随龙珠灵活地做出腾、跃、翻、滚等动作，同时还要时时兼顾龙身、龙尾；龙身、龙尾则要与龙头紧密配合，并通过灵活的动作来确保整条龙的协调统一。为了达到效果，舞龙者需遵循武术要求的"腰胯能运转，上下自协调""身如游龙、腰似蛇行"等技巧。可以说，舞龙是一种注重整体配合的武术表演，正所谓"势无定法犹有定，千变万化难形容"，若舞龙者没有武术的功底，将难以表现出舞龙表演那翻江倒海的非凡气势。

舞狮也是是一种流行很广、具有独特民族风格和特色的传统民俗活动。在许多地区，每逢春节和元宵节，都要通过精彩的舞狮表演来祈求新的一年国泰民安、吉祥如意。早在三国时期，魏人孟康编写的《汉书·礼乐志》中就说："若今戏鱼、虾、狮子者也。"这也是文献上关于舞狮的最早记载。舞狮者想要完成跌扑、翻滚、跳跃、翻腾以及滚绣球、过跳板、上楼台、跳桌等各种难度动作，就必须拥有灵活的步法、矫健的身法和娴熟的技巧，且能够使手法、身法、步法协调一致。舞狮表演不仅能提高舞狮者的力量、速度、耐力和灵巧等方面的身体素质，还能培养舞狮者勇敢的精神和顽强的意志。传统武术与舞狮表演之间有着互相促进、共同发展的关系。传统武术在舞狮表演的发展中起到的作用主要表现为传统武术的表演套路极大地丰富了舞狮运动的内容和形式。舞狮表演在动作上对传统武术的招式进行了较广泛的吸收和改造利用，如南狮的基本步型和技法中，基本步型中的四平、弓步、麒麟步等都取材于南派拳术。麒麟步在将南狮和南派拳术紧密结合的同时，也将南派拳术同其他拳术区分开来。只从模仿创造的角度来说，舞狮在动作上和传统武术中的象形拳有相似之处，二者的区别在于舞狮表演注重模仿狮子的外在形状和动作本身蕴含的意蕴，而传统武术追求的是将模仿动作中的技击技术提炼出来。

（三）木偶、皮影艺术与传统武术

木偶戏和皮影戏都是我国历史悠久的民俗艺术，它们凭借深厚的文化底蕴、多样化的品种以及高超的操作技术享誉世界。

独特的木偶武打技巧深受传统武术文化的影响，而皮影戏的剪影方式也精彩地诠释了中国功夫。我国古代的影戏，在宋代已成为市井中繁盛的表演技艺。其主要特点是通过与说唱艺术结合，将复杂的烟粉、灵怪、杆棒铁骑和历史故事栩栩如生地表现出来，如三国纷争、隋唐战乱等。虽然各地影偶的操纵方法各不相同，但操纵者们都各逞奇技，把影偶操纵得如活人一般，并让影偶做出纵马扎枪、劈刀舞剑、腾云驾雾等常人难以完成的动作。

武打场面丰富是传统的木偶剧、皮影戏的一大特色。武打场面紧锣密鼓，影人枪来剑往、上下翻腾，热闹非常。其中，各种以武侠为主题的木偶剧、皮影戏层出不穷。如木偶剧《少年岳飞》《真假孙悟空》，皮影戏《封神榜》《杨门女将》《西游记》《水浒传》《武松打虎》《说岳全传》《英烈传》《狄青平南》等。

在各种影偶戏中，最为擅长表现武打场面和刻画人物性格的当布袋木偶戏。除了布袋木偶戏外，"小戏文"也是一种以武打戏见长的影偶戏。它的经典演出剧目包括《狄青征西》《薛刚反唐》《杨家将》《乾坤印》《天宝图》《罗通扫北》《七侠五义》等，从这些剧目标题中就可以看出，基本上都是以武戏为主。

木偶剧、皮影戏经常凭借精彩的武打场面来吸引观众，影偶的武打技巧很能反映木偶戏艺人的基本功底。由于其融入了武打元素，从而使其民族传统特色更加浓郁。

第二章 民族传统体育武术的科学化发展研究

第一节 武术教育与中华民族精神培养

民族精神是一个民族在长期历史发展中积淀的最优秀、最积极的观念文化，是该民族传统文化的精华和灵魂，具有鼓励、教育和团结本民族人民奋发图强的力量。习近平同志指出："实现中国梦必须弘扬中国精神，这就是以爱国主义为核心的民族精神，以改革创新为核心的时代精神。"要进一步提高国人思想境界，升华整个民族的素质水平，全面建设小康社会，高扬以爱国主义为核心的民族精神旗帜，已是坚定不移、势在必行的重要国策与战略方针。中华民族伟大复兴的方略是一个庞大的系统工程，必须举国上下各个领域各个层面的不懈努力、通体奋斗才能实现。对此，对于体育来讲，在培育以爱国主义为核心的民族精神过程中，被世人称为是国术、国宝、国魂、国粹的中华武术大有用武之地，具有独特功能。

在中华民族精神和传统文化影响下的中国武术，从侧面反映出中华民族的精神风貌，以及它对促进和塑造中华民族精神所发挥的不可估量的作用。中国武术同中国古代其他体育项目相比，之所以长久不衰流传至今，并不仅仅取决于它的体育、军事和娱乐价值，而更重要的是取决于它的精神和文化价值。完全根植于中华文明土壤，并已成为中国文化大系统之下的一个完备文化形态的武术，必然包含中华民族精神的底蕴，并以之做主干和方向来构筑自己的理论基础。武术所要竭力渲染和营造的，就是一种团结奋进、自强不息的民族精神。在这种精神的感召下，灾难深重的中华民族，总是能以一种"同心同德""群策群力"的团队精神和同甘共苦的血肉亲情，应对一切艰难困苦的挑战。可以这么说，武术，实质上是以一种潜移默化的方式，对世人灌输、宣传、倡导、实践那种战无不胜、攻无不克的以爱国主义为代表的民族精神。所以说，武术不仅是一种运动形式，更是历史给予我们的宝贵精神财富，这种精神财富对弘扬传统文化、发扬民族精神具有至关重要的作用。

武术是中华民族文化中的一颗璀璨的明珠。纵观武术的发展史，无论是在军旅还是在民间，都涌现出不少武林豪杰，他们都以国家和人民的利益为首要目标，为保卫国家和民族的安危不谋私利而秉存大义、不畏强暴而用鲜血和生命捍卫民族的独立和国家的完整。在民族危亡的关键时刻，许多武林豪杰纷纷挺身而出，为国家和民族的存亡甘洒热血。岳飞抗击金军，精忠报国；文天祥的慷慨就义，"留取丹心照汗青"；林则徐的"苟利国家生死以，岂以祸福避趋之……"他们都是英雄主义、爱国主义思想的典范诗章，是民族精神的浓缩和彰显。民主革命的先驱者孙中山先生把武术精神归纳为"以振起从来体育之技击术为务，于强种保国有莫大之关系"的尚武精神。

如今，爱国主义的表现形式与过去不同，爱国主义教育的基本要求是认清只有社会主义才能救中国，只有社会主义才能发展中国这个真理，在全社会发扬自尊、自信、自强的民族精神，以贡献全部力量建设和保卫社会主义祖国为最大光荣，以损害国家利益、国家尊严为最大耻辱。显而易见，武术教育所包含的深刻的民族精神和爱国主义精神，无疑是激励广大习武者爱我国家、奋发向上的巨大动力。中华武术发展至今，其内容丰富，博大精深，是全民族智慧的结晶，也是中华民族的宝贵遗产。作为炎黄子孙，应广学博览祖国的传统文化知识，热爱祖国文化，热爱民族传统体育项目，掌握内涵和实质，为弘扬中华武术而做出自己的贡献。

第二节 在政策上保障民族传统体育武术的发展

2015年，教育部列出七项国家重点扶持体育项目，同时也是七大校园教育运动项目，武术被列入其中，并位居第二位。这则消息对于亿万中华武术人来说是无比振奋的。七大国家重点扶持项目分别为：足球、武术、田径、游泳、篮球、排球和体操。这些入围的都是在世界范围内受关注较高的运动，而武术的入围也正说明了国家对本土"自主"项目的重视。2016年7月，体育总局武术中心关于印发《中国武术发展五年规划（2016-2020年）》的通知指出：国家要扶持推广武术、太极拳、健身气功等民族民俗民间传统运动项目。

迈入21世纪，世界各民族体育发展的一个重要特征和趋势就是体育的全球化，这已经成为一个不可逆转的客观事实和发展趋势，深刻地影响着各国体育文化的进程。而西方体育文化的强势地位，伴随着全球化进程超越时空、跨越地域的浪潮，正在有力地冲击着我国的民族传统体育文化。纵观这七大校园教育运动项目，我们不难发现其中明显的属性特点：三大球是培养团队协作精神的集体项目，田径、游泳、体操属于发展体能、技能的基础类项目，而武术则是培育和弘扬民族精神的中国传统体育项目，是炎黄子孙的国粹，对民族锐气和斗志的磨炼具有积极的作用。这也充分体现了新一代领导集体夯实国民体质基础、弘扬民族文化的长远战略眼光。

就其价值来看，无论是作为一项体育事业，还是作为一项文化事业，它对于当代中国的社会发展都具有十分重要的意义。作为一项体育事业，武术搏击是具有特殊性的民族传统体育项目，是对外展示我国本土体育的重要窗口，基于这一点，早在1915年，一批武术界和教育界的有识之士，就提出过要将中国旧有的武技推入新兴的近代学堂、学校的想法，让中国武术的精髓发扬光大、源远流长；作为一项文化事业，"功夫"早已是中国的又一个代名词，武术是最典型性的传统文化，伴随着中国历史与文明进程逐步发展演变而来，是传承民族文化、培育和弘扬民族精神的重要载体，是对外推介我国优秀文化的重要途径。因此，对于武术的国际化传播而言，它不仅是纯粹意义上的体育交流，也是中国文化对外交流的重要组成。进而，武术所肩负的使命使得武术的国际化传播工作需要不断走向"现代""专业"和"科学"。

一、武术政策目标的确定

确定武术政策目标是制定武术政策的一个重要环节，是在武术政策问题确认和分析之后要解决的问题，只有目标选择正确，才能提出正确的武术政策方案。为了保证武术政策目标的确定科学合理，应该遵循以下基本要求。

1. 武术政策目标应有针对性。目标的提出确定要针对武术政策问题的主要矛盾和主要方面，且针对问题的本质，而不是问题的表象。这样才能确保主要问题得到解决。例如针对全国优秀武术馆校的评比，以促进武术馆校教学训练水平的提高。

2. 武术政策目标应具体明确。一是其目标含义必须明确，不能含糊，以防被误读；二是目标应尽可能具体，便于理解和把握，便于执行和检查。例如，在发展武术协会一级会员单位时，应详细规定中国武术协会一级会员单位的具体条件。

3. 武术政策目标应具有可操作性。其可操作性主要受以下两方面限制：一是实现武术政策目标需要的各种资源状况，如人力、物力、财力、信息、权力资源等；二是武术政策目标实现的环境状况，如国际国内政治环境、社会心理状况、社会化程度等。应根据以上两方面的情况来制定其目标。

4. 武术政策目标应具有合理性。一要充分体现大多数人的利益，并使政策实施后带来的正效益最大化，或者将可能的损失降低到最小；二要符合国家法律和社会公德的约束，例如传统武术的保护措施要符合国家非物质文化遗产保护条例。

5.应保持武术政策目标的相对稳定性。目标一经确定，除特殊情况外，不要轻易改动或取消，否则容易造成混乱。例如中国武术散打王赛事，自2000年开始运作，经过多方的努力与合作，取得了非常好经济效益和社会效益。但不知因何原因到2004年戛然而止，对散打运动的市场开发造成较大损失，5年的累积效应丧失殆尽。

6.武术政策目标应保持适当弹性。任何事物都是不断发展变化的，社会在不断发展，形势在不断变化，这必然要求武术政策的目标也应该留有回旋的余地。如中国武术段位制的评段标准中，对拳种流派规定技术水平，却不规定技术内容，因为武术拳种流派众多，规定的技术内容难以涵盖所有武术内容。

二、武术政策方案的制定

武术政策方案设计是武术政策方案进行评估和优选的基础，即提出备选方案。所提出的备选方案的数量和质量对武术政策制定的质量具有直接的影响，所以应重视武术政策方案的设计。

1.武术政策方案设计的原则

所提出的武术政策方案设计既要符合武术政策目标要求，又要与实际情况保持一致。对于同一个目标，如果从不同的角度进行思考就可能会设计出若干不同的解决方案。方案设计受一定条件限制，武术政策方案设计只有遵循一定的原则才能保证其所设计的方案的可行性、有效性。

（1）目的性原则。这是武术政策方案设计的首要原则，设计出来的武术政策方案应符合武术政策目标的基本要求，同时，还应明确不同的方案在武术政策目标实现过程中的作用。例如2008年世界青少年武术锦标赛针对"从娃娃抓起"的策略，特设了7～12岁的年龄组。2010年，四川省的袁梦苑就以12岁的年龄代表中国参加在新加坡举行的第三届世界青少年武术锦标赛，获得长拳冠军。

（2）创新性原则。方案设计的创新程度决定着武术政策最终实施方案的创新性，即要求解决问题要有新意。创新性首先体现在设计的思维方式和设计方法上的创新，这要求方案设计人员运用创造性思维，形成新思路、新视角。例如，为了增加武术套路比赛的观赏性，在武术套路竞赛规则中增加了套路比赛时配乐的规定。

（3）可操作性原则。在方案设计时，一定要考虑到方案实施的可能性，也就是影响方案实施的各种限制性因素，如资金、技术、人力、相关的国家法律法规、政策、社会公德等因素。另外，可操作性还体现在武术政策方案的具体化程度。方案内容规定得越具体，其操作性就越强，如武术段位制申报专门制定了简要程序说明（图2-1）。

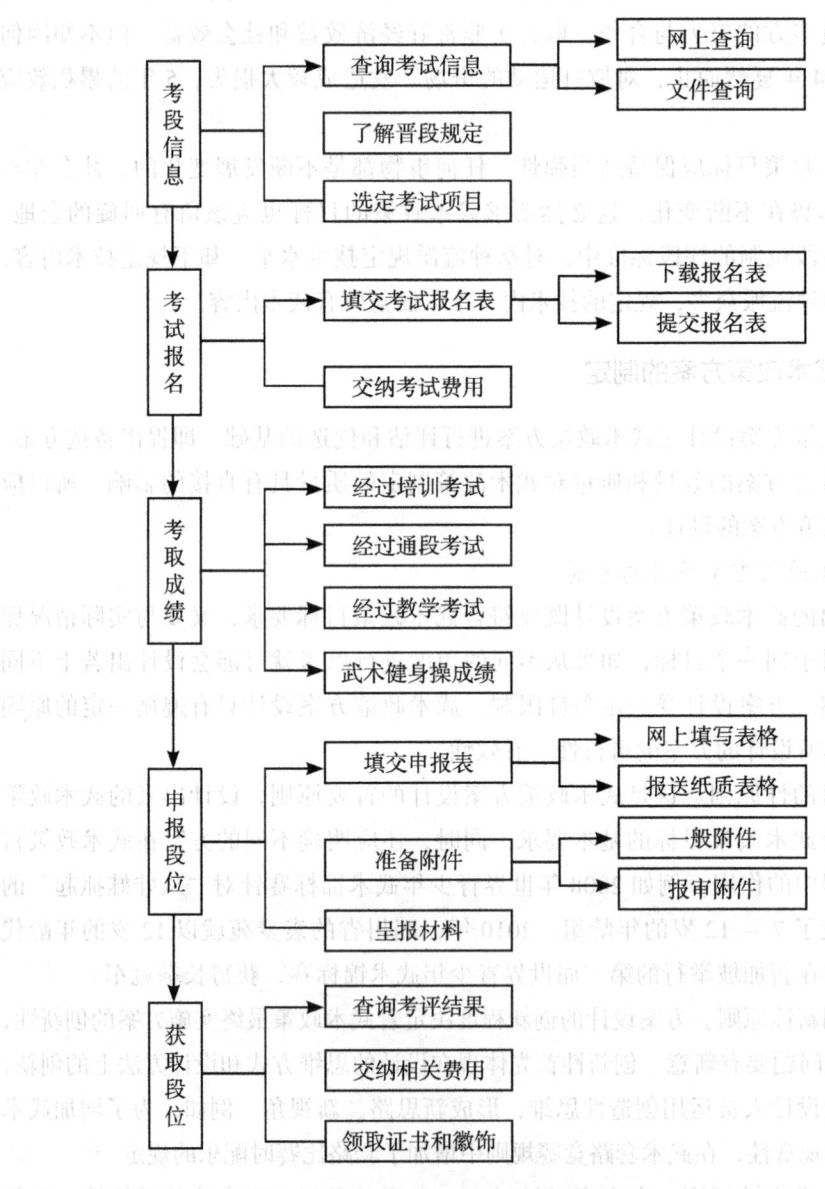

```
考段信息 ──┬── 查询考试信息 ──┬── 网上查询
          │                  └── 文件查询
          ├── 了解晋段规定
          └── 选定考试项目
   ↓
考试报名 ──┬── 填交考试报名表 ──┬── 下载报名表
          │                    └── 提交报名表
          └── 交纳考试费用
   ↓
考取成绩 ──┬── 经过培训考试
          ├── 经过通段考试
          ├── 经过教学考试
          └── 武术健身操成绩
   ↓
申报段位 ──┬── 填交申报表 ──┬── 网上填写表格
          │                └── 报送纸质表格
          ├── 准备附件 ──┬── 一般附件
          │              └── 报审附件
          └── 呈报材料
   ↓
获取段位 ──┬── 查询考评结果
          ├── 交纳相关费用
          └── 领取证书和徽饰
```

图2-1 个人申报段位流程图

（4）多样性原则。应尽可能将所有能够实现武术政策目标的方案全部列出来，以便在广泛的备选方案中找出最佳方案。这需要充分理解武术政策目标和实现其所需要的各种条件，还要掌握方案设计方法和思路。

（5）实效性原则。所设计的方案能够实现武术政策目标，所有武术政策方案设计都应该紧紧围绕着武术政策目标来进行，这也是进行方案设计的出发点和落脚点，否则，方案设计就失去了意义。

2.武术政策方案设计的程序

（1）资料收集与分析。这是进行武术政策方案设计的基础，具体应该收集和分析以下两方面的资料：第一，收集与武术政策目标有关的资料，主要包括提出目标的背景材料，目标体系的构成及其相互关系，目标要达到的最高期望值和最低期望值的具体要求等；第二，收集此类武术政策问题以往的解决经验和类似问题以往或现在解决的途径和方法。这有利于重新制定这类武术政策方案，可以避免犯类似的错误。如对竞技武术国际传播的资料收集与分析，以了解和把握其国际传播的现状及存在问题，从而提出具有针对性的意见和建议。

（2）武术政策方案设计。具体的武术政策方案设计形式如下所述。①根据经验设计方案，也就是在模仿和综合的基础上设计武术政策方案。模仿就是参考过去同类或类似问题的解决办法和思路，并结合问题的具体情况而提出方案。综合是经过一定的取舍、组合而形成方案。如武术的申奥策略就可以模仿跆拳道、柔道等项目的申奥经验。②根据目标设计方案，即按照武术政策目标体系的要求，分别制定出与其相对应的方案，从而构成了实现武术政策目标体系的方案群。这种设计形式比较适合于目标明确、目标体系内各目标之间关系清楚、独立性又较强的方案设计。③根据阶段不同设计方案。针对长期性的武术政策问题，划分成若干政策阶段，再根据不同阶段的武术政策问题，相应地提出各个阶段不同的武术政策方案，从而逐渐实现武术政策问题的全部解决。这种形式适用于短期内难以完全解决的武术政策问题，如学校武术教育问题、武术产业问题等。

3.武术政策方案的选择

（1）武术政策方案的列举。这个过程应注意以下几方面：①为实现武术政策目标而设计的备选方案应该有两种以上，如果备选方案只有一种唯一的方案，那么对这种方案进行分析、评估就失去了意义，因为好坏已无从选择；②不同的备选方案之间应有所区别，比较备选方案的重点应该仔细考察它们的不同之处。一般而言，不同方案之间的区别越明显，在抉择取舍时就越容易。

（2）武术政策方案的评估。对已被列为选择对象的武术政策方案的利弊得失进行全面深入地分析，给出系统、科学的评估，为选择最佳方案提供科学依据。科学地评估方案对正确进行武术政策决策具有重要意义。通过评估可以权衡各种利弊得失及其可能产生的后果，使方案更加完善，从而消除决策的盲目性，增强正确决策的自觉性，避免决策的失误。对此，国家体育总局武术运动管理中心当前可充分发挥中国武术协会科研委员会的作用。在进行武术政策方案评估时应该做到以下两点。① 解放思想，实事求是，拓宽思路，不局限于固有模式，有创新意识和创新精神。同时，还应符合客观实际，避免主观臆断。② 充分发扬民主，倡导百家争鸣。每个人的知识、阅历、看问题的角度和思维方式不同，会有不同的见解，在评估方案时就应该允许和提倡发表不同见解，形成自由讨论和争论的氛围，以达到集思广益、取长补短、明辨是非的目的。以上都值得武术主管部门借鉴。

（3）武术政策方案的优选。在评估方案的基础上，对各种可行的方案进行比较和鉴别，然后选取其中之一或综合成一作为最佳方案。评估方案是优选方案的前提和手段，优选方案则是评估方案的目的和结果。在优选方案时应注意两点。一要有正确的选择标准。正确的选择标准是进行武术政策方案优选的前提条件，否则就会导致制定出来的武术政策发生偏差而造成损失。首先，应从全局出发，符合绝大多数人的利益。一项武术政策的出台与实施，往往会涉及不同社会武术团体的利益，形成利益价值取向。我国是社会主义国家，各项政策应充分反映出广大人民群众的根本利益，在制定武术政策时也应遵循这一价值取向。其次，应有利于发挥人的积极性，促进武术协调发展。其三，应着眼长远利益，坚决克服短期行为，符合武术可持续发展的需要。二要依靠武术政策研究者们的集体智慧选择方案，这样做出的结论将会更加科学合理，可以最大程度上防止偏差的发生。

三、武术传播的国家政策

武术属于文化，武术的国家政策要从文化的角度着手。为此，"文化自觉"的提出就具有十分现实的意义。中国人应有自己的文化自觉，应让"中国重新认识自己，世界重新认识中国"。如"汉学"可以追溯到800年前的马可波罗东游中国开始向西方介绍中国，还有明朝的利玛窦等很多传教士都是汉学的鼻祖。近年来，"国学"的兴起也是人们对本土文化重新认识的标志。其实，国学研究在20世纪初就出现衰落，后来几乎中断。现在出现"国学热"，是中国重新认识自己的开始。在中国重新认识自己的同时，世界也在重新认识中国，全世界出现的中国文化热、中国语言热、中国孔学热便是一个很好的明证。重新认识中国，是中国蓬勃发展的内在动力。重新认识武术，也是武术发展的动力，是国家武术发展对策的基础。

　　武术学界关于武术传播与发展的研究颇多，可谓仁者见仁，智者见智。但武术是一个庞大的文化体系，现在又形成以官方传播竞技武术、民间传播传统武术为特征的现状，传统武术与竞技武术各自以"武术"的整体概念进行传播。"大武术"与"小武术"在研究过程中极易混淆，又在各自需要时随时"拿来"。因此，厘清武术传播的特性对形成清晰的国家对策十分重要。

　　第一，武术的博大精深是指传统武术与武术的文化特质。

　　中国武术"历史悠久、博大精深"一直是武术传播中常用的词句。然而，这一词句只是针对民间传统武术而言。就"历史悠久"而言，民间传统武术经历了由古至今的传承，具有悠久的历史；就"博大精深"而言，武术的博大精深一方面体现在拳种流派甚多，仅拳种就达120多种，流派更是不计其数，另一方面体现在武术中融汇了中国传统文化中的众多元素。

　　第二，武术进入大中小学，进入国家教育领域，只能发挥武术文化的教育功能，而不能真正传承民间传统武术。

　　民间传统文化进入学校是中国众多文化艺术类项目或者非物质文化遗产项目努力的目标，如京剧、昆曲、绘画等等，认为进入学校，进入青少年中就可以达到传承的目的。其实，"教育"由于师资、时间等的限制，这些项目进入学校只能发挥传统文化的教育功能，是不能保障项目的真正传承的。以"中医"为例，遍布全国的中医学院、中医大学尚不能阻止中医进入非物质文化遗产，在普通学校开展具有传承性的民族艺术类项目怎能保障传承？尽管武术在全国各个省市都有高等专业教育，也难以阻止民间传统武术的消亡。所以，武术界力争增加武术在大中小学的课时比例，也只能发挥武术文化的教育功能、增加武术的社会影响，而不能真正传承武术。

　　第三，武术传承的长期性。

　　"中国民间武术的传承特征表现为脆弱性、师承性、长期性和非标准性"。"太极十年不出门。"武术传承的长期性，使通过武术教育，即使是专业武术教育，由于时间的不足，也难以真正传承武术。而且，教育传承由于没有"择徒拜师"的程式，对学生（徒弟）没有选择，使学生基本上不能真正"登堂入室"，成为传人。在当代社会，人们往往忽略择徒拜师的仪式，其实，看似简单的仪式却具有非凡的意义。拜师仪式对徒弟来说是赋予机会，对师傅来说是赋予责任，是庄严而神圣的，师傅的重责与徒弟的珍惜才会使武艺向专而精的方向发展。学校的"轻授"往往造成学生的不珍惜，从而难以达到学艺的境界。唐僧西天取经时，第一次得到的却是无字经。如来佛祖坦言，"经"不可轻传、不可轻授，一语道破了武术传承的核心理念，也说出了民间传统武术拳师的心声。由此，国家武术政策在保护武术时，要以此为基准，才能确保武术这一文化遗产的代代相传。

第四，武术广泛传播更多地体现了"文"质，而非"武"质。

中国是一个尚文的国家，所以，中国武术中融入了许多"文质"特征。仙人指路、狸猫上树、白鹤亮翅等语义中所包含的不是杀气腾腾，而是温文尔雅，武术进入戏剧而形成武戏，进入舞台而形成武舞，进入影视而形成武侠影视，无不体现了其远离现实搏杀的"文质"特征。在当今，健身武术的流行，也充分说明了武术传播的"文"质特征。传统武术虽以技击为主要技术内容，但其以"德"为尚的思想，也是"文"质的重要表现。在这个意义上，"武"在具有实战格斗功能的同时，更多的是对"武道"的追求，而"道"也是"文"的表现。所以，武术尽管以"技击"为技术内容，但其传播要体现非"武"，电影（卧虎藏龙）的成功就归属于道义，而非高超的武艺。所以，武术传播要注重其"文"质内容。

第五，武术需要"活态"传播。

武术"申遗"源自"少林功夫"申请"人类口头与非物质文化遗产"。之后，2006年传统武术有少林功夫、武当武术、太极拳等6项列入了国家级首批非物质文化遗产。于是，武术"申遗"仿佛成了武术发展的坦途。但事实上，遗产化并非中国武术的出路。列入遗产只是引起社会的关注。武术在数千年的发展过程中慢速形成了现在的武术形态，如果以西方体育的标准看，武术不是西方体育；如果以中国传统文化的角度看，武术已经是现代化了。所以，武术的传承与传播，既不能遗产化，也不是现代化，武术传承首先是人与人之间的"活态"传播。

第六，传统武术塑造神秘，竞技武术破坏神秘，武侠影视与武侠文学创作神秘。

"文化"是独有的、神秘的。"神秘"是文化传播的要素之一。埃及金字塔等物质文化广泛传播的原因之一就在于其"神秘性"。传统武术"高深武艺"传播也具有神秘性。其"一羽不能加，蝇虫不能落"的高超武艺，吸引了众多求武者"衣带渐宽终不悔"的不懈追求。传统武术"明劲、暗进、化劲"的功夫递进，也成为武界人士的习武目标。"口传"武术，不断塑造神秘。"飞檐走壁""点穴术""内功"等功夫更是让人们对武术顶礼膜拜。竞技武术的出现破坏了武术传播的"神话"。套路的体操化、散打的实用化，使呈现在人们面前的武术变得更加明晰，武术神秘文化的传播则渐行渐远。2007年"武林大会"中的梅花拳等拳派的打斗比赛，彻底揭开了武术的神秘面纱。武侠文学与武术影视的艺术化、夸张化传播，使武术功夫有了"光电"效应，仿佛练习武术可以达到一个"超人"的境界。武术便在人们的追捧中不断传播，尽管这种传播是非常表层的。

第七，武术走向世界不能急于求成，要循序渐进。

文化的传播是分层的，也是渐进的。武术作为中国传统文化，其传播也要遵循文化传播的特点。追求快速传播，并非武术发展的坦途。以竞技武术为例，以进入奥运会为目标进行改良，强化武术的体育化进程，尽管可以借助体育传播的快车，但由于其文化的缺失，却使武术的发展违背了文化传播的规律。越是民族的，越是世界的。对民族的东西，必须强调和保持它的个性，因为这是它存在的理由。如果把它完全普通化了，它存在的理由也就消失了。武术也是一样，其发展不能急于求成，要首先自己强大。武术不能满足于给世界贡献一个体育项目，而是要成为中西文化交流的使者。

第三节 东西方武术文化交流与融合

一、立足现实，以"我"为主，促进东西方文化交融

伴随着世界人民对奥林匹克运动的推崇，其以多元化的发展理念实现了全球化，并逐渐成为世界体育文化的主宰。在社会的各个领域中，几乎都能看到奥林匹克精神，奥林匹克精神之所以具有如此强的渗透力，其原因就在于其本身所体现的文化内涵与世界文化发展相适应。我国的民族传统体育文化是我国各少数民族在长期的生产、生活中所积累下来的精华所在，在民族传统体育的产生、发展与形成过程中，其在人们的生产、生活中扮演着非常重要的角色，除了让人们表达情感、娱乐生活之外，还包含和折射着我们民族不同社会时期的文化、政治、艺术、宗教、民族审美心理等。

如今，我们要发展的传统体育是仍然"活在"人们生活之中的传统体育活动，而不是古代文章典籍所记载的东西。传统体育活动是民族文化的反映，同时也是世界民族文化的重要组成部分。如果仅以奥运会项目来衡量一项民族传统体育的价值，那么是不正确的。虽然很多民族传统体育项目不能被列入奥运会比赛项目，但是其独有的文化底蕴使它成为人类广泛交流、共享利用的文化资源。因此，我

们应当立足现实，以今天人们仍在实践着的传统体育活动为起点，以"我"为主，紧紧依靠当代全体中国人民来完成推进民族传统体育现代化建设的任务。

借鉴是促进发展的一个重要方式，但借鉴的过程非常的复杂。由于地域性，以及生活方式等方面的不同，各民族在思维方式和情感方式上都存在一定的差异。两种民族文化和心理结构的碰撞可能产生两种方向相反的能量转换。因此，我国民族传统体育文化的继承与发展举步维艰。故此，为使武术得到更好的发展，首先就需要让其实现其现代化价值，让其在世界体育文化的交流中与西方文化进行交融，使其以独特的文化行为和价值观念，逐步被世界上许多民族接受，成为中外文化交流的桥梁。

武术在发展中除了要体现自身的特点之外，还应当具有现代体育的科技因素，也就是说，武术要在融合于本国民族环境下的体育发展，要与当前我国社会主义现代化建设的历史任务相一致。当前，我国社会主义建设正处于关键阶段，社会各项事业的发展都离不开科技的支持，因此，在武术的发展过程中，树立与社会主义现代化建设相融的科学发展观，提高其科学性发展，既可以满足其自身发展的需要，又符合我国社会主义现代化建设的要求。伴随着改革开放的进行，我国武术必将为世界民族文化和体育文化的交流做出更大的贡献。

二、树立以健康为价值取向的文化发展观

我国武术的产生和发展经过了漫长的时间，在不同的历史时期所具有的内涵价值也不同。因此，对于我国武术的发展，我们必须要对其在不同时期的内涵价值有一个正确的认识，并把握其在不同历史时期的价值体系的动态变化，只有这样，我们才能对其在不同历史时期的价值进行定位，进而从整体上把握其发展。伴随着社会的发展和人们生活水平的提高，人们的空余时间也越来越多，体育的功能也逐渐发生了变化，在现代体育中，其娱乐功能日渐突出，以培养人类健康的方式来提供娱乐，并以此作为发展的手段。联合国教科文组织在阿拉木图会议的宣言中也明确指出，现今健康问题是人类可持续发展的核心问题。1995年，我国国务院颁布实施了《全民健身计划纲要》，这一纲要的颁布是国家发展体育事业的一项重大决策，是一部在社会主义现代化建设的背景下，面向21世纪，发展我国体育事业的重要文件和新时期群众体育发展的纲领性文件。其宗旨是"国家发展体育事业，开展群众性体育活动，增强人民体质"。很明显，在现阶段，全民健身已经成为我国群众体育运动发展的主要趋势和方向，体育与健康也逐渐成为人们日常生活中关注的重点。武术有着自己的风格和特点，能够以自己独有的活动来

锻炼心智，培养人格精神和道德修养。在全民健身中，武术的这一特性能使其获得生存和发展，并得到推广，使人们的认识更为具体、深刻。因此，我国武术的发展应顺应社会和国际体育环境的发展趋势和走向，建立以健康为价值取向的文化发展观，将武术自身所具有的健康、娱乐价值功能充分发挥出来，使武术内涵的积极和谐的健康价值观念融于人们的日常生活中，为人民大众提供和谐健康的体育运动文化理念。同时抓住机遇，为我国武术的继承与发扬，寻求无限的空间与机会。武术与全民健身事业的统一，是民族文化与体育文化发展的价值回归。

从某种意义上来说，武术项目在全民健身中的开展程度对民族传统体育的发展有着极大的影响。在民族传统体育中，武术具有较大的影响和优势，是中华民族传统体育积极实施的先行项目。这是因为，围绕中华武术来构建活动内容系统是全面健身计划的必然选择，其原因在于中华武术有着非常悠久的历史，具有鲜明的民族特色和广泛的群众基础，而且在健身养生方面，中华武术也有着独到的见解，符合现代社会发展对人的要求。另外，更重要的是中华武术博大精深，具有丰富的文化内涵，能够将多种活动内容与形式整合在一起，将相同文化背景的全体国民团结起来。中华武术的这些优势极大地推进了全民健身计划的实施。众所周知，教育是发展民族传统体育的基础，能为民族体育的提高提供强大的后援，因此，努力培养具有武术专业知识的人才能够为民族传统体育的发展提供科学发展的动力，促进民族传统体育的推广。

三、在发展中坚持变与不变的统一，面向未来，走向世界

伴随着体育的全球化发展，我国民族传统体育受到了西方体育的极大冲击，曾一度使民族传统的发展落于低潮，但是，在这一过程中，虽然民族传统体育发展的处境堪忧，但其已逐步实现和体现出它的世界性和全球性。在现阶段，西方体育的全球化程度非常高，虽然民族传统体育受到来自各方面的挑战，但它仍有充分的存活理由。现代体育是从民族传统体育中发展而来的，以现代竞技体育为母体的奥林匹克运动能发展到今天的辉煌与规模，最初都是在民族传统体育的基础上发展起来的。

在体育全球化的文化发展环境中，虽然武术具有原时代性、地域性和民族性的内涵，但是，它会在与不同文化的交流中，改变其内容和形式。因此，在武术的发展过程中，我们不应坚持传统所设定的固有环境，而应有所改变，只有这样，才能使武术获得真正意义上的发展。另外，在西方体育文化全球化的同时，我们应该看到以西方文化为主导的现代体育并不是世界体育发展的理想模式，在以往，

虽然我国全方位、多层次地研究和改造了一些武术项目，但我们武术文化的民族审美心理定式及基本精神实质并没有发生根本性的变化。实际上，我国武术走向世界的愿望，并不是与西方体育进行同化，追求与西方体育一致的标准，而是希望能够将武术文化的巨大社会文化价值融入奥林匹克运动中，与其平分秋色。

四、加大武术文化的外宣力度

"外国人学习传统武术，除了重视实战搏击外，更重要的是追求武术的传统文化内涵。倘若传统武术失去了其文化内涵，与其他国家的武技就不会有本质的区别，其青睐程度也会大大降低。"失去了文化内涵也就失去了自身的特色和文化基因。所以我们在进行对外武术文化交流时，不仅要进行武术技术的传播，还要更注重传播武术自身所蕴含的文化及思想。文化产品是文化的寄生物，同时也是文化的传播途径和展现形式，文化通过文化产品展示给观众，中国武术无疑是中国文化有形载体的形式之一，"它是民族精神文化的重要标识，内含着民族特有的思维方式、想象力和文化意识，承载着一个国家或族群文化生命的密码，它是人民生命创造力的高度展现，也是体现世界文化多样性，维护国家独立于世界文化之林——文化身份和文化主权的基本依据"。纵观历届的国际武术比赛，很多国外武术队员运动速度快，跳得很高，动作规格也基本标准，但由于对武术精气神的理解不深，缺乏神韵，同时也欠缺和手眼身法步的协调配合，在评分上仍然上不去，甚至许多国外运动员对裁判员的评分不理解，有些甚至产生不满。这其中很重要的原因就是由于文化背景的差异，造成国外武术运动员很难理解中国武术的文化内涵，在比赛时也就很难体现中国武术的神韵，这也正是中国武术属于体育但高于体育的价值之所在。

所以我们在进行武术跨文化的交流的过程中，要注重对中国武术内在精神的传播，提升对中国武术文化及其内涵的理解程度，而不能仅仅注重技术层面的传播。随着互联网技术的飞速发展，许多新兴媒体不断产生，在传统媒体报刊、电视、广播之外又诞生了网络、数字杂志、智能手机、博客、微博、微信等媒体。"新媒体"既拥有人际媒体和大众媒体的优点，又避免了人际媒体和大众媒体的许多局限和缺点，使传播状态由一点对多点，变成了多点对多点，同时消除了传统媒体之间、国家之间、社群之间以及传播者与传播受众之间的边界，通过互联网和新技术可以进行超越时空的沟通和交流，极大地提高了传播的效果。因此，我们应该很好地利用这些新兴传播载体进行武术的跨文化宣传和教育，帮助更多人加深对武术内涵的理解和认同，促进武术在世界上的国际化发展。

第三章 武术教育的价值

第一节 关于武术教育功能价值的研究

在人们的社会存在中，价值关系是不可分割的一部分，因此它属于人们的社会存在关系，并对人们的生存和发展、人们的精神和意识活动起着客观的基础作用。教育价值关系如此，学校武术教育价值关系也是如此。探讨学校武术教育价值的必要性也可见一斑。

学校武术教育价值的客观基础，是学校武术教育实践的对象性关系，具体是指学生和学校武术教育这一客体的关系，学校武术教育价值是这种关系的基本内容和要素。学校武术教育价值是对人与学校武术教育相互关系的一种主体性描述，它代表着学校武术教育主体化过程的性质和程度，及学校武术教育的存在、属性和合乎规律的变化与主体尺度相接近、相符合的性质和程度。因此，学校武术教育价值可以界定为作为客体的学校武术教育的属性与作为社会实践主体的学生的发展需要之间的一种特定关系。研究探讨学校武术教育价值，就是在"真"的基础上去追求学校武术教育中的"善"与"美"，使人们在学校武术教育实践中通过改造学校武术教育来最大限度地满足人的发展需要，使学生得到全面、和谐发展，使人类社会不断趋向于文明和进步。

下面介绍一下关于武术教育价值的相关研究概况。

一、教育及教育价值研究

哲学上关于价值范畴的界定的合理与否，直接影响到包括教育在内的各个具体领域中的特殊价值的研究。关于"价值"的含义，由于人们各自哲学观的不同，对价值则有着不同的理解。价值问题在西方哲学中有深厚的理论渊源，在我国则是在改革开放以后的社会实践中逐渐显现出来的哲学问题。20世纪80年代初期，我国理论界开始探讨价值理论，先后探讨了事实认识与价值认识、价值与真理和价值真理概念等问题，后来，随着研究的深入，很多学者进行价值哲学研究，研究的重点是价值的本质和价值哲学研究方法论问题。克里夫·贝克认为，价值发生于每个人的日常生活之中，在很大程度上，价值植根于人性本身。"价值植根于'人生幸福'或者说'美好生活'。如果我们认定某些行为和追求促进了人生的幸福，那么我们就说它们是正确的、好的、有价值的。"拉思斯、哈明和西蒙将价值定义为个体愿意自豪地选择、珍视和不断重复地按此行动的信念、态度和情感。在他们的定义中，选择、珍视和行动构成了一个完整的价值澄清过程。海尔斯蒂德和泰勒的定义指出，价值是一种原则、基本信念、理想、标准和生活态度，它对人们的行为提供普遍指导，作为人们制定决策、采取行动的标准，并且与个人的整合与人格认同相联系。以上三个定义与人的生活目的联系紧密，富有目的论色彩，并能与个体人格整合，具有生存论意蕴。我国哲学界对于"价值"的含义有各种各样的界定，并由此产生出不同的价值观。虽然这些界定各执一端，但也表现出一些共同的特点。国内不少学者倾向于"关系说"这种方式，认为它在总体上比"属性说"更合理、更彻底、更科学。《哲学大辞典》中把价值定义为"现实的人同满足其某种需要的客体的属性之间的一种关系，任何价值都有其客观的基础和源泉，具有客观性典型关系"。"实践说"是对"关系说"的进一步继承和发展。它以彻底唯物主义的实践观为根据，在吸收现代"关系说"成果的基础上，阐述一种新型的价值学说。它首先承认价值是一种关系现象，指出价值是作为一种特定的"关系态"或"关系质"而产生和存在的。然后指出，价值的客观基础是主客体关系，是人类生命活动及社会实践所特有的对象性关系，是客体属性同人的主体尺度之间的一种统一，是"世界对人的意义"。教育价值是教育理论界，尤其是教育哲学研究中的基本范畴之一。对于教育价值含义的不同界定，不仅反映出人们对于教育的认识和把握，而且也体现出人们不同的哲学观。在教育价值概念上，人们普遍认为，教育价值是指作为客体的教育现象的属性与作为社会实践主体的人的需要之间的一种特定的关系。教育价值研究，就在于使教育价值关系中的主体和客体在教育实践活动中趋于一致，并向积极的、肯定的和完善的方向发展。

教育价值与其他社会活动一样，在其形成发展过程中，具有鲜明的教育价值特色，归纳起来有以下几个基本特征。

1. 教育价值具有客观性

对于教育价值的客观性，一方面是指人们对教育价值的认识来源于主体以外的客观存在，它是构成全部教育价值的客观基础，另一方面是指人们对教育价值的认识必须符合客观事物的发展规律，离开了这一点，教育价值理论就容易变成一种主观唯心主义的相对价值论。

马克思主义教育价值理论认为，客体自身的属性是教育价值的客观基础，脱离了客观存在的教育现象或教育活动去谈教育价值，只能是空谈。教育之所以有价值，就在于它通过一系列有计划、有目的、有组织的活动，去形成人的思想、品格、技能，从而使人能够在尊重客观规律的基础之上，按照主体的愿望去改造世界，并通过一代一代的文化积累和创造，使人类社会不断发展和进步。学校教育中，语文、数学、外语等科目之所以具有教育价值，就在于它们能给受教育者提供丰富的历史经验、人类文化遗产，学生通过把握社会历史经验而使自己在道德上、情感上、智力上得到发展，并逐步成为一个社会或阶级所需要的人才。探讨教育价值，必须从研究教育自身的特点入手，在弄清教育事实前提下去作教育价值判断。这样，才能确立正确的教育价值观。那种不顾教育事实而空谈教育价值或将"事实"与"价值"分割为两个互不相干的"世界"的做法是错误的，这只能使我们脱离实际，甚至走向唯心主义的相对价值论的泥坑。

2. 教育价值具有主体性

教育价值在主客体的相互作用过程中，价值凝结在主体自身之上，学生的能力发展、素质提高是在学生的身心之中产生，而不是在对象上产生变异，如农作物的种植，其价值凝集在农民的劳动对象上，机器制造的价值凝集在生产出来的机器上，而不是在生产工人身上。农民、工人只能从对象中体现自身的本质力量，而不是离开对象进行内省。教师的教育价值主要表现在自身教学能力、素质方面，并且要通过学生来表现，但是，我们认为这只是一种间接表现，因为教师是不能直接改造学生的，也不能代替学生发展。比如当学生没有主动性和积极性的时候，教师的教学能力再强也无能为力；当学生的主动性、积极性调动起来后，教师的教学能力不是很强，学生也可能通过自学或主动提问题等途径来把问题弄清楚。因此，具有高超教学艺术的教师都很注重激发学生的主动性和积极性。学生是发展的主体，教师的教学能力、素质高低只能在影响学生、引导促进学生发展上起作用。因此，教育价值具有主体性，这表现在教育价值凝结在教育活动参与者的自身之上，表现为他们自身的自我的能力发展和素质提高。

3. 教育价值具有统一性

"教是为了不教"说明教育的最终目的是自我教育。教育是自己对自己的教育，学生的发展也是自我发展，在教育活动中，教师对学生的教育是通过促使学生自己认识自己，自己控制自己，自己教育自己，最后达到自我发展。学生在教育过程中是通过与客体的相互作用来逐渐从对象上认识自我，通过在与其他主体的相互作用中逐渐学会克服自我、调控自我，从而在自我中分化出客观的自我与主观的自我，实现把自己作为一个"客我"的对象进行调控，使自我主体与客体达到统一、和谐，从而实现教育价值。在物质资料和其他精神产品的生产中，对象对于主体总是异己的，主体只是主体，对象也只是对象，主体和对象具有明显的界限，生产过程就是主体以自身的本质力量来驾驭异己的对象使对象价值化。

但是在教育活动中，学生既是学习活动的主体，又是教师实践的教育对象，同时也是学生自我改造的对象，学生只有将自己作为自己改造的对象，才能用自己的能动性推动自己成长。学生具有主体、客体的双重属性，学生在教育活动中实现的价值既是主体的价值，又是他的"客我"的客体价值的统一。

4. 教育价值具有综合性

教育价值的综合性，主要指教育价值不仅仅是单纯的精神性价值，其在直接的精神性价值中还潜藏着物质的价值，每一个学生在课堂上学习时，直接指向的是精神价值，如兴趣、成功、体验，而从学习的初衷或学习后的功用上考虑，又不能排除其为了某种物质性的功利价值。如小孩子学习不好不能吃到好的糖果，较大的学生则面临能不能找到工作、挣钱养家糊口的问题。教育价值的特点也是由人的整体性和社会关系的复杂性所决定的。教育主体作为一个活生生的个人或个人的共同体，其自身结构的规定性的每一点、每一方面使每一过程都产生对客体的不同方面的需要，形成不同的价值关系，知识、人类经验本身就是多方面的综合整体，其既是精神的凝聚产物，又是人类求得物质生活资料的工具的表现形式。因此，知识价值作为价值客体，内化为人延长了的手、脑，其使用就具有多方面的价值。主体的多方面需要与客体的多方面特性相结合，就使教育价值具有多方面的综合性。

5. 教育价值具有继承发展性

从教育价值的形成层面来看，其继承发展性，无论在教育理论上还是在教育实践上，都可以体现出来。从教育理论来看，一种有价值的理论，并不随着历史的演进而丧失其生命力，相反，它会在新的历史条件下不断得到新的发展与完善。例如，在西方教育思想史上，亚里士多德是第一位倡导自然主义教育理论的思想家，他的"教育要遵从自然"的主张，开创了后世自由主义教育、理想主义教育、全面发展理论的思想先河，他以后的许多思想家、教育家，从人文主义者到理性主义者，从莫尔、康帕内拉到马克思、恩格斯，都把人的全面发展作为基本的教育价值加以继承发展，直到当代，这一思想仍然是存在主义教育、永恒主义教育和人本主义教育理论所坚持的主题。

从教育实践来看，凡是被实践证明是有价值的教育活动、教育方法、教育组织形式等，也是随着历史的进步而不断被人们所继承、改造和完善的。譬如，捷克教育家夸美纽斯通过总结前人的经验和自己的实践成果首创了班级授课制这一现代学校教育的基本教学制度。今天，三百多年过去了，这一教学制度尽管也受到许多非难和冲击，但它仍然是现代学校最基本的教学组织形式，其教育价值并不因时代的进步而消失，而是在人们的继承发展中日渐完善，愈来愈显示出其巨大的教育价值，特别是它满足了大面积提高教育质量、大幅度提高普及教育程度的需要，为国民素质的提高做出了贡献，体现着巨大的社会效益和经济效益。

从教育价值的使用过程层面来看，教育价值也体现出鲜明的继承发展性。教育价值不仅表现在即时的精神满足价值，而且每次即时的精神价值的满足都为下一步的发展打下基础，不论是使用于发展精神性的知识能力、素质提高，还是使用于追求物质利益，在价值满足或使用的同时都潜在的继承发展了主体的某种能力，从而使教育价值在使用的过程中得到了发展或增值。一般来说，物质产品的价值在使用过程中是不断减值的，而教育价值则不同，在使用的过程中是在增值，但是如果长时间不使用，就会减值。如大学生学非所用，经过一段时间后，他所学的专业知识就会遗忘，技能就会逐渐消退。

如果把哲学价值作为价值一般，教育价值则是价值特殊。教育价值是哲学价值的下位概念，教育价值的概念界定，其基本理论依据应是其哲学基础。相应地，在对价值含义、教育价值含义理解的基础上，对学校武术教育价值概念的界定也有了其哲学基础。另外，武术是一种中国传统体育文化，体育教育是教育的组成部分，学校武术教育属于学校体育教育的范畴，因此，界定学校武术教育价值，还应从对"教育"及"体育"的理解入手。

二、传统武术的教育价值

在中国几千年的历史演进中，传统武术不断摄入民族文化的精髓，逐渐成为中国传统文化的重要代表，非常多的西方人都很喜爱我国的传统武术，并积极投身于这项凝结了中国人智慧的古老技艺。尤其是李小龙的出现，更是在西方掀起了"功夫"热潮。他让西方人在牛津词典中怀着敬意创造了一个富有中国文化气息的词汇——"Kungfu（功夫）"。现如今，越来越多的西方人乐于接受带有中国文化特色的称谓"Sifu（师父）"，这些都是专属于中国传统武术的文化魅力，不仅征服了西方人，而且征服了西方世界，与此同时，这也是一种成功的文化输出。

在国外，虽然面临跆拳道、空手道与拳击等域外武技的冲击，但是，中国传统武术丰富的流派、悠久的历史以及充满招法变换的武术意境，都会让越来越多的西方人无法割舍。

传统武术中蕴涵着丰富的民族精神素材以及民族文化。对于广大青少年的教育来讲，其所具有的价值是非常高的。"传统武术的魅力，一方面，在于传统武术技艺本身，另一方面，在于渗透在传统武术中的几千年深厚积淀的中华民族优秀文化，以及博大精深的中华民族精神。"

岳飞的"精忠报国"，戚继光率领"戚家军"抗击倭寇，29军的"抗日大刀队"让日本侵略者闻风丧胆；蔡云龙以15岁的年纪将美国拳击手打败了，并将自己的一生都奉献给了传统武术教育事业等——这些爱国武术家的故事经久不衰，被历代赞颂。

近些年来，中国功夫片的热度未减，霍元甲、黄飞鸿、叶问的故事仍不断被搬上荧幕，观众依旧非常喜欢这些故事。20世纪80年代，香港电视剧《霍元甲》的主题曲——《万里长城永不倒》激励了一代中国人的成长，很多人都受到了霍元甲爱国情怀的感染。

当然，武术人不仅有在国难面前当仁不让的风骨，而且更有"止戈为武"的气度，将原本属于"嗜血"的格斗技艺融入了中国传统文化特色，即讲求"点到为止"，进而衍生出了体现中国人技击思维的太极哲学，在"随曲就伸"与"舍己从人"中，体会技击的招数，以及分出胜负的雅趣。传统武术的招式将中国传统文化的内涵表现得淋漓尽致，让习练者能够在一招一式中，体悟中华文化的精深独到之处，最终起到潜移默化的教育作用。其中，太极拳与八极拳的名字，就具有相当深奥的文化底蕴。

西方拳击中的"直拳"，在中国拳法中被称为"撑拳"，无论是从技术规范，还是从劲力要求方面，都显得厚重了很多。其有一种直来直往的简洁与意念的渗透，更有一种任意出击的洒脱，并且是在迅猛快捷与劲力饱满中伺机而发。一个流传下来的古典传统武术套路，通常凝聚了几代人的智慧与心血，其中，有很多耐人寻味的故事与情节，与此同时，也体现了古人对传统武术的尊崇。

传统武术教育中对"武德"的强调，将传统武术的教育价值充分地体现了出来。原因在于其将对道德的约束与规范融入习武者的日常生活当中，并且贯穿于习武过程的始终。在"武德"当中，依旧有非常多积极的成分值得当今的青少年继承与学习。

只要是传统武术流派,均会对本门派弟子有不同的道德约束,甚至一些门派需要经过长期的品格考验,才能够成为本门派的衣钵传人。被习武之人视为生命的准则还有诚信,正所谓"言必信,行必果"。重信守诺是传统武术习练者乐于接受的职业形象,那些言而无信的小人,即便功夫再高强,依旧不会受到传统武术习练者的尊重。

传统文化中的典籍注解,是"武德"中内容的主要来源,与此同时,"武德"也是"武"文化与"文"文化的有机结合。习武者对武德的敬重和尊崇,实际上是对中国文化的一种敬畏,以及对以儒家文化为主体的中国文化表现出的一种顶礼膜拜,进而心甘情愿地接受这种文化的制约与束缚,并且愿意接受在这种文化背景下的价值与道德评判。

三、学校武术教育价值研究

许多关于学校武术教育价值的研究认为,我国在学校武术教育中存在一些不足:许多教师不能完全胜任;中学武术教学武术教材内容单调、枯燥,安排太分散;教师、学生均缺乏兴趣;武术教学时数太少。青少年在接受武术教育过程中,协调身心,增强体质,提高适应能力,促进智力发展,磨炼意志,并形成爱国主义情操。武术是我国现阶段较为理想的群体项目,普及武术是迅速增强人民体质的重要途径。还有研究对武术教育的历史沿革、作用及存在的主要问题、武术精神及其对民族精神的塑造进行了分析。

关于学校武术教育价值研究的大部分文献基本上是2000年以后才出现的。一方面说明了新世纪教育价值研究热对学校武术教育价值研究的影响,另外一方面也可看出不同社会发展时期,人们对武术、学校武术教育的认识及对学校武术教育需要的变化。对学校武术教育价值的研究是从以下角度进行的,如素质教育、学校武术教育存在的问题、武德、武礼、武术审美、培育和弘扬民族精神、传承武术文化、武术课程、某拳种教育价值等。学校武术教育价值的实现需要学校武术教育的良性运行,对学校武术教育现状进行探讨,使我们能够明白问题所在,在此基础上,学校武术教育及其改革才能沿着正确的方向前行。《关于学校武术教育改革和发展的研究》课题组对学校武术教育现状的调查结果值得后来研究者借鉴和深思。它从武德教育、武礼教育、武术审美教育有益于个体精神形成的角度来论证学校武术教育价值,为相关研究开拓了思路。

对武术课程内容改革的研究也基本上是 2000 年以后才逐渐增多的。这些研究与我国的教育改革、课程改革的大背景及《体育与健康课程标准》《全国普通高等学校体育课程教学指导纲要》的推行有关。从武术课程目标构建等角度对学校武术教育价值进行的研究可知，武术课程需要挖掘其隐性价值，确定其多层次和多元目标。从基于拳种主要是太极拳的角度对学校武术教育价值进行的研究可知太极拳人文价值较为突出。这提示我们在人文教育极度缺乏的今天进行太极拳教育的必要性和紧迫性。具体到学校武术教育实践中，需要通过不同的拳种来实现学校武术教育价值，因此，相关研究能为武术课程内容的改革提供一定的思路。综上所述，随着社会的发展、人们认识水平的提高及需要层次和内容的变化，学校武术教育的多元价值还有待于进一步挖掘。

第二节　学校武术教育价值溯源

学校武术教育发展的历史与现实见证了学校武术教育价值的存在。研究学校武术教育价值首先要从学校武术教育的发展历程中去寻找。以武术为内容的学校教育其价值的存在是因为其价值的独特，这种独特，具体来说，源于武术与其他体育项目的差异，宏观来讲，源于中国传统体育文化与西方体育文化的差异。研究学校武术教育价值还需在中西体育文化对比的基础上进行。

一、古代学校武术教育

在回顾古代学校武术教育之前，首先需要明白"武"与"武术"的差异。从内涵与外延来说，"武"与"武术"是有区别的。文治武功，武与文是相对而言的，"武"更倾向于一种军事训练手段，如作为古代学校教育内容的六艺中的射、御，其形式和内容与现在所言之"武术"是根本不同的，且武之目的是为了维护统治阶级的统治，而现在所言之"武术"，则是一种通过身体活动进行的个人修为，所以，射、御等与武术并不能完全等同地看待。战国至鸦片战争的两千多年时间里，由于"文武分途"，逐渐形成重文轻武的社会风气，特别是汉代以后长期处于"儒学独尊"的局面，学校只重儒经，包括武术在内的体育内容基本上被排除在学校教育之外。隋唐时期，音乐、舞蹈、艺术等与"体育专业"属于封建统治机构中的"太乐署"，并没有列入"国子寺"这样的专门的教育部门。唐代以后，虽然教育从军事政治中独立出来，但由于封建教育等级制度，教育成为少数统治阶级的教育，对社会影响面很小，即使有体育教育的内容，其对整个社会文化的整合作用也是有限的。

春秋时官学开始衰落，私学开始兴起，以孔子和墨子为代表。这两家私学都与武术教育有着密切的关系。《史记·孔子世家》中记载"孔子以诗、书、礼、乐教弟子，盖三千焉，身通六艺者七十有二人"。儒家思想核心是"仁"，"杀身以成仁"，"舍生而取义"。但孔子"劲能拓国门之关，而不肯以力闻"，"不以力自矜，知夫筋骨之力，不如仁义之力荣也"。可见，儒家把力与德对立起来，更为关注"礼"的培养、"仁"的实现，其重文轻武的思想可见一斑。而墨家与武术关系密切的则是"侠"的称号。墨家对武术的重要贡献，是把侠义精神贯穿于武术教育之中，使具有技击性的武术受到"义"的引导，这有助于习武者为社会锄强扶弱，惩恶扬善。这一教育思想在今天仍具有重要的意义。可见，墨家认为力与德是统一的，其对武术的影响是较为全面的。只可惜，墨家在古代社会不处于主流，而是逐渐被淹没在儒道文化的大潮中。清初进步的教育家颜元主张培养人才要文武兼备。他主张"习动""实学""习行""致用"几方面并重，亦即德育、智育、体育三者并重，主张培养文武兼备、经世致用的人才，猛烈抨击宋明理学家"穷理居敬""静坐冥想"的主张。而毛泽东则认为："习斋远跋千里之外，学击剑之术于塞北，与勇士角而胜焉。故其言曰'文武缺一，岂道乎'……皆可师者也。"私学盛行，智者倡导，对学校武术教育的发展起到了一定的积极作用，而重文轻武大环境的影响，却使得这种影响微乎其微。在两千多年的中国封建社会里，通过学校对武术进行传播的记载和事例较少，这是"重文轻武""独尊儒术"的社会环境造成的直接后果。

纵观古代学校武术教育，大致有以下特点：致力于为统治阶级培养人才和接班人；受众较少；重视伦理教育；礼法的规范使其成为实现"仁"的手段。从春秋战国时代的"文武分途"之势到汉代"罢黜百家，独尊儒术"起始，伴随着重文轻武的教育思想、教育体制和社会风俗由"为政尚武"到"仕而优则学、学而优则仕"，由"六艺"到"四书五经"，由"诗词歌赋"再到"君子劳心、小人劳力"等的变化，中国也正式走上了文弱之途。虽然，在某些时候，随着战争的兴起，统治者为了维护其统治而暂时重视武备教育，但是这种影响毕竟是有限的。直到近代，在西方列强侵略中国之时，这种重文轻武的消极影响便彻底显现出来，以往的策略不再发挥作用，中国到了不得不觉醒和改变的时候了。

在帝国主义列强入侵中国以前，在中国的封建教育中均未出现过体育教育的内容。在所见文献中，也鲜见以人自身健康为出发点，关爱人的身心和谐发展，倡导公民从事体育活动的官文。由此可见，中国古代体育文化不可能对当时的社会文化产生重大影响，也不可能成为当时社会主流文化的组成部分，体育文化的形态仍然不是独立的，体育只是被视为实现政治和军事目的的一种手段。应该说，在武术没有形成独立的文化形态前，在社会并不是以人的需求为出发点时，并不存在真正意义上的学校武术教育。明清时期，武术集大成，形成了一种独立的文化形态，才开始以中国传统体育文化的面貌对社会的发展起独特作用。

二、近代学校武术教育

这一时期，多方面的原因促使武术进入学校，其中最主要的原因与当时以斯巴达教育为教育改革的楷模并提倡以"尚武"为核心内容的军国民教育思想是分不开的。将尚武与民族存亡、强国强种相联系有助于培养尚武精神和形成增强体质的军国民教育思想，克服中国传统的"文弱"教育弊端，并满足实施军国民教育以达强体御侮的需要，提升体育包括武术的社会地位，引起社会各阶层对体育及武术的重视。1904年，清廷颁行的《奏定学堂章程》标志着军国民教育思想被官方正式确认。1902-1903年，国民政府教育部颁行的《壬子癸丑学制》规定了以军国民教育思想为基础的体育教学，要求学校设置以兵式体操为主要内容的体操课，成为实施军国民教育的象征。1914年，徐一冰在《整顿全国学校体育上教育部文》中，就曾建议将武术列为高等小学、中学、师范学校的正课。1914年，第一次世界大战的爆发，"二十一条"的提出及由此引发的社会各界的群情激愤、掀起的大规模的爱国运动，使得加强军事训练和体育教育、实行全国皆兵的呼声日益高涨。武术开始在较多的学校得到推行，更多的拳师进入学校任教，客观上加速了武术进入学校的进程。1915年，北京体育研究社在"全国教育联合会"上，委托北京教育会代为提出《拟请提倡中国就武术列为学校必修课》议案，并得到教育部采纳，教育部军国民教育实行方法案规定"各学校应添授中国旧有武技，此项教员于各师范学校养成之"。至此，武术被正式列入学校体育课程，促使武术按照学校体育的要求，改革教法，将原来师徒相承的传习法改变为课堂式的团体教练法；同时也促进了武术教材的编写，一些原来散存民间靠口传身授的武技，被整理成规范的图解教材并且出现了宏观介绍武术的《国术概论》《国术理论》等书籍。时人评论道："教育界能注意于体育，实自此始；吾国旧有武术得加入学校课程，亦自此始。"由此可见，武术此时进入学校主要是因为近代中国处于内忧外患、水深火热之中，在学校中开展包括武术在内的体育教育，既可以培养民众的尚武精神，又可以以此唤起民众的觉醒，给当时积贫积弱的中国带来一丝活力。这种想法虽然不能完全拯救中国于危难之中，但是它开启了武术在学校教育中的先河，虽然它只是特定历史时代背景下的产物，但是这对武术在此后的发展产生了深远的影响。武术不再是传统的师傅带徒弟的方式，其受众越来越广；武术的理论、技术及形式、内容和方法也逐渐走上科学化的道路。这可以说是武术的千年转身。值得一提的是，马良创编的"中华新武术"对武术进入学校也起到了一定的推动和示范作用。

事物总是有两面性的。由于特定的历史时代背景和军国民教育思想的影响，人们仅仅把体育视为尚武的手段，教学内容也限于兵操范围之内，体育教学实际上成为简单的兵操训练，全面素质化的要求被简化为绝对的服从和持枪步伍的技能。体育仅是对人尚武精神的培养吗？体育教学内容应该有哪些？仅是简单的兵操训练吗？事实证明，学校武术教育确实起到了培养人尚武精神的作用，但是，其作用不应该只是如此，学校武术教育后来的实践也证明了这一点。从教育学的角度讲，从体育教育的特点来说，作为学校教育内容的武术，其首先是用来满足人的身心健康需要的，当然，这种想法在当时是可望而不可即的。20世纪20年代，伴随着新文化运动的兴起，美国实用主义教育思想和自然主义体育主张先后在中国流行起来，特别是第一次世界大战的结果使以德日教育体制为榜样的中国开始认真反省兴学以来选定的教育宗旨，实用主义教育学不仅动摇了以军国民教育思想为核心的教育宗旨、教育目标、教学原则和教学方法，也冲击了体育尚武军国民教育的观念。在反思兴学以来体育发展的历程中，引发了一场关于何为体育的前所未有的大讨论。这场讨论，集中表现为"兵操废存"与"新旧体育"之争。人们在反思我国的学校体育教育的时候，认为把尚武与体育简单地等同，在实践中以兵式体操训练为体育教学内容是不合适的，需要重新认识体育的本质和选择体育的教学内容。中国内忧外患的时代背景及中西体育文化的强烈冲突使中国人对欧美体育有一种本能的排斥心理，认为"袭他人之形式，未克振己国之精神"，而"提倡中国旧有武术，以振起国民勇往直前之气"，因此，开展学校体育教育，不仅要以西方体育文化为内容，更要以中国传统体育文化为对象，这种民族心理从"土洋体育"之争中可见一斑。人们在扩大体育手段的同时，开始真正关注武术这种中国传统体育文化在学校教育中的作用。

综上可见，在从尚武教育的张扬到体育真义的探讨中，在批判以斯巴达教育为教育改革的楷模并提倡以"尚武"为核心内容的军国民教育思想的过程中，武术才真正开始以一种中国传统体育文化的面貌对人的身心和谐发展起独特作用。

此后，武术专业性院校的出现，高校武术选修课的设立及武术占一定比例学分的实施等都是"学校武术"发展的标志。在战争年代，特殊的社会状况使学校体育的发展处于极端不平衡的状态。在日占区和国民党政府统治区，武术在学校中的境遇可想而知，但在解放区各级学校中，武术仍旧发挥了其独特的健身和自卫作用。

三、现当代学校武术教育

中华人民共和国成立后，在建设社会主义新中国时期，武术成为社会主义文化、体育事业的重要组成部分，武术以全新的面貌在学校中开展。随着武术在学校中逐渐步入正轨，武术的"地位"也在不断发生着变化，经历了由体育院系的正课到选修课再到专业课，一系列武术教材也相继得以出版。为了使武术成为全国普通大、中、小学学生增强体质的手段，各学段的体育教学大纲得到编写，武术被列为基本教材，相应参考书陆续出版。改革开放以后，学校武术的变化还反映在许多大、中、小学在群众性武术锻炼的基础上，成立了武术辅导站、学校武术协会及校际武术协会，使武术教学、训练、比赛等开始进入系统管理的轨道。此后，武术馆校蓬勃兴起，一些高校相继开始招收武术硕士、博士研究生。这些都是学校武术教育的大事。还有就是通过学校进行的国际武术交流。中共中央宣传部、教育部颁发了关于《中小学开展弘扬和培育民族精神教育实施纲要》，武术被提到了弘扬和培育民族精神教育的高度。《关于学校武术教育改革和发展的研究》课题组进行的中国中小学武术教育改革与发展的研究就是基于此而展开的。从民间技艺到学校武术，由师傅带徒弟到老师和学生，由打打杀杀到硕士、博士层面的研究，由国内走向世界，武术经历了翻天覆地的变化，武术的社会地位也越来越高。

如果说古代学校武术教育是为统治阶级培养人才服务而表现出"重德轻力"，近代学校武术教育是力图拯救中华民族于危难而表现出"尚武精神"，那么，在现、当代，要实现社会的现代化或社会转型，其关键是文化现代化或文化转型，即人的现代化或人的存在方式或行为模式的根本性转变。教育对此是至关重要和责无旁贷的，学校武术教育也应为此发挥自己独特的作用。在当代，学校武术教育应致力于人的全面发展，充分发挥学校武术教育的作用，必须对人发展的现实需要有全面的理解，对武术及学校武术教育有正确的把握。

第三节　学校武术教育价值探析

学校武术教育价值在于促进学生发展，满足学生发展需要的属性。这就需要探讨在中国当今社会背景下，学校武术教育价值的性质。

一、促进发展属性

在探讨学生的发展需要时，首先得对"需要"有所理解。需要是主体对客体作用的内在动因。"需要"是人的生存发展对外部世界及自身活动依赖性的体现。需要产生于主体自身的结构、规定性与周围世界的不可分割联系。每一主体的自身结构和规定性都是社会形成和发展的历史产物。有什么样的主体结构，就产生什么样的需要主体。自身结构的每一规定、人同周围世界普遍联系的每一环节，都产生一定的需要。因此，主体的需要不仅是客观的，而且具有无限多的方面和内容。需要的满足，不论是物质需要的满足还是精神需要的满足，是一个客观的过程，这个过程的结果是客体同化。由于人具有自然属性、社会属性和精神属性，所以人就有这些属性发展的需要。诚然，作为生物，人的肉体组织决定了他有活动的生理基础和能够运动的能力，正如人有吃、喝、睡等的需要一样。但是，即使是这类需要，对人来说，也"不是纯粹的自然需要，而是历史上随着一定的文化水平而发生变化的自然需要……"这些自然需要和自然能力只是人的需要产生和实现的自然基础和条件，是人类各种历史活动赖以产生的生物学前提。人满足和实现自己的需要，不能用"生理需要"及"自然本能"来解释和回答。可见，人的自然需要、社会需要和精神需要都是在一定的社会历史背景下形成的。要满足这些需要，首先要清楚这些需要须在一定的社会历史背景下寻找。人是社会运动的主体，人类历史就是人的生存活动不断展开的过程，因此，历史的核心内涵是人的自我完善和发展。从一种文明形态进入到另一种文明形态要经过一次深刻的文化转型，而每一次深刻的文化转型都会使人的生存进入一个新的发展阶段，使人获得更大的自由度和发展空间。所以，在中国当代社会的现代化或社会转型期，人的生存也会进入一个新的发展阶段，人将获得更大的自由度和发展空间，也就是说，人将会实现存在方式或行为模式的根本性转变，而这一根本性转变不仅指人的身体方面的素质能够适应当代社会的发展，更重要的是指人的社会和精神方面的素质会随着当代社会的发展而发生相应的改变。促进人的身体、社会和精神方面的素质的提高，可以通过多种渠道，而我们这里所要探讨的则是学校武术教育对人产生的影响。那么，学生需要的满足，是一个客观的过程，这个过程表现为学生被学校武术教育同化。

二、运动属性

（一）体育教育

体育是通过身体运动所进行的教育，体育的主要对象是人的身体，身体通过运动才能达到体育的目的。显然，运动是体育的基本手段，是体育过程中的外在显现形式，是体育区别于其他教育方式的主要特征。学校武术教育属于学校体育教育范畴，与其他教育方式相比，其最大特性在于以武术为内容，通过身体运动对人进行全面的教育。随着社会的发展，人们对健康的认识经历了由生理健康观到"生理——心理——社会"健康观的转变。值得我们关注的是，近年来，各国在体育教学目标的表述上有用"健康"取代"体质"和"体力"的趋势，这与各国对体育功能以及"健康"概念的深入理解有很大关系。由此可见，体育不仅能增进人的身体健康，还有利于人的心理健康和社会适应能力的提高。如前所述，体育的本质目标是对人自然属性的改造，这是一切体育功能和价值的前提和基础，体育的衍生目标是改造作为组织属性的社会意义上的人的角色和作为精神属性的心理意义上的人的情绪。对于学校武术教育来说也是如此。与其他体育项目相比，武术对人进行改造的独特性在于其"内外兼修"。

（二）技击教育

武术的技击表现为一种以"两两相当"为特征的个体性技艺较量。显而易见，技击不是针对个人的，而是两人的较技、论力，且技击是以身体活动为基础的。孙子曾指出"搏刺强士体"，意即击刺、搏斗除了较量武艺外，也有增强体质的作用，这应是所有技击类项目共有的特点。那么，对于武术来说，它不仅仅只是能起到防身健身的作用。武术具有技击属性，这种技击是在武德和武礼的制约下进行的，这是武术发展的悖论。武术的技击属性与国外其他技击类体育项目的技击属性相比，主要是文化方面的差异。正如在中西体育文化比较中提到的，中国武术崇尚的是整体的劲，而西方格斗追求的是局部的力；中国武术体现的是"以静制动""后发制人"和"避实击虚、四两拨千斤"的风格，而西方格斗表现的是"以动为主""先声夺人"和"穷追猛打、硬碰硬"的特色；中国武术讲求"点到为止"，蕴含着在德礼的规范下崇德礼让的精神，而西方格斗则是"不决出个你高我低，誓不罢休"，体现出在规则的制约下勇敢无畏、公平竞争、一往无前的精神：其差异是显而易见的。相应地，学校武术教育的技击教育属性在武术技击与武术规则、武德和武礼的张力下得以彰显。学校武术教育的技击教育属性对人的作用是整体的，不管是就身体本身或身体、呼吸、意念的统一来说，还是就身心关系而言，均是如此。与个人项目相比，武术起到的不仅是通过个体身体运动所发挥的作用，它还能够提供一定的冲突交往情境，人与人在具有冲突的交往中，其社会属性和精神属性均获得相应的发展。因为，技击是两人的对抗，胜负之争，必然会引起一系列的心理反应，这对人的情感、意志等都是一种磨炼。

三、文化属性

学校武术教育以武术为内容对学生进行教育，受中国传统文化影响的武术具有深厚的文化底蕴，学校武术教育也因此区别于以其他体育项目为内容的学校体育教育。从文化学意义上看，武术的习练是将内隐的思想观念和行为准则与外显的动作技巧和姿态节奏高度整合地进行同构的过程。由于武术长期的历史积累和理论黏附，习武者所面临和必须应对的文化含量大大超出其他一切体育活动。这些文化内容在历史的进程中对武术的技术产生了微妙而潜在的影响。武术的习练与许多现代体育项目的不同在于它不是精确角度、力度等的机械组合，而是内心情感、思想与肢体动作、技巧的有机融合，甚至不是两者孤立隔绝发展的自然过程，而是将二者熔铸起来的内在整合境界的提升。与其他非体育形式的教育相比，学生对武术的学习、理解、掌握，是身体力行、知行合一、情景合一的。此种形式或许更能加深学生对文化的理解，并且强化武术对其的作用。可见，对中国传统文化的领悟，不同的教育方式即使能产生同样的教育效果，但其途径和过程却是相异的。

第四节 学校武术教育价值解读

前述可知，在中国传统文化的浸润下，武术从劳动生产技能、军事格斗技能的黏附形态转变为较为独立的体育文化形态，同时形成其"内外兼修"的特点，并对人与社会的发展起着独特的作用。任何领域开展武术教育都要充分体现其特点，这对武术的发展及武术对人的作用的发挥都是必要的。而以武术为内容的学校教育是致力于人的全面、和谐发展的,这个目的决定了在学校武术教育中既要体现武术的特点,使其功能得以发挥,又要根据学生的身心特点选择合适的武术课程内容,使学生在武术实践和体悟中不断完善自我、提升自我。

由于价值本身是以主体尺度为标准的,同一客体可能有不同的价值,不同客体也可能对主体形成相同的或彼此可以替代的价值,所以,只有按照主体的尺度来划分价值的类型,才能较准确地界定和区分具体的价值类型。这是价值分类最重要的基础性、根本性方式。从主体角度划分价值类型,既有精确的确定性,又有动态的开放性。这种划分方式的意义,主要在于引导人们充分注意和理解主体人的本质、需要、能力等,理解人发展的无限可能性,这无疑是最为根本的。按价值主体人的尺度划分价值类型,首先可以对人的需要进行基本的分类。前述可知,由于人具有自然属性、社会属性和精神属性,所以人就有这些属性发展的需要,即在中国当代社会背景下,人具有身体健康、社会交往和精神发展的需要,相应地,学校武术教育价值按其作用范围可分为生理价值、社会价值和精神价值。

一、生理价值

习武对人的影响,从身体健康的角度来说,在内表现为经络气血畅通、全身得养,在外表现为人的形体、身体素质等方面发生的变化。内与外是相辅相成的关系。身体不仅要外壮,更主要是内强,在内强的基础上才能外壮,身体才能真正地强壮。

(一) 内练精气神

"内练精气神"中的练"气"是武术的独到之处。中国古代探讨"气"和"形、神"的关系时,常与"养生"之道有关。武术作为一种体育项目,是健身养生的手段,它和养生的理论相通,注重"气"也就是必然的了。练气是许多拳种习拳的心法要诀,"功夫总在呼清倒浊"。《少林拳谱》中提到"上气下压,下气上提,上下会合,阴阳归一,气练一体,方显力足"。练气的同时还须养气。如何才能"养气"呢?通过修身养性,也就是修身要"见性",方能"养气"。妙兴大师指出"明晓生死,洞察虚幻,悟彻真假,澄洁心智,远离思虑,断绝情欲,摒除嗜好,力戒暴怒","遇到一切外魔、挫折、嘲讽和侮辱,都能坦然处之,无动于心,久而做到心志专一,坚守吾真"。练气并养气的武术理论指导着武术实践,比如,形意拳突出对"内"的养练,强调"人身以气为本,所以为根"的传统"气用"养生作用,"通过修饰其内,使血气精液充盈贯通全体经络、四肢百骸,滋养各部,从而达到年虽迈而气不衰，形虽朽而精不枯的目的"。可见，学练武术，心为主导，外顺内合，能够使人经络气血畅通，全身得养，从而达到以内养外，内强外壮的目的。

（二）外练筋骨皮

美的体型不仅能反映出民族体质的增强，而且还能表现出一个民族的气概和精神面貌，是精神文明的标志之一。经常进行体育运动，能逐渐改变和美化人的体型。拳谱中说"五体匀称可谓之形备"。五体匀称素以筋骨血肉并提，主张"先仪骨体，后尽精神，有肤有血，有力有筋"，其形必须"方中矩，圆中规，自中绳衡平均施，敛束相抱，左右顾盼，八面拱心"，每个动作和势式都要顾及空间的前后左右，上下高低，做到不偏不倚，中正安舒，势正招圆，形体工整。可见，武术动作特定的要求，可使人体身正体直、挺拔张展、对称均衡、比例和谐。

形备是基础，形健才是目的。文质彬彬，是文弱形象的写照，而孔武有力则是强壮形象的标志。体力是生命力旺盛的基础，无体则无德智。拳谚说"力生于骨，达于筋"，"外练筋骨皮"。练就筋强骨壮，方能形健质善。"外练筋骨皮"，离不开"内练一口气"。我们日常称"劲"为"力气"或"气力"，把力与气结合起来说力犹气也。所以，炼气也就是炼劲。气的运行有赖于心意支配，炼气也即炼意。若能做到意、气、劲三者合一，那运使的功底就算到家了。《灵枢·本脏篇》云："经脉者，所以行血气而营阴阳，濡筋骨、利关节者也。"可见，经脉气血通畅，有利于筋骨、关节得到滋养，进而有利于气力的增强。武术功法练习的抻筋拔骨方法，能够使气血通畅、骨正筋柔、劲力顺达、气力增强，内外合一，形成良性循环。拳谚说"筋长力大""筋长一寸，力巧三分"，说明练筋要注意练"筋长"。筋的长短，由柔韧性决定。武术练习使人体各部分的肌腱、韧带、肌肉的伸展性增长，关节运动幅度加大。这是柔韧性提高的表现，有利于改善动作质量。武术基本功中动静结合的练习方法，注意了发展柔韧性，又注意了增强相应部位的力量，这就是筋力与筋长相结合的练习方法。人体靠骨骼支撑，武术运动靠骨力结架。骨无力则媚。因此武术传统的"骨法"，主张"贯其力于股肱之中"，使人体四肢躯干常处于张力状态。武术中对上下肢骨力的锻炼有个传统做法，叫作"练功先站桩，大鼎增力量"，站桩是增强下肢骨力，拿大顶是练就上肢骨力。比如，少林武术的运使之法，一般也是从马步入手的，先以身躯上下伸缩开始，再配合拳架中的各种基本手法，进而应用各种桩步进行练习活动。其目的在于练气贯劲，使下盘达到"以足掌分前后踏地，立于危狭之处而推挽不坠。功成时，虽立足悬崖也虞不颠仆"。可见，学练武术不仅使人经络气血畅通，柔韧性得以改善，气力得以增强，还可以对其他素质产生积极影响。武术理论和实践均强调"后发先至""动如脱兔""拳如流星、眼似电""一动无有不动"等，这些要求使练习者的反应速度、动作速度、灵敏素质和协调能力等均能得到很好的锻炼。

二、社会价值——促进人之间的交往

雅斯贝尔斯认为，"交往"指的是作为个体而存在的自我之间的相互作用。这种相互作用对于每个人来说都是必需的。"我只有在与别人的交往中才能存在着。""交往是出于人的本性的一种冲动，是自我存在的方式"。在雅斯贝尔斯看来，人类之所以将交往视为其存在的基本方式，其根据是人具有的两重性。一方面，人是自我的存在，他具有自己独特的个性和意识；另一方面，人又是社会的存在，他必须生活在他人中，生活在社会中，与他人、与社会打交道。"如果我只是我自己，我就是荒芜。"可见，交往是人的一种活动，也是人的一种需要。交往是共在的主体之间的相互作用、相互交流、相互沟通、相互理解，这是人的基本存在方式。在交往关系中每个人都是主体，都是彼此间相互关系的创造者，并且都把与自己有关的其他交往者的主动性、自主性作为对话、理解和沟通的前提条件。在教学中，交往是一个有目的的活动过程，它是师生之间或是生生之间为了协调、沟通、达成共识、联合力量达成某一个目的而进行的相互作用。在教学中，交往本身则成为教学的内容、对象和目标。

学校武术教育是教育者和受教育者通过以武术内容为中介的有目的的交往，而实现的受教育者自我建构的一种实践活动。它包括师生间、生生间的交往活动和教育主体对武术内容的对象化活动。师生间、生生间进行的交往活动与武术的学习、交流、较技及对武术规则的遵守和武德、武礼的践履是一体的。教育主体对武术内容的对象化活动是在师生间、生生间的交往关系中进行的，师生间、生生间的交往关系，又是通过他们在对武术内容的学练中结成的。不论是师生间、生生间的交往还是教育主体对武术内容的对象化活动都是在武术规则的制约和武德、武礼的规范下进行的。也正是在此基础上，学生不仅进行了交往，还在交往中受到了教育。学校武术教育活动，能为学生提供一个良好的交往平台，不论是在两两相搏还是个人演练中，都需要师生间、生生间直接交往，积极配合。比较而言，两两对抗更具有冲突性和不可预测性，学生在对抗中处理人际关系更需要情感和技巧，因此，对人的社会适应能力提升的效果更为显著。学生在对抗中进行交往，在交往中体悟冲突，在具有冲突的交往中，社会适应能力加强。

在教学中，交往实际上构成了学生的智力背景，并使学生真正地步入到由不同个性和视界所构成的"精神场"。在学校武术教育活动中，老师高尚的人格、高超的技术和历练的风格，都会对学生造成潜移默化的影响，成为学生学习的典范和心中的偶像。

在学校武术教育活动中，学生主要借助身体语言与人交流，通过与对手的实际较量或观看同学间的技艺交流及武术较技，展示自我，发现自己对于技术使用的长处与弱点，在借鉴和修正中提高技术水平。在与同伴的平等交往中，彼此尊重，协调配合，从中发展自己独立的思维能力和行为能力。学练武术，从外在来看，是身体的对抗与展示，其实还内含心理的较量及与之相关的一系列精神表现。正是在武术活动中，学生展示、发现和发展自我，获得心理能力和精神修养方面的提高。

三、精神价值——提高精神境界

人的精神是有层面的，如心理是人精神存在的基础，它在个体的先天具有和后天的社会化中得到进一步的训练、强化和提升，人的精神存在正是在基本心理状态下不断向高级方向发展。道德和意识属于中间层面，它们产生于人际交往，表明的是个人与他人交往的精神能力。某个人的道德生活的和谐和自我意识的平衡，是其精神处于良好状态的标志。审美意识属于第三个层面。一个人在审美意识上所达到的水准，表明了他的精神发展所达到的程度，是人的自由所达到的状态。黑格尔认为"人在审美的状态下是自由的"，指的就是这个道理。因此，面对当代中国人在精神性层面发展的普遍缺陷以及这种精神萎弱给社会改革所带来的阻力，我们应该加大力度进行精神教育，在追求信仰、审美、创新、人格等方面赋予教育新的理念。同时，改造我们今日的学校，使教育过程成为人精神健康发展的过程，使受过教育的人能用精神的尺度，去妥善处理人与自然、人与社会、人与自我的关系，在一种正确的精神信念导向下，通过追求物质生活的丰足逐渐去追求精神生活的完善。身体衰弱将会阻碍精神活动，这是毋庸置疑的。体育活动可以增强人的体质，因此也保证了精神活动的进行。除了上述的体育活动对人精神发展所起的作用外，体育活动对人的精神活动也起着积极有益的调节作用，那就是提高其活动的效率，改变人的心理及精神状态。

（一）情感调节

中医理论讲"七情致病"。七情指喜、怒、忧、思、悲、恐、惊七种情态，七情趋极，便会生病。那么，如何防患于未然，使人面对不良刺激的影响时能够增强自身的"免疫力"呢？中医理论认为"心者一身之宝"，"主宰万事万物"（《医学入门·脏腑总论》）。心静自然心神安定，反之则脏腑、经络、气血皆可能发生病变。正如《素问·灵兰秘典论》所云："主不明则十二宫危，使道闭塞而不通，形乃大伤，以此养生则殃。"心神宜静，是"精神专一"，并非是不用心神，因为不用则废。因此，心神之动，应用合理，能"思索生知"，对强神健脑有益，否则心动太过，能引起病患。武术在此大有作为。那就是在内外合一中达到"养神"，这是一种动静结合的训练和修养。明清之际的吴殳在《手臂录》中专有一段文字论述治心。他说："用技易，治心难，手足运用，莫不由心。心火不炽，四大自静。泰山崩于前而色不变，麋鹿起于左而目不瞬，能治心者也。"

能治心者，则心不妄动，才能专心于练拳，专心于对敌。所以在练习时"莫贵于心静也。静者心不妄动而处之裕如，变化莫测，神化无穷"。可见"心"在习武中的主导作用。"意"是一种心愿、意向，在此应理解为对动作的具体做法和在敌我对抗时运用的思维，是在"心治"引导下的动作意向。外在动作的协调，发端于内在的意识，通过调息、运气、发力与外在的动作相配合，同时通过对外在动作的演练又可进一步丰富内心的活动。这就是武术"合"的全部思想。将理论应用于实践，使学生武技提高的同时，对其心理也会产生积极影响。

人有没有自我发展、自我成长的内在动力，有没有自我学习的欲望和对知识的好奇心，能不能理解周围人际关系，有没有对美、和谐的敏感性，这些往往是从情绪、情感品质和态度上表现出来的。有没有积极的情绪、态度关系到人能否持久发展。情感发展的真正内涵是情感的理智化、道德化和审美化。通过习武可以成为具有理智感、道德感和美感的一代新人。练功时、两两相搏时、演练时都离不开"心静"。然而，这种"心静"不是冷冰冰的、成功唯上的、不知其味的，而是充满了理智、道德和审美的。练功是修身养性，经过长期的磨炼，使人的大脑皮层兴奋和抑制的平衡机能大大增强，面对外在事物的干扰时能"三思而后行"，而不是"意气用事"。两两相搏意味着争斗，这里有输有赢，有失败之痛苦和胜利之喜悦，有人因失败而痛哭流涕甚至做出非常之举动，有人因胜利而沾沾自喜甚至变得不可一世，这都不是正确对待成败的心态和行为。在当今，人要以一种积极的、健康的、开放的情绪，友好真诚地与他人合作、交往，这是自己作为生活主体的最为根本的表现。因此，对学生进行武德、武礼教育，使其在攻守进退中怀有道德之心和礼仪之为，在面对不良事件时也能够及时出手、见义勇为。演练旨在表现武术所蕴含的美,而不是停留于简单的动作模仿。学校实行美育,从人的情感发展上来理解,就是一种旨在培养学生健康向上的情感教育。只有对美有着不断的追求和探索的欲望的人,才可能有丰富的情感。而丰富的情感是人进行创造活动的润滑剂和催化剂,这正如列宁曾说过的,"没有人的情感就不可能有对真理的追求"。因此,以武术美为内容,对学生进行教育是必要的。通过演练,使学生在对武术美的鉴赏和体悟中,情绪和理智处于和谐,情感得以净化和提升,心情平和而充实。

（二）顽强意志

任何生物都表现出一定的生命力,而人类更具有克服环境而不为环境所屈服的生命力。意志力是生命力的组成部分,意志力顽强,生命力才会旺盛。日本很多幼儿园的小朋友在极度寒冷的冬天,都会每天赤裸上身跑步。这不仅是对其身体的锻炼,更是对其意志品质的培养。虽然这种极端的做法不一定要效仿,但是无疑它给了我们莫大的启示。由于学生活动时间的不足,现代"文明病"的蔓延,致使部分学生意志品质薄弱,怕苦怕累。学练武术不仅考验着学生的皮肉筋骨,更是对其心志的磨炼,正所谓"苦其心志,劳其筋骨",方能"健体魄","强意志"。只有"苦"中找"乐",融入其中,才能更好地适应和促进自身与社会的发展。

拳谚讲"未习打,先练桩","打拳不遛腿,到老冒失鬼","练拳不活腰,终究艺不高","要练武莫怕苦,要练功莫放松","一日练,一日功,一日不练三日空","夏练三伏,冬练三九"。这些拳谚生动地告诉我们习武先站桩、习武要练功、习武要不怕苦累、习武要循序渐进、习武要持之以恒的道理。习武练功是苦的,尤其是对于"温室里长大的花朵们"来说,更是一个巨大的挑战。习武练功又是苦中有乐的,若不能真正深入其中,也就不会领略武术的独特魅力。这需要"心诚"。心诚不仅是练武之精要,更是做人之道理。武术中的心"诚"具有主体内在体验的特征,是一种专心致志的自成之"诚"。古人认为,只要心诚,金石为开。心诚要求坚定不移,诚心诚意,始终不渝。有的初学者持之以恒,常年练功,终于达到"体称劲道"的要求,这叫作"心坚则精劲"。有的连半分钟的马步静站都坚持不了,何谈"积跬步至千里"。没有量的积累,哪来质的飞跃,这是"心力"不坚的缘故。同时意志坚强也是自强不息、刚健有为精神的体现。坚强的意志是克服困难、完成各种实践活动的重要条件,其基本品质有独立性、果断性、坚持性和自制力。习武,没有坚强的意志品质是难以持之以恒的,也难以形成其独立性、果断性和自制力。换句话说，坚持下去，你的意志就得到了锻炼。在两两相搏中，有利时机稍纵即逝，如何把握机会，需要自己独立、果断地"运之以意，得之于心"，或进攻，或防守。优柔寡断，注定错失良机，以败北收场。两两相搏伴随着成功和失败，虽然人们总说"胜不骄、败不馁"，但是要做到这点，需要有一定的修养。那么，如何对待比赛的或喜或悲效应，自觉地掌控自己的情绪，约束自己的言语和行动方面的品质就显得至关重要。在两两相搏中，一方面追求技击能力的提高，另一方面追求在武德武礼的规范下提高修养，这是真正的胜利，是对自我的战胜。意志品质在一个人身上往往是相互渗透相互结合，形成不同的类型。在行动中具有无限的精力和毅力，既有独立自主性又有自制力，这是意志品质发展水平较高的人，是有坚强意志的人。学练武术，能全面地发展人的意志品质，使其成为具有坚强意志品质的人。

（三）崇德达礼

道德意义上的知与行是紧密联系，不可须臾分离的。知行合一，"知"就主要是道德认识，"行"主要是道德践履。在中国的伦理学史中，把"德行"两个字经常放在一起，是很有哲理性的。"德"如果不在"行"中表现出来，就不是真德。道德作为一种社会意识，具有实践理性。道德只有贯彻在实践中，才能发挥规范人的行为，调节人际关系，完善人的本质的作用。武术的思维方式是整体观念影响下的直觉体悟，这就决定了武德是知与行的统一。习武者不仅要知德，更要行德。由知到行，离不开内心的情与意。只有把认识、情感、意志都集中地体现为道德行为习惯时，才算实现了道德教育的根本目的。武德存在于学生的交往关系中。习武者在两两相搏时，需要面对胜败得失。胜不骄，败不馁，赢的高尚，输的体面，对对方有礼貌，这都是体育运动所特有的教育环境。在交往中进行武德教育，使学生知、情、意、行统一起来，其作用显而易见。在课堂教学中，结合具体情境，使学生体悟武德的内涵，并以严格认真、真情实意的态度不断实践。如上课开始时的师生互相问候，教学过程中对老师指导的感谢等。以武术为内容的学校教育，其安全性是第一位的，武术规则对禁击部位有明确的规定，遵守武术规则，在某种程度上也是对"仁"的体现。学生用"武"时践履"恕""忠"之道，对受伤者的同情、关心、帮助，及时出手的气魄，特定情境的礼让，明辨是非的能力及在课堂交往和日常生活中的诚实守信，都显示了这种精神的强大力量。习武者内得于心，而表现于外，或通过言语，或通过举止，并不断强化，形成习惯。正是仁爱精神的存在，使家庭得以维系，社会更加稳定，个人也在爱的感召下，在心理上产生一种不自觉的投射，在行为上出现自觉的奉献。在对学生进行武德教育的过程中，不能仅限于私德的教育，更需要结合时代的发展，对其进行公德心的培养。这种精神的培养不是一朝一夕的，需要学生在武术实践中崇德而体道。如，在面对社会不良现象或他人需要帮助时，能够见义勇为、热情相助。这就是道德的力量。有关道德榜样的事迹可以作为教育内容加以体现，或在教材中，或在上课时，旨在提醒学生尚武崇德，而不是为一己之私意气用事或好勇斗狠。当然，我们这里所说的"仁"不是儒家的爱有等差的"仁"，而是人与人之间平等的关切之情、拳拳之心。

武术教育非常重视习武人的武德礼仪培养，把武德礼仪教育贯彻到武术教育的整个过程，从严格意义上来说，这种重视武德礼仪的思想延伸到武术教育之前或之后。在古代的武术教育中，择徒时对徒弟的德行有明确的要求，要求徒弟有良好的道德品质。如有武谅说，"谈玄授道，贵乎择人""大道等闲若轻授，须防九族尽遭刑"，告诫武师选择徒弟要重视道德品质、以德为先；又如《史记太公本纪》中说："非信廉仁勇，不能传兵论剑。"这些说明，在传授武艺之前就应重视习武人的道德素养情况。在武术教育的具体过程中，要更加重视武德礼仪的培养。就人伦规范来说，对于长辈，要尊敬，不得违拗，尤其是对于师傅，有一套严格的礼仪规范，习武人要从语言和行为等方面去遵守；对于同辈，要克己合众，不能制造是非，影响团结；对于晚辈，要倍加爱护，不能欺负幼小。从某种意义上来说，武术教育中的道德礼仪教育是延伸到武术教育具体过程之后的。所谓"一日为师，终身为父"，这句话除了表明徒弟要自始至终尊敬师傅以外，同时也表明师傅要对徒弟未来的表现承担一定的责任，很多的武侠电影或小说都说明了这一层意思。自己培养的徒弟能得到社会的认可，在事业上飞黄腾达，那么师傅是为之骄傲的，否则会以此为羞耻的。

礼仪教育使人们接受礼仪道德规范，并转化为个体的意识和价值目标，从而内在地要求人们发生礼仪行为。这对于武术礼仪教育来说也是如此。武德是武术礼仪的内涵，而武术礼仪则是武德的表现。武术礼仪教育使人们接受武德规范，并转化为个体的意识和价值目标，从而内在地要求人们发生武术礼仪行为。由于施礼容易用心难，所以，要用"心"施礼。如果没有内心的仁义，那么，礼仪就会流于形式。中医学讲，以心施礼，不仅礼节礼貌受人称道，而且在送给别人尊重的同时，也为自己的身心带来了健康。如果在施礼过程中没有心之诚，表现得心不在焉或仅作为一种程序，那么，其教育作用将会大大减弱。上课时，教师要讲解清楚武术礼仪的内涵，学生严格遵守，并不断实践，培养内在仁义，在潜移默化间这种精神就会表现出来，思想意识和外在行为达到有机统一，这就是修养的提高，也才会有"礼让"的发生。"让"是礼仪精神的内在要求，也是礼仪道德意识的重要特征。如果追求和谐是道德主体在处理人际关系中的一种道德精神状况和态度，那么礼让就是主体基于这种道德精神状况和态度而表现出来的行为方式。谦让，不仅是正常的人际交往中的一个基本常识，而且也成为拳友之间进行技术交流与友好比试的专业道德。以礼相让，谦虚随和，点到为止，并尽可能让对手把自己的技术水平发挥出来。与人发生争执，只要不是什么有关道义的原则问题，都不可出手攻击，甚至在对手出击时也要尽可能地忍让。"让"，是抑制凶残的传统武术技击之负面影响的有效手段之一。当然，宽容忍让，并非等于一味迁就而姑息养奸，更不是事不关己、高高挂起的态度。接受武德、武礼教育，学生多了一份文明，少了一份野蛮，社会也多了一些正义，少了一些威胁。"习礼"是为了"达礼"，人们只有知道应当遵守什么行为规范，知道什么是有礼的，什么是无礼的，什么是对的，什么是错的，才能在行为上有所依据，才能成为"达礼"之人。日本的空手道和韩国的跆拳道等技击项目对德礼的重视值得我们借鉴。它们对习武场所的习练者衣着、言行举止都有严格规定，这种德礼不是一时的，而是具有延续效应。我们在散打比赛中可以发现，运动员的行礼方式各种各样，有抱拳的，有鞠躬的，有弯腰抱拳的，有挺胸抱拳的。虽然，武术礼仪是存在的，但是仅聚焦于武术对抗之胜负，而忽视武术礼仪之重要，武术之魅力也会大为减弱。武礼是操作性的规范，遵循其要从点滴做起。具体有武术服饰规范、上下课拳礼、配合练习行礼、进退武场礼仪、师生见面礼以及在习武过程中的行为规范如衣物、器械的位置等。由此制定出一套具有武术特点、反映民族精神、孕育文化内涵、切实可行的武术行为规范的操作内容体系。

四、终极价值——人的和谐发展

人的和谐发展是人的内部各因素及人与外部关系的协调发展。即人的身心和谐、人与其他个体和谐、人与社会和谐及人与自然环境的和谐发展。身心失衡会致病，生理疾病使人在精神上无家可归，心理疾病则使人道德缺失、人际关系失衡，使社会动乱。同时，人的和谐是相对的、开放的、扬弃的，其本义就是一种否定之否定的辩证发展过程，最终走向人的终极关怀——人的自由。个人身心的健康发展，人际关系的友爱、和睦，社会的平等、民主、和谐，人与自然的和谐相处等等，是在前述生理价值、社会价值和精神价值基础上的更高层次的、综合的价值追求。任何教育无论它处于什么层次，以哪一方面为侧重点，致力于人的和谐发展都应是其安身立命之所，都是其根系所在。

追求和谐是中国传统文化的主导意识和核心价值。在和平与发展成为时代主流的今天，中国传统文化中的"和谐"观念无疑会对人类社会和平发展做出特殊贡献。武术，就是这样一种内蕴"和谐"的身体文化。受中国传统文化的影响，武术形成了内外兼修的特点，这种内外兼修使人内强外壮、外技内德、外形内神，在此基础上，使人用身心去感悟"和谐"观念。习武，是从人体运动、人际关系和人与自然关系所蕴藏的诸多矛盾中追求和谐。其中，"人体运动"的和谐要求是武术实现"人际关系"和"人与自然关系"和谐的基础。从学校武术教育的角度来说，促使人全面、和谐发展需要我们关注学生作为"全人"的教育和发展，其含义在于，一方面不能只强调武术技术的掌握和武术技能的提高，还要关注学生作为"一个完整的人"的身体与精神的全面协调发展；另一方面，又要关注人与人、人与社会及人与自然的和谐发展。个体在"遭遇"武术文化的过程中，超越人的不和谐发展的现实，追求自我完善，成为"完整的人""和谐的人""自由的人"。

（一）人的身心和谐

人是身心的统一体。武术讲究内外兼修。在人体运动的整体和谐中，武术的运动成了肢体的全面锻炼，是身体运动内外的全面发展。练习武术，需要人身心内外的高度协调。诸如内三合心与意合，意与气合，气与力合，外三合手与足合，肘与膝合，肩与胯合的"六合"，"眼随手动""目随势注"躯干与四肢相合的"身法"习练器械的"身械合一"等等。还有武德与拳理、技术与修养的结合，外在形健和内在神韵的追求。习武，是一个修身养性的过程，它造就了人心的和谐。在对健康的追求中，身心内外协调配合，方能达于阴阳平衡在对劲力的追求中，身心内外高度一致，方能立于"不败之地"，在对武德、武礼的践履中，体悟"恕""忠"之道，使人感受道德的力量在对美的追求中，体会人性关怀之美，领悟"以形写神"之美，使人能够"诗意地栖居"。学生在内外兼修中，修身养性，内强外壮，身体健康，社会适应能力加强，心理健康、尚武崇德、"诗意地栖居"、和谐人格等精神得以培养。长期练习，学生不断体悟身心和谐，其身心也得以和谐发展。

（二）人与人、人与社会和谐

人与人的和谐发展就是以诚心和爱心为纽带构建和谐的社会主义人际关系。人在本质上是"一切社会关系的总和"。人与人之间不是相互封闭和对抗的，而是建立在个体独立性之上的类的融合。现代社会中人与人之间的交往日益频繁和密切，讲公平竞争更讲团结合作，许多领域需要共同参与，相互协作。习武，给学生提供了独特的交往机会。人与人在具有冲突的交往中，信息、情感等得以交流，从而不断丰富自己、完善自己。马克思曾指出，人的社会关系不仅要"丰富"，还要"全面"，即协调、和谐。人的社会关系的全面发展的理想化形态便是个人关系的普遍性、全面性发展。中华传统文化的价值取向之所以是崇仁义、明教化，在于"仁"的思想体现了重和谐的内在精神。"仁"的伦理要求，一是重视仁的内心修养，二是协调人与人之间的关系。由于中国社会、中华民族以家庭、家族为本位，它强调的具体内容就是以孝悌为根本，父慈子孝，兄友弟恭。将这种家族成员之间的和谐相处向外推之，在朋友之间就是"朋友有信"的准则，在社会国家范围内便是"四海之内皆兄弟"的情怀和理想。在此基础之上，"天下为公"、"克己奉公"便成为价值理想而被推崇。武术以合"恕""忠"之道的武德为核心，讲究"点到为止"，不是一定要将对方打倒在地，而是制人而不伤人，强调人际关系的宽容、融洽与和谐。少林妙兴大师说"技击之道，尚德不尚力，重守不重攻……只可备以自卫，切戒逞意气之私，有好勇斗狠之举刀"。《少林短打十戒》中有六戒是关于德行的规定，强调习武要仁爱、守礼、忠诚、信义、谦让、宽厚。这种和谐观念在武术教学、武术训练、武术实战、武术礼仪和日常相处中都会有所体现。学生在习武中体悟人际关系的诚心与爱心，体悟人际和谐之美，从而形成了人与人之间相互尊重、相互关心、相互协调、相互促进的"绿色人际环境"。人是社会的细胞，人与人和谐是人与社会和谐的基础。人与社会的和谐发展就是正确处理个人与社会以及与其他共同体的利益关系，以人权、公平和正义为基础构建人与社会共同发展的和谐互济的关系。学生公平竞争及团结合作精神的培养有利于形成良好的社会风气，有助于人与社会的良性互动。重要的是，受过良好教育的人要把这种精神贯彻到实际生活和工作中去，使他所处的社会能和谐发展。武术以仁爱主义精神为指导，以人与人的和谐、人与社会的和谐为价值目标，使得它远远超出作为一般体育运动项目的意义。学生在武术仁爱主义思想的熏陶下，可效仿历代仁人志士，大智大勇，坚守信义，报效国家。

（三）人与自然和谐

中国古代"天地一体""万物同源""道法自然"的生态文明思想，是人类弥足珍贵的思想遗产，这些思想对于人类解决世纪的世界性难题，具有深刻的启迪意义。"天人合一"的观点告诉我们自然环境遭到破坏，生态平衡受到威胁，人自身也必然表现为失调和畸形。人与自然的和谐发展就是建立人与自然的共生关系，确立生态意识，建设生态文明。武术是人体的运动，受中国传统文化"天人合一""道法自然"等哲学思想的影响，武术强调人与自然的和谐，认为自然的运动与人体的运动，二者有着内在的紧密关系。自然与自身的统一，是武术思想认识论和方法论的根本观点，是武术养练功法的核心。合于自然，追求武道。诸如对练习时间、幽静、优美练习环境及方位的选择，由阴阳观念衍生出的动静、刚柔、虚实、开合等一系列对应概念、运动过程中对"圆""空"的追求、象形拳的象形取意等，都是效法"天人合一"思想的体现。学生在武术习练中，深刻体悟武术所蕴含的人与自然的和谐。比方说，在一个旷野里或者雪地里，翩然而起，行拳走架，本身就是人与自然的对话，把自己投入到大自然的怀抱，与大自然无声地交流，甚至"融入"大自然环境，达到所谓的"天人合一"，这样练习的效果要更好。武术追求意境美，学生在对武道的追求中体悟人与自然和谐美，进而在武术美的陶冶下能够以美的心态对待生活。武术审美意识的形成有助于人与自然的和谐。若没有审美意识的合理调节，人的主体性的过分膨胀将是一种极具破坏性的力量，这是人的主体性向高层次目标发展的过程中所要尽量避免的。人的自由与解放与其说是人的主体性的释放，倒不如说是人与自然关系的协调与和谐，是人的审美能力在主体性发挥的过程中的不断提升。在学生自身意识不断提高的情况下，正确理解人与环境的关系在不断地认识和改造世界及自身的过程中逐渐认识自己的心灵世界，寻求心灵和环境的统一与和谐。正是在这种人与自然、主体与客体、感性与理性、形式与内容、个体与社会和谐统一的自由自觉的审美活动中，人与生态环境始终保持着良性互动，两者在交互作用中都能得到全面的发展。因此，在学校武术教育中，使学生在体悟人与自然和谐美中形成科学的生态意识和生态文明价值观，达到人与自然和睦相处、共生共在，用一种"人与自然和谐发展"的理念彻底变革现有的生活方式和生产方式。

第五节 我国武术教育的反思

不同的时代，国家和社会对武术的需求会有所变化，这种变化或者表现为对武术整体的需求多少，或者表现为对武术各个功能侧重点的不同。在冷兵器时代，由于军事的需要以及个人安全的需要，无论国家或者个人对武术都表现出相对较高的需求，而且这种需求侧重于武术的技击功能。在进入火器时代以后，由于火器在军事方面的价值远远高于武术，导致国家对武术在技击方面的需求大大减少，甚至完全放弃对武术技击功能的需求。

康戈武指出，"废止'武举制'的直接原因，是西方洋枪洋炮的杀伤力远远大于本土的大刀长矛。现代'火器'的军事价值，使'冷兵械'从整体上退出了军事舞台。以现代兵械'火器'取代古战场用'冷兵械'为核心的军事全球化过程，淹没了有着上千年历史的武举制"。同时，随着社会治安系统的日益完善，个人的安全相对有保障，导致个人对武术的技击功能的需求也大大减少。因此，在近现代社会，无论是国家还是个人都对武术技击功能的需求都大大减少了，也就是说，在现代社会中的武术的技击价值大大降低了。

武术在近现代社会中的冷遇，让更多武术人来思考武术在现代社会中如何生存下去，思考武术在现代社会中如何定位。人们对武术的健身、娱乐和教育等功能在现代社会中的作用都进行过研究。较多的研究表明，发挥武术的教育功能是武术在现代社会中最重要的选择。李印东指出，"教育是实现武术价值的根本途径和归宿"，"发挥教育功能是未来发展武术的落脚点"。

近些年来，关于武术方面的许多研究都在涉及武术教育的价值问题。对于武术的教育价值，从大的方面来说，主要表现在传承民族文化方面的教育价值和习武过程中体现的教育价值两个方面。传承民族文化方面的教育价值指通过武术的学习，可以让习武者接受中华民族的传统技击、军事理论、传统哲学、传统伦理道德、古典艺术等文化的熏陶和感染；习武过程中体现的教育价值指习武人为了达到自己的武术学习的目标，必须经历一个难度较大、要求较高的过程，并在这一过程中，培养习武人的善于思考、吃苦耐劳、持之以恒、顽强拼搏、勇敢自信、宽容合作等个性。

武术在当今时代的主要价值取向是教育，国家是需求武术这种价值取向的。武术的发展经历了一段很长的历史，武术作为一种攻防技术，它的技击本质始终没有改变，武术的主要功能是技击功能。李龙曾指出，"质而言之，无论从古代文献资料折射出的技击技术或技击理论，还是当代武术彰显的教学模式，都可以清晰地触摸到武术技击传承这一连续性、从未中止跳动的武术教育思想脉搏"。从某种程度而言，人们往往把技击和武术画上等号。以现代视域来看，尽管这种观点有值得商榷的地方，但是谁也不能去质疑武术（竞技武术例外）的技击性。可以预言的是，尽管当今时代的武术（竞技武术除外）的其他功能在不断地彰显，但技击性是武术的本质属性仍将长期居于武术教育思想的主导地位。

第三章 武术教育的价值

随着时代的变迁,武术也衍生出健身、娱乐、教育等功能。随着社会的变化,武术的本质和自身功能相对比较固定,但是武术的价值却会随着社会的变化而出现一定的变化。随着国家对武术在军事功能方面需求的减弱,武术并没有完全被国家抛弃,而是以另一种需求方式被保留。国家利用武术教育传承民族文化,传递民族精神,塑造国民的人格。需要说明的是,武术的教育价值取向是武术在现时代的最好选择,大量专注于武术教育的研究可能是对这一问题的比较好的说明。这种认识的转变有利于武术在现代社会中正确的定位,但是仅仅认识到武术教育的重要性是不够的,而是需要更多的研究探寻实现武术教育价值的方法。

武术在当代社会中的发展境况不尽人意,在现代社会武术教育价值的实现面临着诸多问题。首先,武术面对着巨大的外部竞争压力,大众武术教育无用武之地。近年来国外武技(柔道、泰拳、空手道、跆拳道)在中国的传播对武术的开展产生了较大的冲击,在许多大城市中心区没有武术的立足之地,跆拳道、空手道等国外武技却大有市场,无形之中把国技的武术冷落在角落了。其次,学校武术教育的状况令人心寒。武术在学校中并没有实现根本性的普及,目前大多数中小学的武术课基本上是名存实亡,甚至一些学校的主要负责人明确表示武术课可以取消。总的来说,学校武术出现了"谁来教、教什么、怎么教"的问题,处于一个"学生喜欢武术,不喜欢武术课""有教材,无人教""有人教,无人学"的尴尬局面,亟待进行一场全面的革新。

第四章 武术在高校的发展概况研究

第一节 武术运动的特点及其形成原因

一、传统武术运动的特点

（一）农耕文明的社会根基，活动领域固定

通过对传统武术定义的理解，可对传统武术的产生背景和活动领域加以明确，这有利于在研究中把传统武术和非传统武术明确区分开来。农耕文明是传统武术的产生背景，中国广大的民间习武群落皆为传统武术的活动领域。

（二）以拳种作为传统武术构成的最基本单位

传统武术是由不同的门派和流派拳种所组成的文化集合体，每一个传统武术门派都有属于自己的独特拳种谱系。如陈式太极拳徒手拳术可分为老架（一路、二路）和新架（一路、二路）；传统武术器械主要包含刀、枪、棍等；少林拳派主要套路有少林罗汉拳、心意拳、少林十三抓、少林疯魔棍等。

（三）流动性：传统武术的时间特质

传统并非是在过去就已经凝结成型的一种实体，而是流动于过去、现在、未来这整个时间中的一种过程。传统是尚未被规定的东西，是永远处在制作、创造之中的、具有无限可能性的半成品，未来是其真正的落脚点。因此，传统不应被认为是过去已经存在的东西，而应被看作是未来可能出现的东西，它包含了未来的人、事、思想、精神、心理、意识、文化等一切。传统武术也应是一个正在发展的动态过程，是一个还正在继续发展、完善的事物，而不是一个有稳定的静态结构所组成已经定型了的事物。

传统武术文化的形成、发展有着自己的特殊规律。传统武术的流动性是传统武术发展在时间轴上所具有的特质。有着数千年悠久历史的传统武术得以延续至今且从未中断的秘密就在于，每一代武术人都从自己的时代情景出发，去承传先辈们遗留的传统武术，并用自己的理解来把握其中的意义，进而形成了传统武术世代绵绵不断的"血缘关系"。这种"血缘关系"主要依托于每一代武术人用自己去和传统武术的"视域"进行融合，从而把握传统武术的"真义"。这种融合了武术人见解的"视域"具有一种流动性。换句话说，传统武术在时间轴上的流动性主要取决于每一时代的武术人理解活动，这种理解活动与"视域"相互融合，内含一定的"合理偏见"。

加达默尔认为，理解者和解释者的视域不是封闭的和孤立的，它是双方在时间中用理解进行交流的场所。理解者和解释者的任务就是通过扩大自己的视域来与对方的视域相互融合，形成一种"视域融合"。"视域融合"是由历史和现在、客体与主体、自我和他者构成的一个无限的统一整体，它具有历时性和共时性。正如不存在历史视域，也根本没有孤立的现在视域一样，理解也并不是独自存在的视域的融合过程。

在传统的支配下，"视域融合"时有发生，旧的东西和新的东西在这里总是不断地结合成某种更富有生气的有效的东西，而一般来说它们彼此之间没有明确的区别。因此，当代中国传统武术文化是一种从过去走进当代，并且具有能够向未来继续延伸的传统武术文化。从传统武术发展的整个历程来看，当代传统武术的出场形态是一种相对的静止，它一边在融合视域中回顾与反思历史中的传统武术文化，一边不断地在流动中寻找未来的前进方向。可以说，传统武术文化的过去孕育了今天的转型，同时，经历了现代转型的传统武术文化也因继承了传统武术文化的过去而得以延续。可见，流动性蕴含在每一时代的武术人理解活动之中，正是这些理解活动使传统武术文化"活"在当下的同时，具有不断地向未来延伸的、展开的可能性，从而使传统武术流动起来，形成传统武术的"传统"。

由此可见，流动性是传统武术的能动创造过程，即对从先人那里继承下来的传统武术文化进行解读，并在此基础上做出某种富有时代生命力的传统武术文化创造。

（四）开放性：传统武术的空间特质

传统武术的开放性是传统武术在每一时代空间发展上所具有的特质。它是指传统武术发展立足于时代底版，通过积极地同时代各种文化进行精神对话，将其中精华的部分融入自身当中。传统武术通过这一路径，具有时代精神的穿越"历史间距"和跨越"空间间距"。为推进传统武术的创新发展，传统武术还需不断地进行内在批判和外在批判。

传统武术想要寻求发展，就必须在保证自身的社会存在的基础上，反映社会存在的需求，遵循社会规律，明确社会前进趋势。但是，现实生活中，传统武术的发展与社会存在的发展有时候会表现出并非一致的"镜像"。当传统武术文化的发展能够与时俱进时，传统武术文化往往能够同当时代各种文化精神对话，吸收其中的精华，并通过内在的创造性文化转化，引领传统武术不断创新发展；但是，当传统武术文化的某些文化观念失去了合理性的时候，即使社会存在发生变化，传统武术本身具有十分稳定的结构使得它还是能够成功地抑制内在的批判性和怀疑性的新文化因素产生或生长，这导致了传统武术文化中一些建立在旧的社会存在基础上的观念文化形态并没有随着旧社会的消失而消亡，即表现出与社会发展不一致的"镜像"。江湖义气、江湖规矩、门派之争等具有封建主义性质的文化糟粕，以及某些被过度渲染、甚至神化了的门派武力等，都严重地阻碍了传统武术发展，使其发展落后于社会存在的发展。想要解决传统武术发展与社会存在发展不一致的问题，只能靠一种外来的新文化模式或文化精神冲击，在经过强制性的内部批判之后，使传统武术文化被批判或改造的文化要素与新来的文化精神整合，从而构成能够推动传统武术发展的新的文化精神。

  不论传统武术发展与社会存在发展是否同步，传统武术都需要积极地同时代各种文化对话，将各种文化中的精华转化为自身新的文化要素，提升自身的时代生命力并谋求更好的发展空间。太极拳的出现就是传统武术汲取太极阴阳学说的典范。王宗岳曾在《太极拳论》中指出，太极拳融合了动静、刚柔、虚实、开合等的对立统一的拳法。形意拳也将五行学说纳入自己的理论体系，利用五行的相生相克原理，解释形意拳五种拳法的相生相克：劈拳属金，钻拳属水，炮拳属火，横拳属土，崩拳属木。五拳相生即崩拳生炮拳，炮拳生横拳，横拳生劈拳，劈拳生钻拳，钻拳生崩拳；五拳相克即劈拳克崩拳，崩拳克横拳，横拳克钻拳，钻拳克炮拳，炮拳克劈拳。为世人所熟悉的少林派武术，也是中国传统武术同其他文化对话、交流、融合的典型范例。少林派武术最早起源于素有"武以寺名，寺因武显"之称的少林寺。少林派武术深受佛教禅宗的影响。少林寺始建于北魏孝文帝太和十九年，西域高僧跋陀在此传教，后来达摩在此基础上，广收门徒，传授禅宗，最终使其成为佛教禅宗祖庭。在这些禅宗弟子中不乏身怀绝技的武术家，也就是所谓的武僧。武僧们自觉或不自觉地就将佛教禅宗的学理纳入武术中，构成了"拳禅合一"。少林寺武僧妙兴大师《人祖门少林派性功罗汉拳诀》中的"头如波浪，手似流星，脚似醉汉。出于心灵，发于性能。似刚非刚，似实而虚。久练自化，熟极自神"，最能表明少林武术与禅宗之间的关系。禅宗讲究"顿悟成佛"，主张"直指人心""见性成佛"；少林武术中讲究"悟性"，主张"师父领进门，修行靠个人"。总之，少林武术在与禅宗的对话过程中，逐渐将禅理渗透到武术中，以禅理指导武术训练，以禅理和宗教形式编排、命名各种动作和拳术套路。禅理与武术的紧密结合，使少林派武术形成了"禅中有拳""拳中有禅""拳禅合一"的独具一格的武术境界。

综上所述，传统武术的开放性使其主动地吸收各种文化的精华，被动地接受外在的文化精神冲击，并进而主动或被动的抛弃一些不适合时代需求的文化要素；同时，开放性还使得传统武术主动地将自身的文化要素同新时代所需要的文化要素、文化精神进行整合，形成传统武术一种新的适合时代需要的文化精神，从而维持传统武术的时代性。

（五）传统武术具有不断超越的内在品质

传统武术不断超越的内在品质，是以传统武术的流动性和开放性为基础，并于发展的过程中逐渐形成的。传统武术的每一个时代发展都以前一个时代的发展作为"历史前提"。即每一个时代的武术人要在继承前代传统武术的基础上，为后一代武术人创造新的"历史前提"。因此，就每一个时代具体的传统武术形成而言，从武术先辈们那里继承下来的传统武术文化成果，以及反映自身所处那个时代的社会存在，是"历史前提"的两个基本来源。这要求武术人既根据自己所处时代的要求去理解、优选武术前辈们遗传下来的传统武术文化，又要在继承传统武术优秀文化成果的基础上，去反映自己所处时代的社会状况和发展要求。在这两者互动中形成当时代的传统武术文化。为了使传统武术能够持续发展，就必须进行不断地超越。

传统武术超越的途径是通过传统武术的"生产"和"消费"来实现的。一方面传统武术是由前代人所生产的、凝聚着先辈们智慧的产物，对后人来说，它是一种客观的存在形式，是传统武术超越的前提和起点；另一方面后人通过"消费"传统武术，将传统武术转换成为现实力量，进而在主体创造性活动中获得传统武术新的内涵。可以说，传统武术之所以拥有强大的生命力，主要是因为它在历史的"旅途"中不断地"新陈代谢"，并根据时代发展的要求不断地重新选择出场路径和创造新的在场形态。

确切地说，每一时代的人想要开始自己的活动，都必须对前人的实践成果进行继承，并把前代人的实践力量纳入自己的活动之中，以强化自己的实践能力。对于前代人来说，传统武术是一种生存技能，并将其传授给后人；后人在继承前代人传承的传统武术生存技能同时，结合自己时代的实践活动目的要求对其内容进行淘汰、继承、创新和发展，以提高自己的实践能力。传统武术就是以这种不断超越的方式，世代繁衍生息。故此，每一时代的传统武术既有过去的武术传统，又有结合自己当代实践的时代特色。

任何传统武术形态都不是永恒不变的，从传统武术不断超越的内在品质的角度上来看，任何一种传统武术形态都离不开当时代的历史语境，人们追求"正宗"或"原汁原味"的传统武术的行为与传统武术内在超越品质相悖。

了解传统武术的特点，有助于我们进一步对传统武术进行更深层次地探究，探寻传统武术的理想，同时也便于我们探究传统武术当代的文化模式和发展走向。

二、武术运动特点形成的原因

辩证唯物主义认为，任何事物的发展变化都离不开内因与外因的作用，而且指出了内因是变化的根据，外因是变化的条件。

毫无疑问，产生于原始生产劳动和部落战争的源远流长的中国武术运动，几千年来历经无数磨难而不衰的发展变化过程也是遵循这条规律的。我们认为，内因是中国传统文化和中国传统文化中不同文化因素对其的支持作用，外因是社会对其的需求。

首先，中国武术运动产生于中国传统文化的土壤。几千年的中国传统文化孕育它成形，养育它成长，促进它不断发展、完善。从总体来看，武术运动的理论受中国哲学影响较多；武术运动健身法受中医养生术影响较多；武术运动表演术受古代武舞影响较多。而作为武术运动指导思想的传统哲学在根本上是不同于西方哲学和印度哲学的。在东方，原始氏族社会那种人与自然的、直接的、统一的关系被保存了，自然被看作是同人类生活不可分离地、天然地联系在一起的东西；而在西方的古希腊，人与自然的那种原始的、不可分的、统一的观念被打破，人开始清楚地意识到自身与自然的差异、对立和矛盾，并力求克服这种矛盾，而不再简单地、直接地依赖自然。中国武术运动正是在这种迥然有别于西方文化的中国传统文化的总体氛围中孕育，受到"天人合一""知行合一"观的影响。这些都明显地区别于泰拳、空手道、西洋拳击而形成了"内外合一，形神兼备"的独特民族风格。

如果说中国传统文化和传统文化中不同因素对武术运动起支持作用，使其独具风格，那么随着历史的前进，社会对中国武术运动的需求则使其具备"寓技击于体育之中"的时代特征。比如，古时武术与军事尚未截然分开，人们强烈要求武术家的真功夫时，武术运动便表现出极强的技击目的；而今天，武术运动被确定为体育项目，对武术运动的要求则是遵守套路技术规范和比赛规则，准确按时地完成各项动作，把精、气、神体现出来，把健、力、美表现出来。

总之，武术运动在母体文化的滋养和规范中成长，以母体文化为背景和依托，来适应社会的不同需求，并在满足社会需求的同时谋求自身的发展。

人类历史上一些很基本的技术，正是从中国这块土地上生长起来的，只要深入挖掘，就可能找到更多更有价值的东西。我们深信，既具有现代一般体育运动项目的共性，又有"寓技击于体育之中"和"内外合一，形神兼备"的个性的中国武术运动将更加璀璨夺目，必将熠熠生辉于世界体育之林。

第二节 武术在高校的开展现状

一、传统武术在高校中的教学现状

（一）教学内容现状

1. 教学内容单一

我国的传统武术种类繁多，据20世纪80年代官方统计，我国拳种有129种之多，还有很多雷同拳种、小拳种等，除此之外，更有不计其数的体系不完整的功法与套路。虽然如此，但是，现在我国高等院校在传统武术的课程设置方面，所涉及的拳种很少。

根据对武汉体院、西安体院、上海体院、成都体院，以及沈阳体院等五所院校开设的传统武术课程的调查显示，在五所体育院校中，传统武术教学所占的课时比例分别为24.61%、15.72%、22.22%、8.41%，以及9.26%，平均数只有16.04%。由此能够看出，目前，传统武术在体育院校教学中所占的内容比例相当低，其他普通高等院校的情况可想而知。

以上海体育学院民族传统体育专业武术教学大纲为例，2002年，规定的传统武术套路包括：双剑、通臂拳、翻子拳、五路华拳、四路查拳、双刀、形意拳、八卦掌等10个套路。后来，在新一轮教学改革之后，只保留了五个传统套路，分别为八卦掌、南棍、华拳、形意拳与南刀。实际上，学生能够掌握的传统武术的拳种、套路内容就更少了。这非常不利于传统武术在高校中的发展，以下两点是导致我国高校传统武术教学内容单一的主要因素。

（1）国家为高校的传统武术教学制订了专门的教学大纲

通常情况下，各普通高校传统武术的教学内容都是棍、太极拳、剑、拳等，这就是以教学大纲为依据进行教学的结果。在中国传统武术中，技击是其主要内容，而其本质特征就是攻防技击性，这些才是广大学生喜爱它的原因。但是，由于存在武术教学大纲，导致教师只能以教学大纲为依据，来完成教学计划的制定。在教学过程中，一般也只对动作的规格和外形比较注重，传统武术的攻防积极性则被严重忽视，导致教学过程枯燥乏味，学生学习的积极性也就荡然无存。

基于上述情况，教师应该努力将教学大纲带来的局限性克服掉，并且要以学生的实际情况为依据，制定出组合动作少、简单实用的攻防动作，使教学内容变得更加丰富，最终，达到将学生学习的积极性充分调动起来的目的。

（2）高校传统武术教师多为高等院校的毕业生

由于高等院校的毕业生是高校传统武术教师的主要来源，并且他们所学的内容几乎相同，这也是导致教学内容单一的重要原因。在教学内容方面，传统武术相关的教学很少，导致学生的愿望无法得到满足，从而难以引起学生学习的兴趣。除此之外，还有很多高校的传统武术教学内容依旧停留在以竞技武术套路为主的教学模式上，这对学生学习的兴趣与热情造成了严重的影响，从而导致应付完考试学生就不再继续学习了，根本没有起到健身的效果。

（3）中国传统武术内容过于丰富

中国传统武术的内容非常之丰富，可是由于高校只有限的教学时间，因此显得教学任务很重。为了将教学任务完成，各大高校教师只能选择在有限的时间内安排所有的教学任务。本来，高校学生对传统武术就不是很了解，再加上繁重的学习任务，从而增加了学生学习的难度，最终导致学生的学习兴趣下降，这些对传统武术的教学非常不利。

2.重视教学实践，忽略理论课教学

在传统武术教学内容中，传统武术理论是重要的组成部分之一。对于学生理解技术，以及学习视图知识来讲，传统武术理论的教授具有很大的益处。由于大学生具有比较高的理论层次与认知能力，因此，在传统武术理论教学方面，应突出一定的特定使其与学生的实际情况相符合。目前，很多普通高校的传统武术理论教学课的课时数太少，甚至没有，究其原因，是因为多数院校没有对武术理论课的严格考核要求。可是如果理论课安排较少，就会导致授课质量的下降，由此说明，高校及教师并不重视理论课的教授，从而导致我国大学生缺乏传统武术理论知识。

　　从大学生认知传统武术的途径中，就能够反映出理论的缺乏。大学生中的大多数是通过书籍、影视等途径来认识传统武术的，而通过自学传统武术教材，以及理论讲授来认知传统武术的非常少。与此同时，由于影视、书籍中对传统武术的描述过于夸张，导致没有办法体现出传统武术本身的真正内涵，这在一定程度上对学生理解传统武术造成了影响。

　　除此之外，大学生的视图能力较差，也是他们很少通过视图自学来认知传统武术的原因之一。因此，各高校应该高度重视传统武术理论内容的教学。

　　"教师教、学生学"一直以来都是高校传统武术教学的主要形式，而主要的教学内容也是传统武术套路技术教学，对于专门的传统武术理论教学很少涉及。因此，大多数教师对体育教学没有一个全面的认识，他们认为与传统武术理论的学习相比，锻炼学生的身体素质，教会学生相关的传统武术技能比较重要。但传统武术中蕴涵着非常丰富的中华传统文化，需要通过传统武术的教学让学生们学习与继承我国优秀的民族传统文化，并且得到德、智、体的全面发展。

　　中国传统武术历史悠久，是中华民族传统文化的重要组成部分，和中华民族的整个思想文化（如政治、宗教、哲学等）是相融合的，具有非常雄厚的理论基础。因此，理论教学应成为传统武术学习的重要内容。可现状却是，高校中有相当严重的"重术科、轻理论"现象，加之各高校教材不统一，甚至是缺乏，导致理论知识传授的欠缺，这对教学质量造成了非常严重的影响。

3.传统武术教材选用存在问题

　　教材是发展与传承人类文明的载体，每位高校学生通过学习教材，都能够将自身素质提高，并培育发展潜能。教材是高校教学方法与内容的知识载体，而高校传统武术教材的主要内容就是高校传统武术的教学方法与内容。在教师与学生之间，教材起着教与学的最直接、最基础的媒介作用，教材有着不可或缺的作用。

　　中国传统武术包含着很多精湛无比的理论知识，并且和中华民族的整个思想文化相互影响、相互作用。因此，在学习传统武术时，必须要注意对其理论的研究。对于人们认知传统武术来讲，丰富的实践也是非常重要的，但是，这些并不够，必须要将其上升到理论认知的高度，只有这样，才能够辨别出社会上很多异端邪说等伪科学，才能够将大学生的修养与素质提高。

　　从教学内容方面分析，其主要教学内容有剑术、三路长拳、初级太极拳、棍术等，这些套路中的各个动作之间缺乏必要的联系性，也就是说，有比较多的单个动作。每个套路均由四个段落所组成，而每个段落则是由十几个动作组成。由于套路编写偏长，对高校学生掌握与学习很不利，对初学者来讲，更会感到异常困难。

我国高校中有非常多版本的传统武术教材，可是，这些版本都有很多的问题存在，具体表现在以下几个方面。

（1）内容过于陈旧，体系不合理

时代向前发展的同时，国内外的新方法、新理论也在持续更新，但我国大部分高校教材在内容上都太过陈旧，并没有对国内外新方法、新理论进行介绍，没有相关的追踪研究。除此之外，教材中的一些裁判、技术、方法等早已经过时，有些还是错误的，而教材本身的结构设置没有包含其应该有的主要内容，使教材体系的设置不合理。

（2）教材质量低下

现在，传统武术教学的教材数量有很多，但其中内容多有雷同，导致传统武术"虚假繁荣"现象严重。因此，在这种情况之下，想要出现精品教材是非常困难的。而在各大高校自编教材中同样存在严重的问题。是否有主编或者专著的著作，是高校教师职称晋升与年度考核等的重要指标之一，可是，现实却是很多教师出于水平有限，或者工作繁忙等原因，在无法出专著的情况下，选择东拼西凑的方式来编著教材，最终，导致教材质量低下。

（3）教材内容繁杂，缺乏针对性

传统武术教育有三种课程，分别为专修课课程、普修课课程、辅修课课程，相对来讲，民族传统体育专业的武术课程设置比较复杂，针对性也很强，在层次方面，也具有循序渐进、由浅入深的特点。因此，针对不同课程，在教材选择上也应有所不同。不同课程的教材，必须以不同的学生对象作为主体，依据各自的培养任务与目标有所侧重。现在，我国各大高校在传统武术教材的内容涉及方面，依旧存在很大的不足。

4.传统武术考核存在问题

在传统武术教学中，传统武术考核是相当重要的一环。建立合理的考核制度，并全面合理、客观公正地评定学生的学习成绩，能够使学生学习传统武术的兴趣大幅度提升，并且还能够促进传统武术在高校中的发展。但现在，我国高校传统武术教学中的考核，依旧有很多问题存在。

（1）考核内容过于片面

在绝大多数的高校中，学生对传统武术理论知识的掌握，以及学习态度等方面的评价是被忽视的,而以学生演练水平为依据的评定方法,则是评定学生体育成绩的主要方法,但对于身体素质较差而平时却积极参加锻炼的学生来讲,会严重打击他们的积极性;对于那些有一定基础、平时上课偷懒的学生来讲,则会助长他们的惰性,最终导致未能全面地评定与检查学生的学习效果。

(2)缺乏武术理论考核

在考核形式方面,对传统武术理论的考核相对缺乏。这与传统武术教学内容单一、"重技术、轻理论"有关。

(3)考试形式落后

在考试形式方面,现在仍然在使用由任课教师对所任教师班级进行自考自评的方式,同时也是这也是大部分传统武术成绩的评定和考核的主要方式。这种方式导致了很多弊端,比如,人情评分、考核和评定的尺度与标准不平衡等。

由此能够看到,现在很多普通高校传统武术公共课的考核方式,由于教学方式与教材内容而存在明显的局限,这样,很难将学生学习的热情与兴趣激发出来。这对学生主动积极地掌握与学习传统武术理论技能、知识、技术不利。

二、教学方法与组织形式现状

采用恰当的组织形式,以及教学方法,在传统武术教学中是非常重要的,这与传统武术课程的顺利开展,以及既定的教学目标与任务的实现息息相关。

(一)教学方法现状

为了将共同的教学任务与目标实现,在教学过程中,教师与学生运用的手段与方法的总称,即为教学方法。合理的教学方法,一方面,能够将学生学习的积极性激发出来,另一方面,也对教学组织形式的安排有利,与此同时,还能够为教师与学生营造一个良好的学习环境与氛围。由于传统武术教学具有特殊性,因此,对传统武术教师的教学方法有了更高的要求。只有在教学过程不断地进行实验与摸索,才能够找到对自身发展有利的教学方式,进而促进传统武术教学在学校的开展。

通过对某省高校传统武术中使用的教学方法的调查显示,传统教学法、合作性教学法、探究式教学法、游戏法、自主性教学法等,是现在采用的主要教学方法,具体情况如下。

1. 传统教学法

传统教学法,大约有 74.19% 的教师在使用。对集体教学有利,能够使学生在教学中掌握技能，全面地了解教学内容。但是，在教学中学生自始至终都处于被动接受地位，对师生之间的互动与交流不利，并且忽视了学生的主观能动性。

2. 合作性教学法

合作性教学法，约有6%的教师在使用。对培养学生的集体性与社会性，以及对学生间的互动与交流有利，是此种教学方法的优点。对传统武术教师的教师能力提出了更高的要求，则是此种教学方法的弊端。

3. 自主性教学法

自主性教学法，约有4%的教师在使用。此种教学方法的优点是培养学生积极独立思考的能力。则它的弊端是教学不容易组织，因此，在教学过程中，要求教师务必要做好防范危险的工作，并加强安全意识的教育。

4. 游戏教学法

游戏教学法，约有9.68%的教师在使用，其是一种教师组织学生通过做游戏，来完成教学任务的教学方法。游戏中的竞争、合作与情节等，应对培养学生独立判断与思考的能力有利，这种教学方法在传统武术教学中比较常用，但是，在教学过程中，教师务必要加强安全意识防范的教育，对游戏的真正目的进行说明，防止学生产生攻击性行为。

5. 探究性教学法

探究性教学法，约有3%的教师在使用。此方法对学生发现及解决问题能力的提高有利。但它对教师的教学能力提出了更高的要求。

由于传统武术是认知的学习，并且其教学的侧重点是技术传授，因此，在传统武术教学中，运用多媒体技术可使学生有良好的感官效应产生，使学生更加清晰地认识动作，并形成一定的动作记忆，从而将既定教学任务更好地完成。

根据统计显示，目前，现代化的教学技术，只有17.80%的传统武术教师在使用，因此，在传统武术教学中，怎样将教师、学生与多媒体这三大要素有机地结合在一起，从而更好地实现传统武术的教学效果，成为人们以后努力发展的方向。

（二）组织形式现状

此处所讲的组织形式主要指的是，教师在课堂中对学生人数的控制。对全国31个省市高校各类教职工，以及学生人数状况的统计分析可知，高校在校学生数与专职教师数比较合适的比例应该是16：1，但现状很多高校远超过国家规定的比例，师生比例严重失调。为了使传统武术教学的质量得到保证，各大高校应该积极地采取有效措施，加大传统武术教师的培养力度，并对传统武术课程的班级人数进行合理安排，将师生比例缩至合理范围，将传统武术教师最大的教学效率发挥出来。

（三）教学设施现状

1. 教学训练器材现状

教学训练器材是保障传统武术教学顺利进行，以及实现理想教学效果的重要条件。传统武术教学训练器材可分为以下两种。

（1）功力器材

主要包括：皮条、哑铃、沙袋、杠铃、壶铃、木桩综合训练器等。

（2）技术器材

主要包括：棍、刀、剑和枪等。

目前，很多高校教学中，技术器材使用率从高到低依次为棍、刀、剑、枪。这与传统武术教学难易的规律完全符合。而沙袋与杠铃则是最常用的功力器材。功力器材的使用，一方面，为传统武术教学的顺利进行提供了物质保障，另一方面，也对提高学生传统武术训练的功力有利。

传统武术教学能否顺利进行，直接受到教学器材丰富程度的影响，因此，相当有必要增加高校传统武术教学中的器材数量。近年来，随着各大高校的扩招，学习传统武术的人数也在逐年增加，但是，学生上课的器材却没随之增加，这对传统武术教学的质量造成了不良的影响的。因此，高校相关部门应加强传统武术器材的建设，为师生的教学与训练工作奠定良好的物质基础。

2. 教学场馆现状

传统武术教学与训练场馆，为开展传统武术竞赛活动，以及组织传统武术教学提供了重要保障，与此同时，其也是学校的一项重要硬件指标，并且体现了高校的综合实力。因此，对于高校传统武术教学而言，建设传统武术场馆是相当有必要的。

多数高校都对建设传统武术教学训练场馆非常重视，并且开设了相应的传统武术课程。对全国各大高校传统武术教学训练场地的基本情况进行调查可知，目前，某些高校选择在室外场地进行传统武术课的教学。在传统武术套路教学当中，有很多诸如翻滚、跳跃等动作，因此，在室外水泥地面上开展练习极易受伤。这对学生进行传统武术的学习会有一定的负面影响，一方面，降低了传统武术教学的效果，另一方面，也对教学计划的执行造成了严重的影响。

由此能够看出，我国各大高校传统武术教学场馆设施的建设并不处于同一水平，倘若想更好地开展传统武术的教学和训练，加大场馆建设力度必不可少。

（四）师资现状

在高校传统武术教学中，教师的作用是非常重要的，对传统武术教学质量的提高产生直接的影响。无论是多么合理的传统武术课程体系设置，如果没有与之相匹配的高素质教师，那么就不会有理想的教学效果。与此同时，如果高素质、高质量的教师充分地发挥自己的主观能动性，必将创造出优质的课程体系。

由此能够看出，教学的成果以及学生的发展，直接受到教师素质优劣影响，因此，必须建立一支高素质的教师队伍。只有传统武术教师的素质提高了，才能够有高质量的教学，才能够培养出高质量的人才。就目前而言，在质量与数量方面，我国高校传统武术的师资队伍和传统武术需求之间还存在较大差距。武术教师在普通高校教师中所占的比例非常小，而传统武术教师在武术教师中所占的比例也很小，致使学生在无序的状态中学习传统武术。

由于传统武术具有比较强的技术性，因此，它的提高与普及都需要具备一定的条件和科学有效的指导。虽然教师的学历不完全等同于教学质量，但是，在很大程度上，学历可以反映出教师的理论水平以及发展潜力，通常来说，教师具有的学历越高，其对专业的认识也就越深，而适应教学改革的能力也就越强，这样的话，对传统武术教学的贡献也就越大。社会与教育事业都在不断进步，而高学历化已经成为世界各国加强师资队伍建设的共同趋势。多渠道提高传统武术师资队伍的学历层次，增加硕士与博士学位教师的数量，是今后高校师资队伍建设的一项重点内容。

在我国，高校传统武术教师的师资水平比较低，导致教师在业务素质与业务水平方面出现了诸多问题，这在很大程度与传统武术教师的专业水平，以及教学水平、态度有关。除此之外，高校传统武术教师还有年轻化的趋势，再加上对传统武术的全面学习与了解的程度低，这些都对传统武术的认知与教学水平造成了严重影响。

传统武术的教学具有比较大的难度，为了做好传统武术的教学工作，教师必须做到技术动作熟练、讲解清楚、示范准确，与此同时，还要对传统武术技术内容的内在攻防含义有深刻的了解，只有这样，才能够让大学生对传统武术技术动作的使用方法，以及学习目的有全面而深刻的认识。教师水平的提高，与能否培养学生在课堂中学习传统武术的兴趣息息相关。应从全面学习、掌握传统武术的教法与技能方面，来提高教师的教学水平。

三、传统武术在高校中的训练现状

近年来，竞技体育发展迅速，竞技武术同样有了很大的发展。但是，传统武术的发展规模却远落后于竞技武术。目前，我国各大体育院校都有属于自己的武术代表队，但在训练体制方面，只注重竞技体育，对传统武术项目的发展却置之不理。

根据对 2013 年我国体育院校武术（套路）比赛的统计，竞技武术比赛项目共计 366 项，占到总数的 62.46%，而传统武术比赛项目仅有 220 项，占到总数的 37.54%（表 4-1）。

表 4-1　2013 年全国体育院校武术比赛各代表队参赛项目统计

类别	长拳	南拳	太极拳	刀术	剑术	棍术	枪术	对练	集体项目	其他拳术 一类	其他拳术 二类	其他拳术 三类	其他器械 单器械	其他器械 双器械	其他器械 软器械	合计
参赛人数	46	31	31	53	45	53	40	52	15	30	41	39	51	36	23	586
总人数				366							110			110		
比例				62.46%							18.77%			18.77%		100%
											37.54%					

由此能够看出，在体育院校的武术比赛当中，传统武术所占的比例相当低。这反映出传统武术在体育院校的训练现状不容乐观，重视程度不够。除此之外，传统武术比赛的参赛项目还存在过于集中的问题，比如，多数高校传统武术竞赛都集中在双刀、八极拳、双鞭、通臂拳等套路，因而，忽视了其他拳种的习练。

四、传统武术在高校中的科研现状

体育科学工作，一方面，是圆满完成教学任务的有利保证，另一方面，也是体育学科建设的基础，与此同时，更是提高教师素质的一种有效途径。传统武术教育活动的进行，对任课教师的专业技能，以及相关专业的科研能力都提出了非常高的要求。高校传统武术教师需要以科研带动教学，形成教学与科研之间的良性互动，进而对传统武术教学的发展起到更好的促进作用。

就目前而言，我国高校传统武术教师中的大部分，都具有比较大的学术潜力，但浓厚的学术氛围比较缺乏。高校中的部分传统武术教师并不重视科研工作，这不利于传统武术运动的可持续发展。与此同时，由于我国传统武术教师都比较年轻，参加工作的年限也比较短，导致他们在科研意识、理论知识、经验方面比较欠缺。而对于我国传统武术的发展来讲，年轻教师则是未来传统武术科研、教学的主力。想要发展传统武术，就必须要加大科研能力的培养，强化科研意识。

我国传统武术的发展已呈现出国际化、大众化、竞技化及市场化的趋势，但传统武术的科研并没有跟上传统武术发展的步伐。传统武术科研中有很多研究方法，这些研究方法都有各自的优势，并且也取得了比较好的效果。但是，由于我国传统武术的体系庞杂，导致传统武术的基础依旧在民间。因此，我国对民间武术的研究会占用过多的精力以及资源，进而，阻碍了我国传统武术科研的进展。

除此之外，现代体育科学研究的主流是综合利用各学科知识、跨学科地进行研究，可对于高校传统武术研究而言，其研究大多还局限于学校方面，跨学科以及综合的研究方法还比较少见。

就目前来看，从事传统武术教学工作的绝大部分教师，都只是在大学期间修过一些传统武术而已，教学内容也只有几个初级套路，因此，他们的传统武术技击水平可想而知。另外，他们在传统武术理论知识方面并没有进行过系统的学习，因此，理论知识也较为缺乏。在这种情况下，这些传统武术教师就只能传授一些简单的动作技术，如果让他们去挖掘中华武术传统、推动高校传统武术教学改革、弘扬民族精神，并不会取得任何实质性的收获。

第三节 武术发展面临的机遇与挑战

一、我国武术产业发展的外在机遇

1.武术产业拥有广阔的国际发展空间

随着中国经济的快速发展，国际文化交流活动日益频繁，中华文化的特殊魅力使全世界频频掀起"中国热"。我国的武术项目自1936年随中国代表团赴柏林在第11届奥运会上表演，到后来以功夫为题材的影视作品的大量涌现，武术担负着中国对外文化交流的使命。如果说20世纪70年代以李小龙为代表的"功夫片"打开了国门，让世界认识了"中国功夫"；那么80年代《少林寺》的上映，更是掀起了人们对"中国功夫"的狂热；90年代武术文化热更是扬名海内外，《卧虎藏龙》《十面埋伏》《英雄》等一批以"武"为题材的中国电影走向世界，巩俐、章子怡等具有"东方面孔"演员也一举成为具有国际影响力的明星。

近年来，中国武术发展势头良好，自1990年国际武术联合会宣告成立之后，至今已拥有了142个成员国，遍布五大洲。武术锦标赛等国际性的武术赛事也定期在欧、美、亚举行，参赛选手越来越多，一股全球习武的热潮正在形成。2008年北京奥运会期间，武术比赛虽没有被列入正式比赛项目，但其精彩的表演对国际社会产生了深远的影响。众多的武术节如雨后春笋般涌现出来，如"世界传统武术节""新加坡国际武术锦标赛""香港国际武术节""中国郑州国际武术节""沧州国际武术节"等武术节的影响越来越大。随着中外文化交流的广泛开展，充满中华文化神秘色彩的中国武术已经引起国际社会的广泛关注。

长期以来，人们都把武术进入奥运会作为最高目标，把能够进入人类最高规格的体育赛事视为我们民族文化最高理想。其实，民族文化只有在保持特色的前提下才能够平等交流，像"泰拳""相扑""瑜伽"等运动项目都没有进入奥运会，但同样受到世界人民的欢迎。

正因为武术根植于中华民族传统文化，在中国传统文化的滋养下，蕴涵丰富的技击本质及独特的东方文化内涵，是中华文化的一个典型代表，因此它不仅仅是一种运动，而且承担着文化传播和传承的责任，是中华文化向世界展示的一个重要符号。随着全球文化多元化的发展，武术产业的民族文化资源优势会逐渐显现。

2.国家高层武术管理部门对武术产业重视

随着中国武术国际知名度的提高，国家高层武术管理部门对武术产业重视度也日益提升，人们对武术产业的认识也逐步发生变化。许多地方利用自己的武术资源，进行形式多样的武术赛事与相关产品的开发，而且具有一定规模。中国武术已渗透到社会生活的各个方面，呈现出产业化、多元化的发展趋势。

目前，武术产业的发展大体上可归纳为三种：一种是"以武养武"的小开发形式，如开办武术培训班、举办武术比赛、兴办武术馆校和表演等；二是走武术与其他行业相结合的开发路子，如武术影视、武术与军事、武术用品、武术出版物以及武术与医学相结合等，其中武术影视和武术用品方面的产业化已初步形成；三是围绕武术搞大型开发，如武术旅游、武术贸易、武术金融等。由于这类产业投入大、涉及面广、周期长、资金回收慢，所以，还处在起步阶段，发展速度慢且后劲不足。

3.武术产业呈现出良好的发展态势

随着体育运动在各国的普及，体育产业正成为21世纪最具前景的朝阳产业。目前，在一些欧美经济发达国家，体育产业已经成为重要的支柱型产业之一，其产值在国民经济生产总值中的比重正在迅速提高。从发达国家体育产业发展的成功经验来看，现代化的体育是一个具有潜力的综合产业，它的发展会带动与之相关的媒体、旅游、交通、服装、视频、电子、保险和建筑等产业。国际体育产业的成功运作，既有力地推动了竞技体育水平的提高，又促进了世界经济的发展。

从国内来看。我国体育的市场化、产业化虽然起步较晚，尚未形成真正的产业链，产业机制也不健全，还处于摸索阶段。但体育走市场化、产业化之路的决心和信心已形成共识。近年来，在市场经济体制日臻完善，改革不断深化的情况下，我国已经形成了一个有相当规模的体育产业市场，据统计，国内现有自主经营、自负盈亏的体育产业机构两万多家，总投资额已超过2 000亿元人民币，年营业额超过600亿元。中国分布在全国各地的武术馆校有1万多所，在校接受专业武术教育的人数多达百万；我国的影视作品中武术片的比例占发行总数的50%~70%。许多传统武术流派的发源地，如河南嵩山少林寺、福建南少林、温县陈家沟、湖北武当山、四川峨眉山和山东梁山等，逐渐成为武术旅游胜地，带动了地区经济的发展。

二、我国武术产业发展的挑战

1.管理体制落后

长期以来，我国实行的"举国体制"曾经发挥了巨大作用，但随着社会主义市场经济的确立和改革开放的不断深入，其赖以生存的社会大环境发生了巨大变化，原来的管理模式及运行机制越来越难以适应当前中国社会经济的发展和竞技体育自身发展需求，运行中存在的问题与缺陷也日益凸现，体育体制上的弊端已经成为制约我国体育向产业化方向发展的桎梏。根据经济学的原理，建立一种经济制度比考察经济运行过程本身更重要，建立一个企业首先要做到产权明晰，只有产权明晰的经济制度才能够有效地降低成本而使得利益最大化。正如产权理论者认为，私有企业的产权人享有剩余利润占有权，产权人有较强的激励动机，这样才能不断提高企业的效益。相反，没有产权的社会是一个效率低下、资源配置无效的社会。由此可以看出经济分析的首要任务是界定产权，然后通过权利的交易达到社会总产品的最大化。而长期以来，我国体育从苏联学过来的"举国体制"是以世界大赛的冠军（特别是奥运会）为最高目标，统一动员和调配全国的有关力量，来夺取比赛运动的好成绩。有人将举国体制概括为三大组成部分，即：一个三角形的体制结构，一是以各级政府下属体育部门为架构的垂直型管理体制；二是以国家与省级两级专业队为中心，以市、县两级业余体校为基础的"一条龙"训练体制；三是以全运会为最高层次的竞赛体制。管理体制、训练体制和竞赛体制三足鼎立，构成了我国体育"举国体制"的三大支柱和内在结构。在这种的体育体制下，国家体育行政部门既行使政府管理职能，又要具体操办体育赛事，既要掌舵，又要划船，所有权利集于一身。这种高度集中的管理体制容易造成"什么事情都要管，什么事情都没有做好"的局面。"举国体制"的最大特点就是政府以行政手段管理体育事务，以计划手段配置体育资源，形成一个由各级体育管理部门为中心的管理体制、以专业运动队为中心的训练体制。这和以前我国的计划经济体制是相适应的，也符合广大人民群众要求迅速改变我国一穷二白的面貌、振奋民族精神的要求。但随着社会主义市场经济制度的确立和改革开放的继续深入，体育还继续依赖国家的大量投入已经不现实了。北京奥运会后，金牌成本之争的热门话题，就说明这种为了金牌而不计成本的做法必然无法持续长久。从体制上来看，目前，我们仍然是以计划手段配置体育资源，以行政手段管理体育事业，这种"管办不分"的体育体制与市场经济下的体育高度社会化和产业化要求背道而驰。

近年来，我国体育界也进行了一些市场化的探索和运作，但除了篮球、排球、乒乓球发展较好之外，其他项目均不见起色，特别是足球这个颇具观赏性，又有国际成熟的市场化经验的项目，却因种种情况饱受诟病。所有这些，一个最根本的原因就是我们的体育体制没有做到产权明晰。市场经济条件下，谁投资，谁就受益，谁就拥有该企业的支配权。而企业的目的在于追求最大的经济效益，正如亚当·斯密在《国富论》中这样写的"每一个人……他所盘算的也只是他自己的利益……他受着一只看不见的手的指导…他追求自己的利益，往往使他能比在真正出于本意的情况下更有效地促进社会的利益"。当然，不是所有的体育项目都可以走向市场，只有少数职业化程度高、商业化程度强的体育项目可以通过市场解决，大多数的体育项目，因商业性比赛根本没人看，靠市场体制是不可能解决经费问题的，最终还是要靠政府和企业的赞助和支持。

2. 全球性的经济衰退

2016年全球经济不确定性增强：美国经济增长减缓、英国投票退出欧盟以及特朗普当选美国总统。2017年及之后，全球经济复苏仍不稳定，特别是发达经济体持续的经济停滞，可能进一步引发民粹主义情绪，要求对贸易和移民施加限制，这会进一步阻碍生产率进步和经济增长。这些事件的发生，对中国经济也造成严重影响。世界性的经济不景气，会导致国际市场需求锐减，直接影响广大民众的消费需求。目前，在居民消费需求方面，我们面临两大瓶颈。一是老百姓的生活水平还不高，消费水平有限；二是我国的社会保障体系十分薄弱。一旦出现经济萧条，居民的消费需就会受到压抑而难以释放。这就直接影响了人们对休闲娱乐、武术旅游、武术商品的消费。

3. 受外来文化的影响

世界各国的文化呈现出多样性的特征，不同文化和价值体系之间既有交流融合，也有竞争和冲突，形成了复杂的文化和价值观。有的学者认为："在冷战时期，人们之间最主要的区别是意识形态的、政治的或经济的。"而后冷战时期，主要是文化之间的竞争和核心价值的竞争及冲突。例如中国传统文化强调和谐观念、人情观念、群体观念等，而西方的价值观念强调民主、平等、机会均等。西方体育文化的价值属性是注重公平竞争，突出强身健体，比赛的目的是为了取胜。它主张通过运动，使肌肉发达、骨骼强壮，进而促进内脏器官的健康。因此，西方体育强调的是身体的外部运动，追求的是更快、更高、更强，充满了对健美人体的崇拜和对力的赞美，透射出强劲的阳刚之气。

随着西方体育文化的进入，必然与我国的传统文化产生碰撞、摩擦。中国民族传统体育文化是在农业经济背景下，以中国传统哲学为主导，主张修身养性。而西方体育文化则是由古希腊文明演化而成，在近现代工业经济背景下，以特殊的竞技运动为主要外在表现形式的体育文化。我国传统武术价值观受到西方文化的影响，在其发展过程中面临着巨大的挑战和严峻的考验。社会上一些健身操、街舞等西方体育项目特别受人欢迎；校园里，韩国的跆拳道也受宠有加，相比之下，中华武术却显得相对冷清，表面看，这是一个兴趣爱好的体育现象，而实际上，它是一个民族文化的深层次问题。

4. 消费群体比例失调

任何一项运动的发展都是要经历一个认识的过程，比如太极拳，长期以来，由于人们对它的认识存在误解，认为它养生保健、延年益寿，是一项特别适合老年人的"老人拳"，致使我国太极拳消费群体中老年人口居多，而青少年居少。许多人认为青少年还处在身体发育阶段，太极拳的基本技术动作，比如马步、弓步等动作影响了青少年的发育成长，一些学生家长对学校也有一些抵触情绪，也是造成青少年人口消费群体减少的原因之一。

5.缺乏高水平的产业管理人才

目前，我国从事体育运动的人数众多，但能够对体育市场进行深度开发的体育经营管理人才屈指可数，经过国际有关体育组织认证的体育经纪人更是凤毛麟角，武术产业管理人才更是少之又少。武术产业管理主要涉及赛事运作、中介服务、场馆经营、市场开发、赛事转播、用品营销、咨询服务等。因为武术产业是一个新兴产业，它的发展需要既懂武术，又懂经济的复合型的管理人才，涉及武术、经济、法律、中介、公关等多个领域。目前，缺乏高水平的武术产业管理人才已经成为制约该项目发展的瓶颈。

第四节 武术在高校中发展的思路与对策

传统武术要想在现代社会中生存并发展下去，就必须与现代体育进行融合。基于此，本节深入分析了传统武术竞技化发展、传统武术与现代奥林匹克运动的联系、武术产业化等内容。

一、传统武术的竞技化

传统武术是以格斗套路作为运动形式，以技击动作作为主要内容，并且相当重视内外兼修。传统武术在竞技体育、西方文化的影响和冲击下，有了向竞技化发展的趋势，从而产生了竞技武术。竞技武术来源于传统武术，但与之又有区别。比如，竞技武术有着明确的训练目标，以及较强的功利性。除此之外，竞技武术以"高、美、难、新"作为指导思想来进行套路的创编，其追求的是一种直观的形体表演美。

（一）竞技武术特点

1.竞技套路武术的基本特征

（1）在规则的制约下力求同等条件地竞争

我国传统武术拳种繁杂，技术和运动风格也有着相当大的区别。即便是同一拳种，也会存在不同地域、流派间的差别，因此，传统武术竞技化相当困难。传统武术竞赛与健身或表演是不同的，必须在同一技术范畴之内，争取用同一个技术标准衡量优劣。因此，对竞技武术套路有着不同的要求，具体如下。

①竞技武术套路比赛项目相对集中

竞技武术的主要竞赛项目选择的是竞技性、广泛性、代表性比较强的器械、拳种，并且还包容了其他器械、拳种的比赛，争取做到相近器械、拳种分类集中。这样，在项目上为竞技武术套路的开展提供了基本条件。

②竞技武术套路技术动作标准化

技巧项各类竞技武术评判的一项重要依据，就是标准的竞技武术套路技术动作。在竞技武术套路规则中，动作规格分值为5分，演练分值为3分，难度分值为2分，这说明在竞技武术发展的同时，有不断加强动作规格要求的趋势。对于主要技术与基本技术，竞技武术套路项目均提出了一定的规范要求，并且确定了动作扣分标准。那么，比赛结果也就不会存在争议性。

③竞技武术套路对技术内容的要求与限制

竞技武术与交流表演不同，内容并不可以随意发挥。在竞技武术套路当中，除了规定套路的比赛必须演练同一个技术内容之外，即使是自选套路，也已经明确地规定了器械、跳跃、步法、步型、腿法、手法、手型、方法、平衡等。这些规定既要求运动员具备更为全面的技术，又限制了某些对发展方向不利的技术。总而言之，是在相当严格的制约下进行的竞技武术套路。

（2）竞技武术套路要求发挥最大的身体潜在能力

竞技性的武术需要的是战胜对手，并取得比赛的胜利，因此，必须最大限度地发挥身体的潜在力量。竞技武术套路，需要在技术动作上尽量发挥出弹跳、柔韧等方面的优势，这样就会对运动员的体能有更高的要求。正因如此，身体训练的手段与内容才显得相当重要。为了在动作内容方面发挥出运动员的最大潜能，就必须将动作训练难度加大。相较于传统武术套路，竞技武术套路中会有更多成串的组合动作，也更加体现出起伏转折的变化。从整体上看，竞技武术套路运动强度是相当大的，现在的竞技性武术套路会在1分钟20秒内完成，但大部分人显得体力不支。这是因为竞技武术套路运动强度大，需要在短时间内间将人体的最大机能发挥出来。

（3）竞技武术套路的目的是争取最好成绩

竞技武术套路运动员的技术水平会直接影响运动成绩，而且竞技武术套路要求运动员做到内外合一、形神兼备。也就是说，一个套路动作只在外部形态上符合规格是不算达到标准的。竞技武术套路技术的评价标准，一方面要看动作完成的稳定度，另一方面，还要看劲力表现的腿、手、步、身的协调程度，围绕攻防技能的表达方法，以及战斗的神态与意识等。在对一个运动员的竞技套路技术水平进行评价时，不仅要注意每一个动作的完成质量，而且还要特别注意整套技术的表现力。

除此之外，竞技武术套路的质量还与动作的选择、布局技艺及结构编排等有关。

总而言之，竞技武术套路既看个体外部形态，也看内在表现；既看动作规格、质量，也看实际的功力及整套演练效果。与其他任何竞技项目的技术标准不同，竞技武术套路要求的是技术全面，除此之外，竞技武术套路与非竞技武术套路也是有区别的。

2. 竞技武术的表现特点

（1）传统武术比赛出现分化

竞技武术的显著特征之一，就是在传统武术比赛中出现分化。现在，传统武术比赛分化为两项，具体包括：武术套路比赛与散打比赛。20 世纪 80 年代，传统武术修习者对武术散打不屑一顾，但是，传统武术的修习者实力远低于练习散打的专业运动员，他们并不能够在赛场上将传统武术的技击完美地体现出来。

新中国成立之前，我国传统武术比赛并没有比较明显的分化现象，表演也不是人们练习传统武术套路的目的，为技击做好技能、身体上的准备才是目的。那时，在功法或实战当中胜出，是一位武术家或一个武术门类获得更多推崇与认同的方式，但竞技武术更侧重个人表演。

传统武术练习需要表现的是传统武术的技击美，需要身体最大的舒展来展现动作的造型与幅度，并且要用最快或最缓的速度将节奏完美地表现出来。武术散打虽然同属于对抗性项目，但更重视实际的技击效果。因此，它们虽同属于武术项目，但是对运动员的身体条件的要求，以及训练的走向是不同的。

在社会发展的同时，武术领域也得到了前所未有的发展，无论是传统武术套路比赛的竞技水平，还是散打比赛的竞技水平，都达到了新的高度，运动员想要在多领域取得好成绩，几乎是不可能完成的任务。因此，当代武术自然而然的产生了分化。

（2）训练科学化

对科学化训练，竞技体育是非常注重的。现代体育训练学的引进，对各个体育项目竞技水平的发展均起到促进的作用，竞技武术训练同样不例外，其对各体育项目总结出来的训练方法与经验加以灵活运用，从而使传统武术训练更加具有科学性。

不可否认,过去人们的训练存在盲目性,虽然他们在传统武术训练中也总结了很多方法,但这些方法与经验散乱且不系统,导致训练科学化程度低。人们将运动训练学中的训练方法融入武术的训练体系当中,这对传统武术技术的发展起到了非常大的促进作用。经过多年的研究与实践,竞技武术训练越来越体系化。

(3)休闲化

竞技武术除具有体操化的特点之外,还有休闲化的趋势。将舞蹈动作融入武术动作及套路当中,并在练习时配以音乐,即为竞技武术休闲化。这样一方面能够健身,另一方面,也使其具有休闲娱乐的功能。

除此之外,竞技武术还有动作健身化的趋势。在健美操当中,传统武术健身操独树一帜,一方面像其他健美操一样欢快、轻松,另一方面,也具有勇武有力的武术风格,深受大众喜爱。

(二)传统武术与竞技武术的区别

传统武术与竞技武术之间所存在的差异问题,上文中已经提到,此处,将对两者之间的区别进行系统地论述,具体如下。

1.传统武术对基本功与套路较为重视,在套路中学习技术是其强调的内容。而竞技武术分为散打与套路,注重具体技能与打法,通常不会专门练习某些固定招式。

2.传统武术对全面性练习较为重视,十年的持续性练习才会小有成就。竞技武术的全面性会比较差,而针对性与目的性比较强,通常情况下,系统训练两到三年就可能获得比较好的技术水平。

3.传统武术相当重视全面的基础训练。竞技武术中基本功的练习只起到辅助功能,并且柔韧性等方面的基本功练习所占的比重比较小。

4.传统武术,一方面注重养,另一方面,也注重练,其集合了健体、养生、增智、防身。竞技武术相较于"内外一体",其对练、打更为重视。

5.传统武术并没有严谨的规则,打法相当丰富,也不会限制一些招数的使用。竞技武术的比赛规则是非常严格的,因此,打法有限,在规则中,明确规定不能够击打的部位是绝对不可以打的,这样就会在打法方面存在显著缺陷。

6.传统武术具有相当丰富的精神与文化内涵。竞技武术是近现代才在传统武术的基础上发展来的,时间并不长,其更重视实用。

7.传统武术具有相当丰富的打法,因此,比较强调技巧,武术流派不同,其所具有的特点也不同。竞技武术只对力量、速度比较重视,相对来讲,不是很重视技巧，因此，只具有比较单调的打法技术。

8.传统武术即注重观赏性，也强调实战，因此，动作比较繁杂。竞技武术具有较强的观赏性，动作却华丽干净，趋向"高、难、美"。

二、传统武术竞技化的发展历程

长期以来，都是以社会民俗文化的形态来体现中国传统武术。虽然中国传统武术具有一定的竞技性，但是，其与严格意义上的竞技运动之间存在相当大的距离。

传统武术开始竞技化是近代才发生的事，前后共几十年。在新中国成立之后，"普及与提高"是我国武术发展一直以来遵循的方针政策。在普及的同时，也成立了武术运动队，并逐步将传统武术套路运动水平提高。除此之外，我国还将一整套的传统武术竞赛方法、制度建立起来，这是由传统武术向竞技武术发展的重要条件。

总而言之，传统武术向竞技武术发展的过程是漫长，且循序渐进的，与此同时，这一过程也体现了我国传统武术运动的不断创新与进取。传统武术只有运动技术水平的不断提高，才能够确立自己在国内体坛的竞技地位。另外，传统武术的竞赛方法、制度、规则，以及配套设施同样发生着适应性变化，竞技武术套路运动不断由国内推广到国际。简而言之，传统武术向竞技武术发展是与时俱进的，而在竞技武术的发展过程中，也需要对传统武术的创新与继承多加注意。

三、传统武术竞技化的思考

（一）传统武术竞技化的原因思考

传统武术与竞技武术之间有很多不同之处，后者是一项现代体育运动，而传统武术向竞技武术发展的过程，即为武术体育化的改造过程。在对体育运动的发展趋势进行分析后可知，武术体育化是不以人的意志为转移的客观规律。但不可否认，传统文化底蕴丰厚，以及内容瑰丽的传统武术，在体育化改造过程中，虽然其借助了现代体育的规范性、科学性这一易于推广、普及的一面，但是，会与传统武术存在价值观念对立，使得武术体育化之路变得坎坷且艰辛。

传统武术向竞技武术发展有其深刻的社会原因，具体如下。

1.军事武艺退出战争舞台

直至我国清代，传统武艺在军事战争中一直都非常受重视。当时，很多民间人士都非常重视习武，认为其不仅能够强健身体，而且能够震慑地方社会。到

1901年，清王朝才宣布将武举制度废除，导致社会上"欲以武猎取功名"的人失去了获取功名的途径。除此之外，由于义和团运动的影响，导致清政府严禁民间存置武器。最终，传统武术在战争历史舞台上基本消失了。

当代战争依靠的是现代科技，只有在特殊兵种中武术才能够发挥作用，因此，传统武术被迫退出了战争舞台。对于传统武术运动的发展来讲，这些起到了极大的限制作用，也正是因为这样，使得传统武术发展需另谋出路，所以这也是传统武术向竞技化转变的一个原因。

2.社会生产生活方式的转型

鸦片战争之前，中国是典型的以小农生产方式为主体的社会。在中国由近代社会向现代社会转变时，传统文化遭受了前所未有的危机，为了能够适应社会化大生产的要求，发展与创造为其服务的新文化，因此，传统文化不得不向近代转型。而在社会生产、生活方式转变的过程中，由于传统武术赖以生存的土壤遭到破坏，致使传统武术的传承与练习失去了牢固的师徒关系以及稳定的传承结构。

除此之外，由于现代社会有着良好的治安，人们的生活安全也能够得到保障，因此，传统武术的自卫功能变得越来越弱。如果传统武术想要生存下去，就必须转变为具有激发人体潜质和表演欣赏特质的竞技武术。

3.西方现代体育文化传入

由于现代体育科学规律，比较容易普及，在传入中国之后，非常快地占据了传统武术赖以生存的市场，显露出西方工业化文明的高效率，以及富有竞争意识的优势。基于此，如果传统武术想要发展，就必须适应体育化的发展、改造与创新。这同样是传统武术得以快速发展的必然途径。但是，传统武术的现代体育化和武术的初始形态有矛盾存在，是否进行改造是很难做出决定的，主要体现在以下两个方面。

第一，如果承认传统武术是体育，那么就会以体育的要求对传统武术进行改造，这样的话，就会将传统武术中大量不被体育接受的内容排除在武术之外。

第二，倘若不将传统武术纳入现代体育的范畴，传统武术就会面临淘汰的危机。

在武术体育化的过程中，竞技武术体育项目的重要来源就是传统武术。这是因为竞技武术是以传统武术作为基础的。与此同时，传统武术在习练过程中，也有很多身体练习的手段、方法等体育的因素。通过采用一定的规则，或者对击打部位进行适当的限定，并将其中与比赛部分相适应的内容作为竞赛的形式，进而使武术变为运动竞赛项目。由于一些传统武术内容的健身效果比较好，而逐渐转变为健身体育项目。

4. 现代竞技体育思潮的影响

现代竞技体育具有科学的规则，以及明确的目标。相较于其他项目，竞技项目所具有的比赛目标是不同，竞技体育要求必须有明确的竞技主体。除此之外，竞技体育还具有科学周密的竞赛规则。为了使比赛公正、公平，每一项竞技体育都有专属于自己的竞赛规则，而且对比赛的判罚尺度、要求、内容，以及性质等均有非常客观的界定。传统武术是不具备这些的，在现代竞技体育思潮的影响之下，传统武术需要变得更加科学，因而传统体育向竞技体育发展无可避免。

(二) 传统武术竞技化的问题思考

1. 选择发展道路的问题

传统武术在受到体育竞技思想和西方进化论的启蒙之后，开始向竞技武术方向发展，基于此可知，西化模式一定会是传统武术的发展方向，但需要慎重地考虑是完全借鉴，还是折中发展。

古希腊文化是西方竞技体育的来源，具有非常久远的历史。而分析思维方式是它的核心，因此，西方竞技体育有着不同运动项目分类竞争的格局，但传统武术的理论基础为中国的传统文化，更侧重于系统思维。由此可知，传统武术向竞技武术的发展，就是对西方思维方式的融合，以及对传统思维方式的突破。思维方式的彻底转变，致使传统武术支离出两大运动体系，分别为散打与套路，从而有不同的套路比赛项目以及散打比赛级别出现。

基于上述情况可知，在竞技武术当中，散打和套路是分开的，两者各自独立发展，并没有统一的前提。对于传统武术的现代发展而言，两者的分离是与西方公平竞争等思想相符合的。传统武术具有多种发展模式，但哪一种才是适合自己的现代发展之路，还需要继续进行探索。

总而言之，传统武术向竞技化发展是必要的，但具体的路该如何走，还需要长时间的理论与实践研究，才能够确定下来。

2. 技术风格变异的问题

对于整个社会的武术活动来讲，传统武术的竞技化对其产生了巨大的冲击。也就是说，在传统武术竞技化的前提下，世代承袭的传统武术由于找不到认同和交流的机会，摒弃了传统，开始效仿竞技，从而使传统武术向竞技武术发展的步伐走得更快。但不能否认，这样也将许多的优秀传统给抛弃了，这是相当遗憾的。在武术竞技化的过程中一定要尽量避免这些问题。

在竞技武术的影响之下，为了将套路的观赏性提高，一些新编长拳类的难度动作大量添加进传统武术套路当中，如此，形成了风格各异的两种效果，从而导致传统武术将一些原有的特色与内容失去了。甚至有些竞技武术，除去起势和收势，其余的技术动作几乎都是新编长拳类的竞技武术动作。

在向竞技武术发展的过程中，传统武术自身所具有的特点被逐渐削弱，从而失去了自己的传统，这对武术运动的健康发展是非常不利的，应警醒与反思传统武术竞技化过程中的一些不良现象。基于此，在传统武术竞技化过程中，必须要对风格的保持与继承多加注意，在此基础上再进行合理创新。

3. 被多种健身形式冲击的问题

传统武术竞技化发展至今，竞赛体制变得越来越完善，无论是在国际推广方面，还是在运动技能水平提高方面，均获得了相当好的成绩。

在健身领域并非如此，随着生活方面的不断改变，西方某些轻松愉快、简单易学的健身方式越来越受到人们的欢迎。虽然传统武术具有强大的健身作用，但由于其习练枯燥、内容繁杂，变得越来越不受欢迎。

传统武术在向竞技武术发展中取得了相当好的成绩，但在现代体育运动项目的冲击下，逐渐失去了在健身领域的主导地位，从而面临新的抉择。

三、传统武术竞技化的启示思考

竞技武术产生于传统武术，但现在已经成为现代武术的重要代表。传统武术发展的趋势则是传统武术向竞技武术发展，由此，武术发展中存在的一些问题也随之出现，在这种趋势中能够给竞技武术，以及传统武术一些启示。

传统武术具有种类繁多的拳法，它们都具有独特的魅力。为了将拳种的风格特色保持下去，必须要规范技术体系。而那些技击特征显著，对人类健康有益，以及文化内涵丰富的传统武术技术动作，也必须要得到肯定、继承与发扬。传统武术的发展可通过以下几个方面进行。

第一，向竞技武术转型。

第二，对于人们生活方式的转变，传统武术需要适应，应该便于推广，简单易学，并且要能够创造出满足现代人娱乐、健身需求的套路。

第三，传统武术现代化发展应以竞技化作为核心，并且参照西方竞技运动的模式进行。此种模式加快了传统武术现代化转型，与此同时，也禁锢了传统武术的现代化发展，并对武术文化的全面传承产生了影响。传统武术应该随着时间流逝逐渐改进，从而与当今时代与未来的发展相适应。

第四，传统武术的发展离不开竞技武术，与传统武术的有机结合是竞技武术存在的根本，因此，武术发展的规律是竞技武术必须要遵守的。只有这样，才能够使竞技武术的文化内容变得更加丰富多彩，与此同时，传统武术也有了用武之地，而且对传统武术的改造和创新也起着促进的作用。

四、传统武术与奥林匹克运动的联系

（一）传统武术与奥林匹克运动的比较

作为东方体育文化的传统武术，体现了中国传统文化，而作为现代体育运动代表的奥林匹克运动，体现的是西方文化。传统武术虽然有向竞技武术发展的趋势，并且已在一定程度上具有竞技化，但是，奥林匹克运动和传统武术却在两个完全不同的文化背景中存在，并且在很多方面都是各具特色。为了两者的发展，从长远发展的视角对传统武术与奥林匹克运动进行审视是非常有必要的，这对武术在世界体育中最终地位的确立，以及巩固的意义是非常深远的。

1. 蕴涵的文化特征方面

传统武术历史悠久，并且其长期浸润在中国的传统文化当中，因而具有丰富的中国传统文化特征，具体表现在以下几个方面。

第一，将儒家思想作为正统的传统文化，其核心为伦理与宗教。儒家思想的人文主义特征将道德修养以及实践放在了非常高的位置。对人的主体意识高度赞扬，但是，也使人们对自然科学的研究与探索受到了阻碍。

第二，表现出"重道轻器"的特征。在对待主客体关系时，对主体道德的修养比较重视，对客体的改造和探求却不重视。将个体道德修养奉为人生第一要义，认为一切应顺其自然，并且对人为的干预表示反对。

第三，其具有的崇尚传统的思想，在客观上将古文化保留了下来，这对继承与发扬传统有利，但也将人们的创造性给扼杀了，阻碍了思维的发展。几千年来，这种文化一直是我国维系社会与家庭的纽带，并且具有非常强的稳定性，因此，显露出相当强大的惯性与社会裹挟力。

因此，中国传统武术是在传统的基础上发展而来，它将母体文化的精华（同样也是中国传统武术的独到见解）继承了下来，从而显现了极其强的民族特征，但是，其内部潜在的消极因素，也会对传统武术文化的国际化产生影响，成为一个不容忽视的隐患。

欧洲大陆先后经历了三大思想改革，即启蒙运动、文艺复兴与宗教改革，从而孕育出了"理性"与"科学"的思想，将这两种思想作为特征的现代化涉及了当时欧洲生活的各个方面。产生于19世纪的奥运会也受到了这两大思想的影响。

以社会文化角度分析，世俗文化和宗教文化的这种二元文化提倡追求现世幸福，从而形成了理性主义和人文精神，与此同时，也给人的精神超越提供了天地，从而使精神的沉沦得以避免。

从个体本位的价值文化分析，理性主义崇尚个性，其为个体理性。此种个体本位价值在经济领域中体现为私有制，在法律中就是平等，在人生观中就是自由，在意识形态中就是人道主义，在思想中就是进取，在政治中就是民主。它一方面造成了社会关系的冲突、紧张，另一方面，也保持了个体的创造性、独立性，并且为社会发展提供了基本动力。

从科学的理性倾向分析，它将知识与科学作为中心，并且重视人对自然的改造，以及物质利益的取得，此种科学理性将人们从伦理中解放出来，从而对生产力的发展起到了促进的作用，进而为资本主义开辟了道路，并为现代社会创造了物质基础。奥林匹克运动是在这种思想中孕育出来，并逐渐发展起来的。

2. 根基与发展方面

在西方体育文化的影响之下，传统武术开始向竞技武术发展，但是，即使是竞技武术，其根还是深扎于中国传统武术当中。新中国成立之后，我国竞技体育迅速发展，加上受西方竞技文化的影响，传统武术在政府的大力支持之下开始改造。但是，作为有几千年发展史的传统武术，其具有丰富的文化内涵，很难用某一种标准来进行评价与选择。

除此之外，武术技击动作的技术构成、本质、风格的灵感来源，产生了传统武术中不同风格的拳种。与此同时，传统武术也有专属于自己的礼仪标准，而所选的器械，以及器械方法、功力评判意识也有着专属于自己的特点，而这些方法、意识和国际化的奥林匹克标准是不同的。

资本主义经济以及自然科学技术的快速发展，是奥林匹克运动的产生与发展的条件。

3. 技术演变与更新方面

传统武术套路动作，是由一些趣味性、表现性、技击性动作，按照一定的艺术方法与格律所组成的程式化练习。而现代竞技武术为了增强公正性、竞争性、观赏性，在规则的指导下，增加了动作的难度、艺术性编排方式，并且提高了体能和身体机能的要求,但是,在本质上,其和传统武术是相同的。

古代军事实战搏击术、武戏,是这些套路动作的主要来源,到了现在,还融入了具有更高艺术表现性的体操类等项目。实际上,现在的各种国内外竞技武术套路、武术教材套路,都是在此种模式下创造出来的。

西方文化结构以细节分析居优,这与中国文化结构以整体性见长形成了鲜明对比。随着离析化、逻辑化、客体化思维模式的建立及发展,西方对体育动作技术的研究上升到了比较高的层次。西方在研究体育运动时多采用的是科学方法。

4. 评价与衡量标准方面

传统武术多数是以感性评价为主,并没有一定的客观标准,而且不受器械、时间、场地等条件的约束,在功法中也有很多无法准确测量的动作,评价方式没有一定模式。还有就是,很多传统武术流传的环境多数是民间,涉及的行业主要是民间的卖艺、职业教头等社会底层行业。由于受到自身素质,以及社会环境的限制,使得他们将武术看作是绝技,并不传给他人,而多是采用宗传、家传或者族传的方式进行传承,因此,形成了中国独有的门派之分。

在上述基础上,中国传统武术形成了"宗亲评价"的评价方式。由于传统武术的比赛都是在同门之间进行,而在不同帮派之间也很讲究"点到为止",因此,比赛并不具备较高的质量,而且他们的评价多数都是以权威来压人,这就是"宗亲评价"表现。

在传统武术中,"武德"是非常重要的内容,因此,对"武德"的考察在评价过程中非常受重视,在某种程度上也可以说"武德胜过武技"。在传统武术中有"止戈为武""未曾学艺先学礼,未曾习武先习德"等用语,说明在传统武术中,"武德"是衡量一个习武者的重要标准。

"比赛评价"是奥林匹克的评价和衡量标准,其有着极为严格的要求,评分规则也非常的详细、明确,并且具有很强的可操作性,还有一定的客观条件限制。它讲求的是在同一条件下进行比赛,其体现的是一种广泛的"公平"和"公正",并且其终极目标是"合乎规则、对抗优胜",理性的评价与分析是其所推崇的。因此,其更多的是对动作表现的"力和美"进行直接考评,对于具体的动作并无任何特殊含义的要求。

5. 武术套路方面

(1) 武术套路竞艺性与奥林匹克竞技性

由于地理与人文环境的影响,古代中国形成了"重文轻武"的社会风气,而对儒家仁礼观念也极为推崇，人们的竞争天性受到了"存天理、灭人欲"这种观念的束缚。除此之外，练武者由于在潜意识中受到了传统文化大环境的影响，他们会有意无意地受到传统哲学的约束、规范，这些都使传统武术固有的外向竞争精神转变为内向，进而表现出各种竞艺性的特性，这些都和西方奥林匹克中的"更快、更高、更强"的竞技精神有着明显的区别。

古希腊人由于有着和东方不同的特殊历史背景与生态环境，导致他们具有更强的竞争意识。希腊并不适合农耕，但适用于航海，由此，培养了他们敢于冒险的性格，并且直接强化了古希腊人"在生活中的一切领域追求最高成绩"的竞争精神。作为古希腊文化产物的奥林匹克，其相当重视竞争精神。

传统武术与奥林匹克精神之间存在明显差异，但绝不可以说无相似点，实际上，竞艺性也是竞争的一种表现形式。经过多年发展，奥运会中的项目在不断地充实，从而体现了奥林匹克大家庭的世界性。在现代奥运会中也会一些所谓竞艺性的体育项目，比如，艺术体操、花样游泳等。武术套路与这些项目类似，在竞艺的同时，也在进行着竞技，而这些项目竞争焦点与共同难点就是，艺术与体能的完美结合。这种双重的竞赛较量形式，使奥林匹克精神的内涵变得更加充实。因此，传统武术应该进行一定的创新，才可以和奥林匹克运动更好地融合。

（2）武术套路的教育价值与奥林匹克精神

传统武术与奥林匹克运动都应该具备文化和教育的价值。两者分别起源于东、西方，由于不同的生存环境，导致两者在具体的精神内涵方面有着非常大的差别，但是，两者在文化与教育价值中表现了某种相似性。

（二）传统武术与奥林匹克运动的交流

1. 东、西方体育文化的交流

从文化学理论与文化交流史分析，两种文化体系的同质性与异质性，是实现文化交流不可或缺的前提。

（1）异质性

异质性指的是文化体系之间的互补性。只有两个文化体系之间有差异存在，才有可能进行文化交流，人们才能够从对方的文化获得自己所没有的文化。文化上的有无主要表现如下。

① 文化要素的有无

一个文化体系中所具有的文化精神或者文化现象，是另一个文化体系所没有的。比如，奥林匹克运动的本质，就是中华文明需要借鉴与学习的一种异质文化。

② 文化表现形式上的差异

比如，中国古代的"捶丸"和高尔夫球，中国古代的"蹴鞠"和英式足球等。世界文化有着丰富多彩的内容，并且有着多种多样的表现形式，因为各种文化体系之间各种各样的不同与差异存在，所以才会有在文化之间进行融合、交流与学习的必要。

中国文化与西方文化之间的异质点，有诸多表现。

第一，"以人为本"的人本精神。西方竞技强调的是，将人的本质与力量展示出现，并且要维护与尊重人的尊严，发扬人的主体精神。

第二，"更快、更高、更强"的超越精神。此种文化精神和中国传统文化强调的中庸之道、和谐精神是有差异存在的，这样可用中国文化将奥运中过分追求超越而脱离和谐的片面性这一问题克服。

第三，将奥林匹克主义中乐观积极的生活哲学吸收，人们通过参与、自我锻炼可拥有乐观的精神、健康的体魄，以及对美好生活的积极追求与热爱，是奥林匹克精神强调的生活哲学。

（2）同质性

文化之间的交流、融合与对话得以实现，需要相互之间具有交流、融合与对话的基础，而同质性就是这些行为的基础。实际上，在两种不同文化体系间，不管其异质性怎样明显，文化差异多么大，但是，由于人类社会生活所具有的共同性，导致在两种文化之间总能找到一些共同点。

东、西方体育文化的同质方面，有诸多表现。

第一，西方文化具有浓厚的人本精神，而中国文化同样强调人是"宇宙的精神"，并提出了"天人合一"。

第二，奥林匹克"更高、更快、更强"的精神和中国人自强不息的民族精神有共同点。

第三，奥林匹克文化是通过人体的运动向世界来展示"运动之美"与"自然之美"，而中国传统文化的审美观点，可用"真善美"这三个字概括出来。两者同样激励着人们为实现美好理想，不断地进行自我完善、自我更新的人生审美追求。

2. 传统武术文化与奥林匹克文化的碰撞

历史悠久的中国创造了很多宝贵的文化遗产，当然，这些文化遗产与世界上的万物万事一样，同样具有两面性。哲学家庞朴先生认为：以发展的眼光看，现代和传统一定是对立的，传统是今天的古代化，也是过去的现代化，因此，传统是一种保守、惰性的力量，同时也是现代化的阻力。但发展有决裂的同时，还有延续。由此可见，现代化和传统又具有同一性。传统为现代化奠定了基础，即现代化的高速和速度，都依赖于传统的成就。而作为中国传统文化有机组成部分的传统武术，一方面，是历史赐予人们的财富，另一方面，也是历史留下的包袱，因为对于过分强调"今天的古代化"的传统武术，很有可能使人们形成一种太过保守的心态与思想方法，从而对武术技术的发展产生影响。在面对西方近代的文化思潮时，中国的传统文化依旧面临同样的艰难抉择。

传统是一个正在发展的可塑东西，在社会发生演变的同时，其内涵也会变得更加丰富。就像传统武术一样，其作为一种传统文化，并不是一成不变的，而是不停地发展与变化着的。时至今日，传统武术已经和任何时期的武术都不同。传统武术的时代性是在各个时期发展中新打上的时代烙印，而其民族性则是整个传统文化在其技术外显性的体现。基于此，人们需要将观念转变过来，正确地认识到传统并不是永远不变的，而是一个发展的范畴，并且对传统文化的时代性也要有一个正确地认识，这对传统武术的不断向前发展是有促进作用的。

3.传统武术与奥林匹克文化的交融

运动和文化是奥林匹克运动的两大主题。国际竞技运动发展的重要一步就是1896年现代奥运会的开创，在国际竞争中，奥运会所扮演的角色是非常重要的。全球化即为人类不断跨越制度、文化与空间等社会障碍，在全球范围内实现沟通，以求共识的过程。而奥运会全球化是在人类世界全球化的基础上不断发展壮大的。

传统武术文化成为全球性文化内容之一的重要原因是，其本身所具有的通用性和广泛影响，能够为不同肤色的人提供服务。只有不断交流、充分融合的武术运动文化，才能够为特定地域的体育文化提供活力和动力，才能够使特定地域的武术运动文化得到全世界的认同。

中国人口众多，而传统武术又是在中国参与人数最多，影响最广的一项运动。奥林匹克运动只有与具有广泛参与性的传统武术相融合，才更具有世界性与代表性，才更能够将奥林匹克运动的宪章宗旨充分地表现出来。奥运会的广泛影响与崇高追求，体现了各个国家传统文化和世界大文化的融合。中国传统武术文化使竞技体育更具精神价值，并且还将传统武术的保健思想、武术运动、男女平等、养生的普遍性、群众性带入了奥运会，使其成为典型的、平等的、综合的社会运动和全球运动。

（三）传统武术与奥林匹克的共同发展

对于人的发展来讲，中国传统武术起着使人"和谐发展"的作用。传统武术对人的教育过程主要体现以下两个方面。

第一，培养人中庸含蓄、谦虚礼让的道德观念，使人们在灵魂、身体、精神等方面都得到发展，从而使他们能够更加适应现代社会的需求。

第二，能够让参与者的身体得到锻炼。

实现"人的和谐发展"，同样是奥林匹克的中心思想。除此之外，积极地向大众体育渗透，并且和大众结合，是奥林匹克运动未来发展的重要方面之一。鼓励所有人，尤其是青少年积极参与竞赛和体育活动，是奥林匹克运动的主旨。中国武术的发展方向也已经确定，就是将竞技武术推广至奥运会，与此同时，将传统武术推广至全世界，使其成为大众体育的一部分。

只有在求同存异的前提之下，中西方体育才能够将中国传统体育中重心、重德、重协调合作、重修身、中内外要素，和西方体育传统重外、重系统性、重竞争性、重科学性、重身，有机地结合在一起，达到协同发展的目的。

五、奥林匹克运动对传统武术的启示

（一）传统武术存在的不足

在经历了漫长的发展演变之后，传统武术已经具有丰富的功能与价值。时至今日，在人们心中传统武术的功能主要包括三方面内容，即攻防技击、健身益寿与娱乐欣赏。文明时代的进步对三个核心价值有着更高的要求。相较冷兵器时代，此前并不受到重视的健身与娱乐精神变得越来越重要，而攻防技击却遭受了前所未有的冲击，但是，传统武术并未迎合时代发展的道路。虽然在宏观层面上武术专家将其看作是一种文化现象，可事实却是依旧将传统武术禁锢在一个微小的体育范畴内，并且认为传统武术只是一项民族传统体育项目。在事实面前，华夏民族文化瑰宝的表达方式已经显露出凄凉之感。

1.传统武术健身益寿，但适合范围较窄，理论支撑缺乏

对于人体健康来讲，传统武术具有非常大的促进作用，这毋庸置疑。以太极拳为例，这种拳种温和、适度，中老年人非常喜爱太极拳这项运动。但细心观察就会发现，其作为健身手段具有年龄的局限性，也就是说，太极拳虽然受到中老年人的喜爱，但是很多青少年对它却并不感兴趣。似乎在偌大的传统武术中找不到一种适合青少年用于健身，并同样得到世界认可的拳种。不可否认，在体育娱乐场所、社区晨练、学校的业余锻炼中，已经很难看到青少年习武的身影了，只有在武术馆中才能看到，可这已属另类。作为传统武术传承者的武术学校，其对

传统武术的发展却没有起到应有的作用。

在健身理论方面，在人们心中传统武术是极为神秘的，由此可见，武术专家并没有对传统武术蕴涵丰富的健身机理进行深入的挖掘。在图书馆、图书商店中，人们虽然能够看到很多与传统武术有关的书籍，但是多数是从技术或者技击理论角度进行阐述的，从健康的角度来撰写的少之又少。

2. 传统武术具有娱乐欣赏价值，但观众很少

随着文明的进步，人们对传统武术的娱乐欣赏价值越来越重视，一方面，要求传统武术要有感官的形式美，另一方面，还要有内容的意蕴美。虽然这一要求在舞台上得到了充分表现，但是，因为其超出了体育的范畴，所以这一娱乐价值似乎被行内人忽略在传统武术范围之外了。

传统武术有着竞技化的发展趋势，因此，用于竞技比赛的武术套路在武术中占据首要位置，但是竞技比赛并不能够将传统武术的艺术与娱乐价值充分地展现出来，比赛才是它的直接目标。而且在各种武术套路的比赛现场，经常会出现有比赛，却没有观众的尴尬场面。尽管是这样，武术套路比赛依旧各种高难度动作的堆砌，缺乏观赏性，使观众感到生硬、乏味。遗憾的是深受观众喜爱的"武打式"对练项目并未成为主流项目，就武术而言，无论是对于娱乐表演，还是竞技比赛，这都是一种巨大的无形损失。

3. 传统武术具有技击价值，但缺乏"章法"和应用性

现在，传统武术体现的应该是一种经过加工后的"艺术化"的搏打。但是，这会与人们心目中的武术价值产生巨大的落差。很多人们认为，武术应该是神秘莫测的绝技，也就是影视中经艺术夸张的武打格斗形象，可这些并没有出现在现实比赛中。现实的情况则是，竞技比赛的散打并不能够使人们对格斗技击的心理需求得到满足，而在实际搏斗中，人们也很少运用"武术招式"来击打对方，因此，人们对当今武术的"能力"有了很大的质疑。

到现在为止，通过当今武术界德高望重的老武术家的亲身经历，以及全国大范围的挖掘整理，均未证实传统武术的"神秘力量"的存在。蔡龙云教授（我国著名武术家）称在上海打擂台时，用拳击倒对手的瞬间，并未意识到自己运用的拳法是哪一个门派的，只是依据特殊情景与时机无意识支配肢体的一种本能反应。

在实用价值方面，柔道进入到警务大比武，将其实用性充分地表现出来了。传统武术相较于柔道，其实用价值的确需要人反思。

4.武术套路的内倾性艺术

由于武术套路内倾性艺术表现得不拘一格,存在灵活性与多样性,再加上观众的理解程度不同,导致裁判、观众、演练者通常会处于不宜沟通的状态。而且在传统武术竞赛中,多是以经验、主观意向来对风格、精神、协调等方面进行评判。因此,对套路的演练技术评定的量化,是需要进行深入讨论的课题。

传统向前发展,特别是从传统武术发展来的竞技武术,从形式上开始向奥林匹克逐渐靠拢,特别是在竞赛评判的操作方面已经变得越来越规范化,但是,受传统武术内倾性因素的制约,在演练水平的评分习惯上,依旧以"估分"作为主要方式,除此之外,由于风格、精神、节奏等方面表现力的评分本身就较为复杂,因此,同样需要进行进一步的研究。具体把握尺度,划分层次,仔细推敲,争取使演练水平的评分分量化,使评判有据可依,有法可行,最终,将评判的科学规范性提高。

(二)传统武术的发展启示

1.注重发展人文精神和技击性

人类社会的一般发展史,都是从低级到高级,从野蛮到文明。传统武术的兴盛同样如此,也是从外在到内化,从低级到高级,从粗糙到细腻。武术的内在本质蕴涵技击性,而技击性并不针对实用技击术。但人们认为实际应用的技击术才是武术的重心。

在不同时代、不同语境中,词语会有不同的意义和内涵,"实用"一词同样如此,在现代武术语境中,其不仅强调武术的技击性,而且更强调体现人文精神。其体现的是"儒、道、释"思想影响下的一种向往天人合一的境界。现代社会,交战双方很少进行肉搏战,因此,对武术格斗实用性的要求越来越低。倘若传统武术只重视格斗方面的特性,那么其在文明社会中会很快消失。

现在,人们所追求的人文精神,即是在寻找人的真正本性,是一种回归自然的最为"淳朴"的感悟。而这种感悟在传统武术中的体现,正是来自对人体本体能力的一种劲法的运用,与此同时,这也是自我体验的艺术升华,并不是一种野蛮象征的搏杀。这种自然的"淳朴"是现代人们所追求的人文精神的表征。传统武术存在的本质是其得以生存繁衍的支柱。

在市场经济条件下的数字化时代,大力发展传统武术的艺术性,是武术发展的市场所在。东方文化的艺术魅力应通过传统武术表现的技击性来体现。将传统武术打造成集娱乐欣赏、攻防技击价值、健身益寿于一身的文化精品,主要有以下三种具体操作路径实现这一目标。

第一，传统武术以艺术化的形式来体现适合各类人群的健身益寿的价值，使人们将其作为一种文化来学习，并在对抗与体练中体验到传统武术的健身功效。

第二，通过对传统武术的艺术化包装，来对其娱乐欣赏价值进行强化，并将其打造成东方文化的艺术精品。深受人们喜爱的"武打式"对练项目，应加大研发的力度，使其成为武术套路的代表作品。与此同时，应对非武术竞赛套路的娱乐表演活动进行深层次的开发，这是因为其并不会拘泥于规则的限制，并且还具有独特的中华民族风格，相较于竞赛套路，更受国人乃至世界人民的喜爱。通过多种媒介，将散打比赛的立体式卖点进行进一步的拓展，从而使散打比赛变成人们娱乐的另一交织点。

第三，通过对传统武术技击的概括与抽象，使其技击方法可以在体育的舞台上，将具有传统武术特色的人类技击原本能力艺术性地展现出来。这同样是市场经济条件下的数字化社会中，人类文明对传统武术提出的主流要求。

从一般的角斗引入高雅的"艺术"殿堂，才是传统武术完善自身发展，以及提升自身地位的好办法。倘若只将传统武术停留在一般的角斗上，那么，它是无法成为饱含人文精神的文化艺术精品的。如果想要将传统武术打造成为中华民族的文化精品，"儒雅化"是其必须要走的道路。

2.合理完善竞赛制度

竞技武术来自于传统武术，前者的发展一定会带动后者的发展，并且也会为后者的发展提供借鉴，如传统武术的竞技化。将竞技武术套路推广至世界体育之中，是现今武术工作的使命。但是，几千年来，传统武术众多流派衍生出不同形式的技术风格，具有多样性的功能与训练目标，与此同时，也蕴涵着传统文化的特性，导致传统武术的发展与外推变得十分困难。

精选武术套路进入奥运是一定会发生的事情，怎样取舍才是关键所在，传统武术广博的整体内容和理性，是两个矛盾且对立统一的方面。

统一在于局部和整理之间是有联系的，局部必须依托于整体而存在，整体则是局部的生命基础，除此之外，可通过局部来体现整体存在的价值。

对立在于局部和整体无法两全，武术在加入奥运项目这个大家庭的途中，必须要转化很多武术已经形成的传统与技术。

由此可知，"以点带面"是传统武术进入奥运会会产生的深远意义，传统武术庞大的理论与技术系统中，那些没有办法进入奥运会的部分，自始至终都是竞技武术套路的根本源泉。因此，人们在发展竞技武术套路的同时，也要将继承与保护的工作做好。在具体实践的过程中，必须将竞赛制度进行进一步的完善，并建立较高层次、多形式的传统武术项目竞赛体制，与此同时，还要开展锦标赛制形式的传统项目比赛，同时加强传统武术文化交流。

总而言之，在当代武术运动从传统到现代的转变，是一种"取其精华，去其糟粕"的过程。武术套路在发展过程中，一方面，要将自己的风格保留下来，并且要保持自己在文化方面的独特性，另一方面，也需要融合、吸收现代文化的有益成分。

3. 重视武术的教育

无论是哪一种文化的存在，都离不开继承和发展，而教育又是文化的继承与发展的重要依托。传统武术中有着丰富的中国传统文化，这种文化特性是其经久不衰的根本原因。传统武术的发展需要这种文化特性的传承，因此，将传统武术纳入完善的正规教育体系是必然的。

我国虽然已经从 20 世纪 60 年代开始，就将传统武术列入中、小学体育教育大纲当中，但是，传统武术教育的实践并不成功。主要原因在于，在学校体育中，传统武术的地位较低，师资力量也比较缺乏。为了将这种落后状态扭转过来，需要做到以下两点。

首先，需要将武术应有的地位确立下来，并且要将其作为受教育者德、智、体、美、劳全面发展的重要组成部分之一。

其次，树立武术教育的长远目标，具体步骤如下：

第一步，使传统武术进入国家的体育文化体系，并将其逐步纳入完善的正规教育体系，成为大、中、小学，以及军事训练不可或缺的体育内容，使每位学生与战士都清楚地了解传统武术的基本技能与基本知识。

第二步，逐渐使传统武术进入国际的体育文化体系，对其进行大力推广，使其成为中华民族向奥运会贡献的第一个体育项目。

第三步，需要采取各种有效措施，对传统武术教育进行强化。比如，适当地改革传统武术教育内容，加强学校的传统武术研究，以及适当地增加传统武术教学课时等。

4. 做好各项基础工作

国内的健康是传统武术走向世界的基础。需要认真贯彻执行国家体育总局下发的各项文件，并且要努力做到"武术活动社会化、武术技术规范化、武术理论科学化"。传统武术想要在现代发展，社会化、规范化、科学化的要求是其必须要考虑的内容，与此同时，也是奥林匹克运动包含的三大特征。

5. 多种办法推广武术

传统武术虽然源自中国，但也是属于世界的，尽管如此，传统武术要想走向世界，还是需要一个推广的过程。我国在今后的传统武术推广工作中，应该利用多种形式、多种渠道、多种层次、多种方位推广。比如，举办各种比赛、培训班、武术节，派遣优秀教练员外出指导、讲学，利用图书、广播、影视、声像、报刊等传播媒介来推广、宣传传统武术，以及派遣优秀运动队在国内外进行巡回表演等。

六、传统武术的可持续和产业化发展研究

"可持续发展"这一发展观点最早针对的主要是经济领域的问题。随着社会和时代的进步，人们对"可持续发展"的认识已经扩展到经济、社会、环境和文化等众多领域。对我国传统武术的发展而言，同样应走可持续发展的道路。此外，在市场经济条件下，传统武术的产业化发展也是不可或缺的重要方面。为此，本章重点分析了传统武术可持续发展的制约因素、相关理论、发展的途径和策略等，同时阐述了传统武术产业化发展的历程、特征、原因、模式及其意义。

（一）传统武术可持续发展的基本研究

1. 可持续发展的观点及其意义

1987年，时任联合国环境与发展委员会主席的挪威首相布伦特兰夫人在《我们共同的未来》报告中，第一次明确提出了"可持续发展"的概念，具体为：一方面，要使人类目前的追求与需要得到满足，另一方面，也不对未来的追求与需要造成危害。在社会经济发展的过程中，保护总体上的生态完整与自然资源总量，实现社会的持续性进步，是"可持续发展"理论的核心。

可持续发展强调的是，将当代发展和未来发展结合在一起，并以未来发展的可能性，当作制定当代发展战略的基础，也就是说，今天的发展需要为明天的发展创造有利条件，并且需要从长远利益出发，寻求社会、资源、人口、环境、经济各要素间相互协调的发展，绝对不可以为了眼前的利益，而损害长远的利益。"可持续发展"的观点被广泛应用于社会的各个领域。

2. 传统武术的可持续发展

在当今社会，作为中华文化的重要组成部分之一的传统武术，受到了各种因素与条件的制约，与此同时，各种思想观念与社会现象也在冲击着传统武术，因

此，对传统武术的可持续发展应多加重视。

传统武术的可持续发展指的是，不仅要促进传统武术今天的发展，还要注意传统武术的未来发展，从而使其进入稳定、健康、持续的良性循环当中，以此使后人长久的需求得到满足。袁伟民在《认真贯彻十五届五中全会精神努力实现体育事业的持续发展》中，明确地提出了我国体育事业的可持续发展战略。传统武术作为一种文化，一项民族传统体育运动，用新的发展观审视其未来发展的问题，具有重要的理论与现实意义。

通过一系列的措施与手段，为传统武术未来的发展创造良好条件，使传统武术得以持续、长期发展，是传统武术可持续发展的目标。

（二）传统武术可持续发展的理论及其实践

1.传统武术可持续发展理论体系的构建

（1）传统武术发展-基础理论的构建

自身的科学化，是传统武术发展的基础，主要包括：技术体系的建构、理论体系的建构、拳种内容的整理与归纳，以及科学标准的确定。

① 技术体系的建构

技术体系的构建主要包括以下两方面内容。

第一，保留传统武术完整的技术训练体系。

按照传统武术固有的技术体系，来建构各个传统武术拳种体系，避免传统武术技术的失传。不同拳种技术完整训练体系包括：功法—套路—拆手—递手（喂手）—散打—攻防实战。

第二，建构新的技术体系。

在传统技术体系的基础上，以习练者的不同需求为依据，来对技术内容进行编排，从而整体归纳出新的技术体系。比如，针对大众练习者，可按照技术的难易程度，将其分为初级、中级、高级技术内容。

② 理论体系的建构

想要建立完整的传统武术理论体系，就应该去伪存真，并与武术技术紧密结合在一起，对于技术的修炼来讲，理论体系应具有指导作用。除此之外，在传统理论基础上形成的现代意义的武术理论，就是用现代科学知识解释传统武术理论无法回答的问题，并对传统的拳理进行了诠释。

③ 拳种内容的科学归纳整理

传统武术的竞赛、推广，以及段位制的实施，在客观上，要求对现存的传统武术内容做进一步的归纳、论证、整理、认定、挖掘,由此将具有代表性的传统武术门类确定下来。

④ 拳种的科学认定标准

以各传统武术技、理、史完整的体系为依据,来认定一个传统武术拳种,基本内容应包括:规范的基本技术、完整的技术体系、科学的理论体系、清晰的历史传承,以及突出的风格特点。

(2)传统武术可持续发展理论体系构建的要求

① 立足传统武术本体

传统武术理论科学研究的内核层是,立足于武术本体构建的武术理论体系。传统武术理论的实质是,对武术实践活动由经验到理性的总结与提升,揭示传统武术发展变化规律,并且用科学的传统武术理论来对其实践活动进行指导,从而对传统武术的全面发展起到推动的作用。

理论来源于实践,传统武术理论当然也不能与其实践活动脱离,而传统武术活动的主体同样应该围绕武术技艺的传承展开。按照逻辑结构,传统武术理论大致可以分为练与用、教与学这样的过程,而这一切的载体就是人,因此,传统武术理论科学研究是以人为主体进行研究的。

传统武术活动的本体内容,就是传统武术理论体系构建的核心,也就是以传统武术的功能价值作为出发点和归宿,并围绕传统武术的练与用、教与学这些实践活动的主线,评价各种武术形成与发展的规律,并进行评价与探索。主要包括:技法原理、训练、竞赛、教学的规律,以及传统武术的价值取向。因此,必须从传统武术活动的本体入手,紧紧围绕着反映传统武术攻防技击特性的教与学、练与用的活动,在实践当中,探索与总结竞赛表演理论、拳术形成理论、技击方法理论、教学训练理论等一系列具体理论,最终,遵循概念化—条理化—系统化—体系化的认识事物的规律,从而使传统武术理论体系达到完整化、系统化、层次化,并将完整的传统武术理论体系建立起来。

② 应用联系的观点

传统武术发展理论研究的外核层,则是从系统论观点对传统武术发展理论体系的建立所进行的探索。作为武术大系统中的一个子系统——传统武术发展理论,倘若将其分割为很多子系统,以及子系统下的子系统,这样,人们就会对传统武术理论有一个总体上的认识,与此同时,也能够通过对这些子系统的研究,来确定传统武术理论在武术理论系统中的作用和地位;并且还能够从比较高的角度对这些子系统间的关系进行审视，从而明确它们之间的相互影响，最终，使人们对"传统武术理论科学体系"有一个全面的认识。

应用联系观点建立传统武术理论体系，实质上是将围绕着内核层所建立起来的那些学说进行宏观整合，并且对某一学科或者交叉学科（自然科学、社会科学等）的知识加以利用，再经过实践的检验，将其进行科学逻辑推理、归纳总结，从宏观上对传统武术的活动规律进行探索，揭示传统武术的功能、现象、特征价值的研究等，最终，将传统武术理论分支学科学说建立起来。

③ 全面系统的要求

系统而全面地构建传统武术理论体系，实际上就是将传统武术理论的内核层和外核层相互促进、关联、交融而形成的武术发展理论。一般来讲，无论是哪一种理论，都必须经过理论—实践、实践—理论的反复提炼、创新、升华才能够被人们接受。可是传统武术的实用主义思想，也就是重术轻道、重武轻文、重实战轻现代功用的思想，严重制约了传统武术理论体系的发展，对外核层的研究更是如此。

基于上述情况，传统武术理论的科学研究必须从以下三个方面入手。

第一，是传统武术实践经验的科学总结。

第二，是由已知知识通过思辨之后，所得出的新知识。

第三，是对传统武术现象的观测、实验后的科学总结。

只有将传统武术科学研究三个方面的知识融会贯通，才能够使传统武术理论的内核层和外核层结合在一起，从而构建出完整的传统武术理论体系。

2.传统武术可持续发展的途径与策略

（1）传统武术可持续发展的途径

找到一条具有可行性的发展途径，是实现传统武术可持续发展的必然手段，也就是说，发展传统武术产业，开发传统武术的经济资源，这些都为传统武术的可持续发展奠定了良好的经济基础。所谓以武养物，就是对传统武术自身蕴涵的各种资源优势的充分利用。

传统武术作为一种文化，能够增进人民健康。通过竞赛，可以使人们审美和求知的需求，以及观赏、娱乐、技击的需要得到满足。由此能够看出，传统武术中蕴涵着非常丰富的经济资源，要想对这一资源进行开发和利用，可从以下几个方面入手。

① 组织和举办武术竞赛

通过竞赛，形成由各级体育局、政府、企事业单位、武校、媒体、工厂以及体育院校参与的红火场面。与此同时，传统武术也需要在合理规则的引导之下，通过比赛来将相关产业的发展带动起来，从而促进传统武术的可持续发展。

② 充分利用传统武术的文化价值

对传统武术的文化价值加以充分利用，并将其转化为经济价值。比如，"武当山武术文化节"的举办，就实现了传统武术经济价值与文化价值的双赢。

③ 走大众健身的发展道路

将传统武术在全民健身中所具有的优势加以充分利用，并通过开展健身俱乐部、培训班等形式，将传统武术的群众基础扩大，与此同时，获得应有的经济回报。

④ 提高武术工作者的经济收入和社会地位

通过各种形式发展传统武术产业，一方面，能够让广大传统武术工作者感受到自己工作的社会价值，使其实现自我价值的需求得到满足。另一方面，还能够为传统武术工作者带来较高的社会地位和丰厚的待遇，并且能够将他们的责任心与热情激发出来，从而全身心地投入到传统武术的工作中，进而不断地推动传统武术的可持续发展。

（2）传统武术可持续发展的策略

① 加强武术活动的推广

传统武术应引起国家相关部门的高度重视，并由主管部门落到实处，有计划、有步骤推广传统武术。并且要对传统武术进行学术与行政的双重管理。与此同时，还要推行规范教材，举办各种竞赛活动，以及对传统武术进行认定。

② 保护和发展各武术拳种

我国的传统武术有非常多优秀的拳种，它们可以在自身建设的基础上，对社会需求进行考虑，并将相应的段位制理论、技术，以及升段标准等制定出来，从而有效地推动传统武术的发展。对于那些大众熟知的武术拳种，应成立单项拳种协会，并且举办专项拳种比赛，促进技术的可持续发展。

③ 大力进行武术功能的宣传

在推广传统武术的过程中，应着重强调它的健身、防身的功能，并通过多渠道对传统武术的资源进行开发，使其价值得以全面实现。相较于广受推崇的竞技武术，必须要突出传统武术防身与健身的功能，以此与大众化人群的需要相适应。

④ 推进竞技武术进奥运

从表面上看，进入奥运会的武术项目主要就是几项武术竞技套路，人们难免会想，传统武术与武术进入奥运会是没有关系的，尤其是为了进入奥运会，竞技武术套路进行了大幅度地改革，比如，裁判方式、场地等。似乎竞技武术已经成为一种与传统武术无关的体育项目了，但是，人们必须记住，竞技武术进入奥运会的最终目的是实现中国武术的整体发展。

3. 传统武术文化的可持续发展研究

无论是哪一项体育运动，都具有健身的功效，但是，传统武术区别于其他运动项目的重要本质特征，是其所具有的内在文化特征。传统武术是我国现代武术发展的动力与源泉，而我国武术的生命力则是传统武术自身蕴涵的文化内涵。因此，传统武术的文化发展是非常重要的。对于传统武术的发展来讲，传统武术文化可持续理念的树立具有深远的意义与促进作用。

提出传统武术文化的"可持续发展"概念，意义在于指出传统武术文化研究的合理开发与长期性。传统武术文化的可持续发展，就是将传统武术"文化遗产"的静态发展模式摆脱掉，从而呈现出动态的可持续发展模式。

传统武术文化指的是，与传统武术相关的意识形态，主要包括：传统武术设计动作形态的内在原则、传统武术的认知方式与价值取向，以及传统武术在动作形态上的文化特征等。传统武术文化不仅具有建构人的价值意识的直觉性格，更为重要的是其还具有逻辑性格，主要表现在以下两个方面。

第一，传统武术文化是中华民族在特定的生活环境中，对外部世界思维的肯定形式。

第二，传统武术文化又构成了一个具有特殊意义与价值的文化世界，建构了中华民族的价值观念与心理，从而形成了独具中华民族特色的民族文化价值观，并且其对构建当代人的正确价值观有着相当重要的指导作用。

总而言之，在当前我国社会主义现代化建设的宏观社会背景之下，传统武术文化的发展必须要融入时代精神内容，只有这样，传统武术文化才能够成为我国社会主义精神文明发展与建设的重要组成部分。

（二）传统武术的产业化发展研究

在我国社会主义市场经济体制逐步建立与不断发展的同时，我国的体育产业同样发展迅猛，由此，决定了传统武术必须走市场化的道路。作为新兴产业门类的传统武术产业，应该与国民经济相促进、相融合，从而将其潜在的市场效益与经济价值不断地开发出来。传统武术产业化，一方面，对我国经济发展有着重要的作用，另一方面，也对传统武术的发展起着至关重要的作用。

1. 传统武术产业的基本研究
（1）传统武术产业的概念

从现代经济学角度分析，传统武术产业指的是，在市场经济体制下运行的传统武术概念。这是一个大概念，是从宏观上认识的范畴。传统武术产业，一方面，包括进入市场实行商业化经营的传统武术活动，另一方面，也包括和传统武术相关的所有生产与经营活动。

在现代社会主义市场经济的背景下，经济效益是人们思想的指挥棒，也是人们首要考虑的对象，传统武术只有在产生客观效益的前提下，才能够引起人们的注意，从而促进自身的发展。倘若在有物质投入的情况下，传统武术事业产出的只有精神，却没有足够的经济回报，这样，一定不会引起人们的兴趣。因此，传统武术想要发展，就必须由公益型、事业型转变为经营型，并且能够产生经济效益才可以。

传承、交流、开发、宣传，是传统武术产业化发展的关键环节。利用与开发传统武术资源，从而形成传统武术市场，是发展传统武术产业的关键。传统武术向产业化发展，就是要对传统武术体制进行改革，使其充满活力，并且具有自我发展的潜力，能够为社会提供传统武术劳务与产品。

传统武术产业要求在与现代武术运动规律相符合，以及与社会主义市场经济的基本要求相适应的基础上，对其经济功能进行大力开发，并通过一系列的经济行为，拓宽传统武术市场，刺激传统武术产品的需求。在经济发展的同时，传统武术产业化一定会受到更多的重视与关注。

综合各方面资料，现在对于"传统武术产业"的理解大致可分为以下三种。

第一种，"传统武术产业"涉及的内容，既包括传统武术的经济活动，也包括和传统武术直接相关的所有生产与经营活动。

第二种，认为传统武术产业化是一种经济机制的形成，并指出传统武术产业化的实质是，传统武术事业的基本运动方式向市场经济的转变。传统武术的发展规律应结合市场经济规律，使经济和武术有机地结合在一起，与此同时，运用一系列市场经济方法、原则、行为与手段，刺激传统武术商品的需求，强化自我发展潜力，并将传统武术市场不断拓宽，从而形成传统武术市场运行的新机制。

第三种，是对传统武术产业性质的理解，即传统武术产业就是传统武术服务业。整体来讲，产业是一些具有某些相同特征的经济活动的系统或者集合。在了解产业的基础上，综合各方面对传统武术产业的理解，可对其大致进行界定。具体来讲,以传统武术技术作为支撑,向社会提供传统武术相关产品的一切经济活动,以及相关经济部门的总称,即为传统武术产业。其中,传统武术产品主要包括两个部分,分别为服务与产品;在我国现阶段,经济部门不仅包括企业,而且包括各种从事经营性活动的其他机构,如社会团队、事业单位、个人或家庭。传统武术产业具有自身的特点,是中国体育产业的重要组成部分之一。

想要发展传统武术产业,一方面,要追求经济效益,另一方面,也要讲求社会效益。在全球化的消费社会背景下,作为中国传统文化代表的传统武术,应与强调自主创造力、文化艺术,以及创新对经济的推动和支持的思潮、理念结合在一起,来促进传统武术产业的发展。随着国家越来越重视传统武术,其产业必将走向和谐稳定、健康有序的发展新模式。

2.传统武术产业的发展历程

我国古代就有"学会文武艺,货卖帝王家"的谚语,由此可见,传统武术是很多习武者的谋生方式,很多传统武术的教授者同样将其作为自己谋生的手段。以上这些体现了古代对传统武术经济价值的开发,也可以说是传统武术产业的缩影。

除此之外,传统武术健身业的发展同样显示出了非常广阔的市场潜力。在现代社会中,人们的生活、工作的节奏加快,营养过剩,生活环境污染等,都使人们的健康受到了威胁,并产生了各种各样的"文明病""城市病"。由此,人们对身体健康有了新的要求,而传统武术所具有的健身价值也越来越受到重视。

另外,由于我国老龄化越来越明显,这些老年人的生活也越来越受到重视。而老年人又非常喜爱传统武术,因为传统武术可以培养共同兴趣,还可以锻炼身体。

总而言之,在我国传统武术运动越来越普及的同时,传统武术产业已经初具规模,即形成了以传统武术竞赛表演业、传统武术劳务与用品输出、传统武术旅游等市场为主题的产业,涵盖内容非常广泛,产业门类也比较齐全。

3.传统武术产业的分类和特征

(1)武术产业的基本分类

想要发展传统武术产业,就必须充分地认识与了解传统武术的产业体系,只有这样,人们才能够做到统筹全局,从而确定传统武术产业发展的侧重点。

如表4-2所示,以"体育消费决定体育市场,体育市场决定体育产业"的"消费决定论"为依据,可将传统武术产业体系划分为三部分,分别为核心产业、中介产业和外围产业。

表 4-2　武术产业体系的分类

产业结构	产业内容	武术市场
核心产业	武术技术产业	武术竞赛表演市场、武术健身娱乐市场、武术技能培训市场等。
中介产业	武术人才产业、武术经纪业	民间武术家、高水平武术运动员、武术影视明星、武术经纪人、武术信息咨询、武术劳务市场、武术金融保险等
外围产业	武术文化传播业、武术产品制造业、武术场馆建筑业	武术影视、武术音像图书、武术旅游市场、武术大型活动、武术服装市场、武术纪念市场、武术器械市场、武术场馆等

传统武术核心产业是整个传统武术产业的基础，而传统武术技术又是其典型代表。无论是哪一项体育产业想要发展，都必须要大力提升此项目的技术水平。因此，在传统武术核心产业发展过程中，武术技术产业处于主导地位。坚持将传统武术核心产业发展作为龙头，一定能够带动传统武术外围产业以及中介产业的发展，而外围、中介产业的发展能够对核心产业起到进一步强化与巩固的作用。总而言之，三者是相辅相成、不可分割的整体，与此同时，也是传统武术产业和谐发展的基础条件。

（2）武术产业的特征

① 关联性

传统武术自身的特点，决定了传统武术产业是一种具有很强关联性的产业。作为中国传统文化组成部分的传统武术，它和我国传统文化中的其余组成部分有着紧密的联系。与此同时，其价值功能也很丰富，对传统武术的开发，一定能够带动和传统武术相关联的其他产业的发展，比如，传统武术用品业、传统武术经纪业、传统武术培训业等。由此可知，传统武术产业是关联性很强，并且关联面很广的上游产业。

② 潜力巨大，影响深远

传统武术产业有着巨大的发展潜力，其影响也是非常深远的，目前的发展已经初具规模。作为中国本土成长起来的中华传统武术，具有群众基础广泛的优点，而且在产生发展过程中吸收了中华民族优秀文化的营养。因此，传统武术的发展潜力是巨大的。

目前来讲，传统武术事业的发展需要产业化这种发展模式，而市场经济体制也肯定了传统武术的经济价值。由此可知，在产业化发展中，传统武术一方面得到了发展，另一方面也创造了经济价值，与此同时，还使当地经济的影响力增加了，可以说是一举三得。

除此之外，在传统武术产业发展的过程中，其优势逐渐突显。作为一个能够持续发展的产业，传统武术具有能源消耗少，且不会对环境造成污染等优势，与转变经济增长方式的要求相符合。因此，全国各地都在积极地发展传统武术产业。

③社会价值良好

传统武术产业的社会价值也很大，其对创造社会价值，以及维护社会稳定都有贡献。作为一种劳动密集型产业，传统武术能够为人们提供的就业机会比较多，与此同时，也为传统武术人才的输出提供了就业空间，能够带动当地服务业的发展。应肯定传统武术产业所创造的良好社会价值。

④国际化趋势明显

我国传统武术正在一步步的走向世界，并且受到了外国友人的喜爱，而传统武术产业也在逐渐国际化。到目前为止，国际传统武术联合会的会员已经有100多个国家与地区，这些都为传统武术产业的国际化奠定了坚实的商业基础。

（二）传统武术产业化的原因、发展模式及其意义

1. 传统武术产业化发展的原因

（1）经济原因

和平与发展是当今世界的两大主题，而世界的发展离不开经济的发展，市场化又是现在世界经济发展的趋势。近年来，我国经济飞速发展，在市场经济条件下，在经济发展规模增大的同时，各部门间的联系也在逐渐加强，由此，对产业化提出了要求。因为我国市场经济，以及体育产业化都在发展，因此，要求作为体育产业组成部分的传统武术产业化也应该不断地向前发展。总而言之，传统武术产业化发展是我国经济发展的需要。

（2）政治原因

由传统武术的发展过程可知，政府对传统武术的发展起着非常重要的作用。而政府对传统武术的重视，以及国家颁布的政策，都是传统武术产业化发展的重要原因。

（3）自身原因

传统武术产业化，同样是传统武术本身向前发展的需要。在当今社会，倘若传统武术想要向前发展，传统武术产业化是重要的途径之一。在我国，传统武术

产业的发展有着独一无二的优势，这也为传统武术产业化提供了好的条件，具体表现如下。

第一，我国具有世界一流的传统武术水平，这是所有产业得以发展、壮大，并最终位居世界前沿地位的先决条件。

第二，中国传统武术产业的资源丰富，主要包括：人才、技术、文化及产品资源等，并且具有可持续发掘的特点。

第三，在我国，传统武术的群众基础雄厚，因此，传统武术会有广阔的消费市场，以及庞大的消费群体。

第四，在世界范围内，中国传统武术有着广泛的影响力，很多体育品牌世界闻名。

现如今，以传统武术作为表现内容的文艺作品，尤其是影视作品，已经成为主流内容之一。目前，传统武术运动在音像、竞赛表演、武术产品等领域内，都进行了产业化的尝试，并且都取得了良好的经济效益。

2. 传统武术产业化发展的模式

通常情况下，传统武术产业化发展的模式有两种，分别为政府参与型和市场主导型。需要以政府在本国传统武术产业中发挥的作用为依据，来确定传统武术产业化的发展模式。倘若政府的态度是放任自流，那么传统武术发展可采用市场主导型模式。与之相反的是，倘若政府对本国传统武术产业的发展设定目标，与此同时，还利用多种手段调控、规范，以及引导体育市场主体的运作与组建，那么，可采用政府参与型模式。

借鉴国外的相关经验，并与我国基本国情相结合可知，政府参与型，是比较适合我国传统武术产业化发展的模式，主要有以下两个原因。

第一，由于我国传统武术起步较晚，传统武术消费规范化的运作水平，以及传统武术市场体系等许多方面还不完善。采用市场主导型模式，会让传统武术产业放任自流地发展，易导致传统武术产业的消亡。

第二，采用政府参与型模式，可以将政府的作用充分地发挥出来，从而为传统武术产业的发展确定计划与重点，并将发展中的问题及时地解决掉。

当然，传统武术产业发展模式并不是一成不变的，在社会经济、传统武术产业逐渐发展的同时，也需要适当地调整传统武术产业的发展模式。

3. 传统武术产业化发展的意义

传统武术产业化的发展所具有的价值与意义是非常重要的，主要表现在以下两个方面。

（1）对自身发展的意义

对传统武术自身发展而言，其具有以下意义。

① 传统武术产业化有利于传统武术运动的发展

传统武术产业化对传统武术的发展具有促进作用。随着社会文明的进步，人们的欣赏品味、价值标准也在不断提升，传统武术的发展必须要以人们不同兴趣爱好，以及不同习武群体为依据，来发展相应的传统武术产业体系。一方面，要大力普及招式易学、简单，并且具有较高健身交织的传统武术项目，另一方面，也要发展竞技武术。与此同时，还要有专业人才对传统武术特有的文化内涵进行研究，并挖掘其时代的价值体系等。

想要将上述工作做好，就必须斥巨资来广泛地宣传传统武术，并且要举办各种国际、国内的传统武术比赛，加强传统武术基础理论的科研等。显然，仅依靠国家的有限拨款无法满足这些要求，而传统武术产业化对解决传统武术经费缺乏的问题有利，并且能够更好地推动传统武术的发展，弘扬中华传统武术。

② 传统武术产业化有利于传统武术资源的保护

想要发展传统武术产业，需要详细地了解我国的传统武术，这必然会促进对传统武术的整体挖掘，以期恢复它原本的活动形式，并将具有各个地域特色的拳种体系建立起来，并且给予保护、定义与科学利用。

③ 有利于习武人群的增加

众多人群投入是传统武术发展的必需条件，而传统武术作为传统文化的组成部分之一，再加上和现代健身方式的结合，一定会以其独特的魅力吸引众多的追随者。

（2）对社会经济发展的意义

① 传统武术产业化有利于经济的发展

传统武术产业化能够促进经济发展水平的提高。传统武术产业化为社会提供了很多就业机会。我国劳动就业等社会问题的解决，是我国目前经济增长率较高的一大原因。

② 传统武术产业化有利于产业结构的调整

在传统武术产业中，包含第二产业与第三产业，除其中的部分传统武术用品业属于第二产业的制造业之外，多数属于第三产业。我国在现代化的过程中，将逐步对产业结构进行调整，并且会大力发展第三产业。而传统武术产业的开发，将有效扩展我国第三产业的发展空间。

③传统武术产业化有利于促进消费

国家经济的发展离不开消费，国家经济想要持续、快速发展，就必须鼓励消费、刺激消费，并且要开拓新的消费热点来拉动内需。传统武术产业的开发，对刺激与拉动内需非常有利，并且起到吸收社会闲散资金的作用。

七、武术在高校中发展的对策

（一）重视武术教育课程的建设

武术虽然还没有成为一门独立的学科，但是在教育部最新修改的学科专业目录中，把曾经的"民族传统体育学专业"改成了"武术及民族传统体育学专业"，突出了武术在民族传统体育中的重要性。虽然武术很早就成了学校教育的课程，但是许多研究表明武术课程建设在课程目标、课程内容、课程组织等方面都存在许多的问题。课程是从人类认识和实践成果中为培养新一代而精选出来经验知识，是教学和学生各种学习活动的总体规划及其过程，课程对教育目标的实现具有重要决定作用，课程的内容对教学过程有着直接的制约作用，课程内容的性质和特点在很大程度上决定了教学方法、手段和组织形式的选择。武术教育必须重视自身的课程建设，这对充分发挥武术教育的功能、实现自身个体教育价值和社会价值具有重要意义。由于课程建设涉及课程设计、课程目标、课程内容、课程组织、课程实施等许多方面的，本书只阐述武术教育课程目标、课程内容的设计问题。

1. 拓展武术教育课程的目标

"课程目标是指课程本身要实现的具体目标，是期望一定教育阶段的学生在发展品德、智力、体质等方面达到的程度。"课程目标必须服务于一定的教育目的和培养目标，教育目的、培养目标、课程目标以及教学目标形成一个多层次的完整体系，它们之间通过一般到特殊的形式逐级地具体化。在以往的武术教育课程中，课程目标更多集中在培养学习者的技能方面，即掌握一些防身自卫、强身健身技能，没有或很少涉及增加学习者的传统文化知识、培养学习者的伦理道德、塑造学习者意志品质等方面，也就是说仅仅把武术教育定格在体育教育的范畴，这应该是武术教育的一大缺憾。在"传承民族文化、弘扬民族精神"的时代背景下，武术教育应该拓展自身的课程目标，除了让学习者掌握一些防身自卫、强身健身技能目标之外，应该把丰富学习者的传统文化知识、提升学习者的伦理道德水准、塑造学习者的意志品质等内容也纳入自身课程目标的范畴，以更好地服务教育目的、实现培养目标，最终服务于"实现传承民族文化、弘扬民族精神"的目的。

2.精选武术教育课程内容

课程内容是课程的核心要素,是课程内在结构的有机组成部分。课程内容都是以课程目标为直接依据选定的,并在一定程度上体现了课程目标的要求。影响课程内容选择的因素有社会因素、受教育者的身心发展规律、科学文化知识等,课程内容选择的基本准则是"注重课程内容的基础性,课程内容应贴近社会生活与学生生活,适应学生的特点"三个方面。由于武术体系复杂、种类繁多,而且武术中还存在一些糟粕,所以必须对武术教育的课程内容进行筛选,把那些优秀的、有利于实现教育目的的知识、技术作为课程的内容。

关于武术教育课程内容的选择要注意以下几个方面的事项:第一,选择作为武术教育课程内容的知识和技术一定是武术中优秀的、合时宜的知识和技术,武术是一种优秀的民族传统文化,但是武术中存在的糟粕是不适合作为武术教育课程内容的,而且在一定的社会历史条件下优秀的东西,经历时过境迁、在当今几乎完全陌生的社会背景下,也未必合适;第二,武术教育课程的内容应有利于课程目标的实现,武术教育的课程目标包括掌握一些防身自卫及强身健身技能,丰富学习者的传统文化知识,提升学习者的伦理道德水准,塑造学习者的意志品质,所以武术教育课程的内容相应地包括健身格斗知识或经验要素、认知性知识或经验要素、道德性知识或经验要素、意志塑造知识或经验要素等;第三,武术教育课程内容要考虑学习者的身心特点,这样才能调动学生学习的积极性,为方便现实课程目标而选定的课程内容未必就是学生喜欢的内容,武术教育课程的内容应尽可能地考虑学习者的身心特点,让他们乐于学习武术课程;最后,武术教育课程内容也应具备知识的基础性,武术体系复杂、内容丰富,要武术教育课程内容面面俱到既不现实也不可能,所以应突出内容的基础性,尽量达到以点带面的效果。

(二)改善当前武术教师师资的状况

教师是教学活动的组织者,也是影响教学效果最重要的因素。教师的领导方式对学生学习影响较大,一般来说,权威式地领导学生,学习成果最高,但是会产生较多的消极情绪;民主式领导下的学生,具有较好的情感体验,学习效率、学习成果居中;放任式领导下的学生,学习成果和情感体验都不理想。另外,教师对学生的期望可以影响到学生学业成绩的高低。鉴于教师这一因素的重要性,所以应该提高教师的素质,改善教师的工作条件。

1.让武术教师明确自身的角色特征

从社会心理学角色理论来看,学校、社会、家长及学生赋予教师多种多样的功能、职责，要求教师应根据社会不同方面的期望和要求，扮演许多不同的角色。教师不仅是知识的传授者、集体的领导者、学生的榜样，也是心理治疗工作者、人际关系的艺术家、学者及学习者。总之，教师被赋予了各种各样的角色，武术教师要明确作为教师的角色特征，要主动适应这种角色的要求。

2. 完善武术教师的知识结构

储备丰富的专业知识、文化知识和教育科学方面的知识，具备良好地理解和运用教材的能力、语言表达能力、观察了解学生的能力、组织管理和调控教学活动的能力等教学能力，对武术教师激发学生兴趣、完成教学具有很大的帮助。

武术教师应具备多层复合的知识结构特征，它是从事教育工作的前提条件。专业素养是指教师为了顺利从事教育教学的实践活动所必须具备的特殊才能。所谓的多层复合的知识可包括三个方面的内容，即本体性知识、条件性知识和实践性知识。在这里，本体性知识是指教师所具有的特定的武术专业知识。掌握丰富的本体性知识，是造就一个好的武术教师合理知识结构的基础，也是对其衡量的主要评价标准，而广博的文化修养则是其知识结构不可缺少的因素。条件性知识是指武术教师所具备的教育学与心理学知识。这种知识是一个教师成功教学、训练的重要保障。然而遗憾的是，在实际教学过程中，这种知识往往是一些体育教师所缺乏的。事实上，从某种意义上来说，武术教学的中心任务除了对教学内容或技术动作做出生物学、训练学的解释外，更为重要的或基础的是要做出教育学的解释，这种解释要依据学生或运动的体验者对身体活动内容、形式的认知程度、兴趣和已有的知识或体能的储备情况来进行，将丰富的竞技运动内容进行生活化、快乐化、教学化改造，以便每一个学生都能理解所学的体育知识、技术，都能获得完成动作后的喜悦感、成就感。实践性知识是指武术教师在教学或训练过程中所具有的课堂教学情境、校内教学情境和社会实训情境下的知识。在上述这些情景中教师运用的知识既来自个人的教学经验，也来自个人的武术运动体验。

3. 增加各学校专门的武术教师的数量

有研究表明，许多学校武术教师相对比较缺乏，武术教育课程由一般的体育教师代替担任，很难保证武术课程的教学质量。国家应建立武术教师的统一规格标准。无论是学校武术教育中的武术教师，还是社会武术教育中的教练，都应该建立统一的规格标准，只有具有某种资质的武术教师才能担任相应水平的武术课程的教学。

由于编制的限制，很多高校的体育教师跨学科教授，没有专业的武术教师队伍。所以有关人事部门应该增加武术教师的编制，招聘优秀的武术专业的毕业生。

在招聘方面应遵守公开、公正、公平原则，真正做到为学生负责、为社会负责。

4. 教师应该具备道德素养和教育理念

教师应该具备以新时期武术精神为主体的道德素养和教育理念，并以此作为自己专业的基本理性支点。道德素养是指教师在从事武术教育活动过程中形成的较为稳定的道德观念和行为规范，它主要由事业心、责任感和积极性组成，或称为师德。其核心表现形式就是爱学生。教育理念是指教师在对教育工作本质的理解基础上形成的关于教育教学以及训练、培养应用型专业人才的观念和理性信念。武术教育事业在中国目前全面建成小康社会，迎接民族文化蓬勃发展的时代到来的战略发展中具有对社会、时代、民生、全民健身等方面的普遍、持久、深刻的基础性价值。所以，增强教师的事业心，强化教师的职业责任感，提高他们的工作积极性和人格魅力，确立和调节他们与学生、与社会等相互关系的专业行为准则是十分重要的研究课题。

5. 提高武术教师的教学能力

教师要求具备新的技能结构特征，它是实现人才规格的重要保证。作为一个武术专业教师，不仅要有精深的专业知识，还要有把专业知识转化为教学、训练行动所需的技能与能力，可包含一般性技能和特殊性技能两方面。一般性技能与其他学科教学所需的能力是相同的，即教材和教学内容，方法的选择与准备，课堂教学过程的组织、管理、监控与调整，语言表达能力，与学生的交往、互动等能力。武术教师除应当具备上述一般专业能力以外，还应当具备或强化其他多方面的特殊能力。

（1）科研能力

具有科研的意识、知识与能力，既是武术专业教师与其他学科专业教师一样的共同基本要求，也是其特殊能力的基本构件。由于中国目前处于全面建成小康社会时期，这给武术教育带来了多方面的机遇与挑战，使其面临着日益复杂而艰巨的任务。这就要求武术专业教师能够进行有效的科学研究，它是教师自身专业能力不断发展的先决条件，也是有针对性地培养社会需要的武术专业人才的保障。

（2）操作能力

武术专业教师的工作地点不仅在讲台上，更多的是在户外、在大自然中的各类体育场地、体验区。体育运动的特点要求教师具有良好的教学训练的监控能力以及良好的专业体能，还有技术讲解、专业示范、保护与帮助、伤害的预防与保险等特殊的专业能力。同时，应提升教师的教学"软件"的制作能力，将实践教学与课堂教学结合起来,确保教学训练过程的整体优化。

(3) 预见能力

教育效应的滞后性,决定了教育设计和实施要具有超前性。随着国家对传统文化的重视程度不断加深,武术教育的超前性特征更加突出,这就需要教师具备教育预见能力。教师要根据社会、政治、经济、文化、体育的发展现实性以及对于武术人才需求标准的现实性,制定合理的教育目标,选用合理的教学内容和方法,促进学生综合素养的提升。

值得说明的是,武术教师素养构成成分并不是简单的并列关系,而是一种相互作用、相互影响的复杂的动态变化发展结构。这与目前国外习惯于从教师的个性品质、教学能力、知识结构和教育观念等四个方面来研究教师的方法是相似的。

(三) 创建能体现武术特色的教学环境

教学是实施教育的一种最重要的途径,教学也是一种较为复杂的实践活动。教学环境是教学活动基本因素之一,任何教学活动都必须在一定的教学环境中进行,教学环境对学生智力发展、学习动机、课堂行为、学习成绩都产生较大影响。教学环境就是学校教学活动所必需的诸多客观条件和力量的综合,它是按照发展人的身心这种特殊需要而组织起来的育人环境。良好的教学环境具有导向、陶冶、凝聚、激励、健康、美育等功能,构成教学环境的因素也是比较复杂的。

为了充分地发挥武术教育的功能,应该重视武术教学环境这一教育因素。武术教学环境的创建要依据教育性、科学性及实用性原则,充分考虑武术教育所要达到的目标、学习者身心的特点等因素,创建出能体现武术特色的教学环境。

首先,武术教学环境要体现民族性的特征,这是武术教学环境最大的一个特点。一般来说,优化教学环境的一大原则就是教育性的原则,也就是要求教学环境的一切设计、布置和装饰都应该有利于实现教育目的,体现它的教育性。武术教学除了传授武术技击动作任务之外,还有传承民族文化、弘扬民族精神、提升道德境界等任务,武术教学环境的教育性主要体现在民族性的教育上,所以武术教学环境要充分的体现民族性的特征。

其次,武术教学环境具有规范性。随着武术项目的不断完善,武术相关的服装、器械、道具、礼仪、场地等也日趋规范,这为武术教学环境的规范提供了便利条件,无论是学校武术教育还是社会武术教育,应该尽量提供这些规范性的设施。

(四) 创新武术教学的方法手段

教学方法手段主要包括教学方法、教学组织形式及教学媒介等。"教学方法是在教学过程中,教师和学生为实现教学目标、完成教学任务而采取的教和学相互作用的活动方式的总称",它关系着教学效率的高低、教学工作的成败及培养出什么样的学生;"教学组织形式是教学活动中师生相互作用的结构形式",采用合理的教学组织形式有利于提高教学的效率及使教学活动多样化;"教学媒体是载有教学信息的物体,是储存和传递教学信息的工具",先进的教学媒体也有利于提高学生学习的兴趣及教学效率。

根据教学的实际情况,灵活地运用尽可能多的教学方法、教学组织形式及教学媒介有利于激发学生学习的兴趣、提高其积极性和主动性,从而有助于提高教学工作的效率。在以往的武术教学中,教学方法以讲解法、示范法居多,教学组织形式也比较固定,很少实用现代的教学媒体,这种做法在当今时代是不可取的。教学有法,但无定法,武术教师应积极主动去寻找一些合适武术教学且能激发学习者兴趣的教学方法,并且可以创新一些适合武术教学的且学生喜欢的教学方法和手段,以激发学生的兴趣、提高教学效率、保证教学目的的实现。目前来说,可以在武术教学中多使用一些电化教学手段,这种教学手段不仅可以用在技术教学中,也可以用在传统文化教学、武德教育中。让学生观看技术动作录像,让学生对该技术建立良好的动作表象,帮助其更快更规范地掌握技术动作;让学生观看各种武术比赛的视频,可以激发学生对武术的兴趣,开阔学生的眼界;让学生欣赏一些具有教育意义的武打电影、动漫等,可以让学生受到熏陶和感染,有利于道德教育。

(五)保持自身特色及注重实现核心功能价值

武术教育具有显著的中华民族文化性、个体教育功能的相对全面性、教育方式的实践性、武德礼仪的厚重性、实施武术教育的严格性等属性,在现代的武术教育中必须继续保持这些特色,这样才能保证武术教育的各项功能价值的实现。只有保持了武术教育显著的民族文化性特征,才能有助于实现武术教育的传承民族文化、弘扬民族精神等功能价值;只有保持了武术个体教育功能的相对全面性特征,这样才能发挥武术教育在传承民族文化、弘扬民族精神、提升道德礼仪、塑造人格、锤炼意志等不同的功能价值的实现,而不会把武术教育只当成一般的体育;武术是一种身体实践活动,无论是传授武术,还是习练武术,都得伴随着参与者的身体动作而实现,所以武术教育的实践性非常强,可以说离开了自身的实践根本谈不上传授武技、习练武术;武德礼仪是武术不可分割的组成部分,武德礼仪与武技一起才构成真正上的武术,现代武术教学训练对武德的忽视已经对武术的发展产生了不良影响,所以在武术教育中必须保持对武德礼仪的重视;实施武术教育必须要求严格,无论是武技的提升,还是武德的形成,都需要严格要求才能实现。

武术教育在功能方面表现出全面性的特征,不仅能传授知识、发展智力,而且能提升道德水准、塑造意志等。但是应该注意,武术教育在传承知识、发展智力、提升道德等方面的作用大小是不一样的:在传承知识方面,专家们认为对传承哲学、道德方面的作用相对比较大;在提升道德方面,专家们认为对提高仁爱、爱国、正义、侠义等方面作用比较大;在塑造修养方面,专家们认为对提高勇敢、自信、坚韧等方面的作用相对比较大,另外对提高竞争意识、培养自强不息精神等方面的作用相对比较大。所以,武术教育在实现自身功能价值时,应该也有所侧重、有所选择,应选择那些作用比较大且也是社会有所需要的功能价值,围绕这些核心功能价值而展开武术教育的各方面工作。

六、加强武术教育的科研工作

(一)加强武术教育科研工作的必要性

1988年9月,邓小平同志根据当代科学技术发展的趋势和现状,在全国科学大会上提出了"科学技术是第一生产力"的论断;胡锦涛同志也提出了"科学发展观"这一重大战略思想。既然科学技术对于国家、社会的发展具有至关重要的作用,那么寻找科学规律、发明创造技术的科学研究工作也是非常重要的。科研就是科学研究,指为了认识客观事物的运动规律和内在本质而进行的调查、实验、试制等一系列的研究性活动。武术教育面临着严峻的形势,武术教育存在许多迫不及待解决的问题,这些问题只能通过不断地调查、实验等科研活动才能找到好的解决办法。由于种种原因,至今为止武术教育科研这一环节是薄弱的,可能主要的原因是没有得到国家的重视,因为科研活动不仅需要资金的资助、有些方面还得国家政策的支持,不然很难开展科研活动的。

由于武术是非奥项目,国家投入到体育领域的资金大多花费在奥运项目上,像武术项目这种非奥项目得到的资金也就是杯水车薪了,再轮到武术教育就更少了。再就是武术在传承民族文化、弘扬民族精神等方面的教育价值也没有完全发挥出来,没有得到教育部门的认可,所以武术教育也分享不到太多国家投入到教育领域的资金。没有充足的资金资助、没有国家相应的政策扶持,一直以来武术教育科研是一个薄弱环节,所以必须加强武术的科研工作。

（二）加强武术教育科研需要做的具体工作

武术教育，无论是社会武术教育还是学校武术教育，都存在许多亟待解决的问题。社会武术教育处于不成熟的状态，无论是课程建设、教学、教师等等都没有统一规范的管理，处于无人管理的混乱状态；学校武术教育的处境可能稍好一点，但也是问题重重，"为何教、教什么、怎么教"等一系列的问题摆在前面等待解决。武术教育科研对解决这些问题具有重大的意义，武术教育科研应以武术教育存在的这些问题为研究对象，找出导致这些问题的原因并探究解决的办法。武术教育科研应以从以下几个问题入手。第一，激发当代人习武动机问题。从心理学方面来说，人从事任何活动都是具有一定的动机的，只有某一活动能满足一定的需要，或激发一定的兴趣，或有助实现一定的目的，才能激发人们从事某些活动的动机，章韶华也指出："需要是人类活动的动因，从而对活动具有强烈的驱动作用。"所以武术教育科研应认真研究激发现代人习武的动机问题，吸引更多的人参与到习武活动中来。第二，吸引"国家需要"问题。"国家需要"是武术发展的巨大动力，如何满足"国家需要"以达到争取更多的国家支持应是武术教育科研的一个重点研究问题。第三，课程建设问题。课程对教学内容、教学方法手段的选择具有一定的决定作用，对保证实现培养目标具有重要意义，武术教育科研一定要重视课程建设的研究。第四，教学问题。教学涉及教学目的、教学内容、教学方法手段、教学环境、教师、学生等等众多的因素，教学是实现培养目标、教育目的关键一环，教学相关的因素都必须深入研究。

七、从国家层面应该重视武术教育

就学校武术教育来说，教育目标的狭隘、不明确，教育课程的陈旧、不健全，课堂教学的枯燥、乏味，师资的缺乏、不专业，教育评价系统的落后、针对性差等问题，综合性地导致了"为何教、教什么、怎么教"的问题，最终导致了学生"喜欢武术，却不喜欢武术课"的局面。当学习者不喜欢武术课时，也就谈不上为国家"传承民族文化，培养民族精神"贡献力量了。

（一）继续完善武术管理组织机构建设

中国武术协会于1958年9月成立，是推动武术运动发展，促进武术运动普及和技术水平提高的全国性群众体育社会团体，是中华全国体育总会和中国奥委会的团体成员，是武术行业的全国性非营利性社会组织。它的成立为继承和发扬中华武术优秀文化遗产，倡导和普及群众性武术运动的开展起到了重要作用。

国家体育总局武术研究院于1985年经国家科委和国家人事部批准,1986年在北京正式成立。1987年原国家体委决定将训竞四司武术处与武术研究院合并,直到1994年国家体委设立武术运动管理中心之前,武术研究院还行使着对全国武术的行政管理职能。

国家体育总局武术运动管理中心于1994年设立,是国家体育总局直属事业单位,带有部分行政职能,作为中国武术协会常设办事机构,被赋予对武术运动项目的全面管理。

中心成立后,不断修改、完善武术竞赛套路和散打竞赛规则,相继出台了《武术裁判员管理办法》《经营性武术组织管理规定》《关于审批举办国内、国际武术活动的通知》《中国武术会员制》《中国武术段位制》等政策法规性文件,规范了武术管理。现正加强竞技武术、社会武术和武术与全民健身活动的开展、管理工作,组织多方面力量推动武术科研、宣传、市场开发和武术的国际推广工作,促进武术事业健康、全面发展。

从五十年代国家体委设立武术处以来,到现如今的国家体育总局武术运动管理中心,一直对武术行使着全面管理的职能,为武术的发展奠定了基础,并做出了历史性的贡献。通过中国武术协会"实体化"和实施会员制度,段位制,以社团形式组织开展全国武术工作,并代表中国参加国际武术活动,逐步建立健全了全国武术管理的组织体系。

(二)利用中国国家武术博物馆与国家武术图书馆,进行武术文献传播

博物馆是一个地域历史和文化积累的总和,是继承人类历史和文化遗产的重要载体,也是展示社会文明发展的重要窗口。半个多世纪以来,神州大地上,作为社会公益性的博物馆在不断发展的基础上,充分发挥了文物收藏保护、科学研究和陈列展览、宣传教育的三项基本功能。因此,建立博物馆十分有意义。

武术博物馆也一样。中国武术历经数千年的传承,有许多优秀的历史与文化,出现了许多代表人物。中国武术在国内外具有广泛的影响,建立博物馆很有必要。博物馆以实物见证历史,因此,具有传播文化与教育大众的功能。中国武术博物馆于2007年11月10日在上海体育学院落成。它是世界上第一家全方位展示武术历史与文化的博物馆。中国武术博物馆的建成对于弘扬传统文化,培育民族精神具有重要的战略意义,使中国武术文化非物质文化遗产获得了更好的国家收藏与保护。

武术文献是武术文化与学术传播的基石,是武术理论传播的载体。然而在当今,武术文献传播尚处于落后地位,一些武术文献被束之高阁,仅供少数研究传统武术的人翻阅,因此,更多的武术古文献需要保护开发。建立中国国家武术图书馆既能保护古文献,同时可以促进武术文献的国际国内传播。当前,国家已经开始意识到了古文献的重要性,并开始实施相关保护政策。2007年3月,国务院《关于进一步加强古籍保护工作的意见》的出台,为武术文献的保护提供了制度保障。

(三) 对中国民间传统武术进行再发掘,重点保护拳种流派传人

20世纪80年代,国家体委曾组织了一次武术挖掘整理工作。但当时对武术保护的认识不足,仅仅保留了部分文字和录像,没有对武术传人进行保护,而武术的传人才是武术技艺保护的根本。因为,传人是技艺的载体,技艺是无形的,需要在传人与传人之间动态、活态传承。按照冯骥才先生所说,民间文化传承人是"活着的遗产"。一旦失去传人,就会失去武术技艺,人亡艺绝。所以,国家武术主管部门要对民间武术进行再挖掘,对武术传人进行认定和保护,建立民间传统武术传承人制度。

戏剧中就有"戏保人"和"人保戏"之说。著名越剧表演艺术家茅威涛说,"我必须守着这个老宅子",其对艺术的追求值得敬佩。中国传统武术历史悠久、文化内涵深厚、技艺精湛,需要系统地加以挖掘、整理和研究。一些继承传统武术的大师和传人,大部分年事已高。他们作为传统武术的直接传承者,是活文物,在其有生之年加强对这些人才和技艺的保护和研究,亦是十分迫切的课题。

(四) 在孔子学院中开设武术课

武术的文化教育功能,使武术教育具有文化传承、道德教育和艺术审美的功能。要在孔子学院成为汉语国际传播窗口的同时,争取武术教育的进入,使其成为武术文化国际传播的基地。

武术在孔子学院传播提升了孔子学院的吸引力。

例如,亚美尼亚孔子学院自2010年开办武术课教学以来,受到了来自该国各界武术爱好者的青睐,亚美尼亚武术协会的武术专业人士、一些大中小学生及市民,下班后经常会来交流、学习武术,甚至有些家庭一家三四口人来学习武术。这种学习热情无疑对孔子学院的发展极为有利,可以迅速提升孔子学院的影响力。

事实证明,武术在孔子学院的传播对于树立良好中国国家形象、提升中国软实力也极为有利。比如,2011年7月4日始,韩国泰成中高等学校孔子课堂开展了为期一周的中国武术体验活动。韩国学生们都表示通过学习武术对平日大多只能在银幕上见到的中国及中国武术更为亲切了,对中国传统文化也更感兴趣了。该次活动在整个泰成中高等学校反响强烈,学生们纷纷对中国武术老师竖起大拇

指，见面打招呼时也喜欢用武术中的抱拳礼，更有学生用上刚学会的汉语流行语"很给力"来形容中国武术，表达自己对中国武术和中国文化的喜爱之情。

第6次全国武术工作会议即明确提出："与国家汉办合作，争取武术成为海外文化中心和孔子学院的教学项目。"可见，武术在孔子学院的传播不仅提升了自身的影响力，也作为中国传统文化的载体展示了中国传统文化的内涵与魅力，增加了国外受众对中国的亲切感，对于树立良好的国家形象、提升中国软实力具有积极意义。

（五）争取武术列入"中国世界文化遗产预备名单"，举办"中国武术文化日"

武术"申遗"并非武术传承与传播的出路，但是通过武术"申遗"能唤起人们的文化自觉，增加人们的民族自信心和自豪感，从而对博大精深的武术文化有全面的认识。武术要争取列入"中国世界文化遗产预备名单"，最终进入联合国"人类口头和非物质文化遗产代表作名录"。

为了加强文化遗产保护，提高人们对文化遗产保护的重视，国务院下发了《关于加强文化遗产保护工作的通知》，决定每年6月的第二个星期六为我国的"文化遗产日"。为了更进一步明确保护民间传统武术的意义，国家武术主管部门应举办"中国武术文化日"，以唤起人们对民间传统武术的保护意识。

第五章 我国武术体育人才培养典型模式

第一节 "体教结合"模式

目前国家针对我国体育事业发展的现状提出相应的策略即"体教结合"模式。就其字面意思来看,"体教结合"就是体育和教育的结合,即国家体育与教育部门联合起来旨在培养全面发展的高素质体育人才。具体指它本着科学发展的原则,坚持以人为本,目的在于培养全面发展的,符合现代化建设需求的体育人才。

"体教结合"模式是以学校为主导,为了充分保障运动员的科学体育训练和应有的教育知识接受,以及体育系统和教育系统合理分工,明确职责,促进双方优势资源的共享。"体教结合"模式不仅促进了高校竞技体育人才自身综合素质全面发展的需要还满足了现代体育和教育事业对于人才发展的需求。我国武术专业毕业生当前面临着找不到好的工作,无法养活自己的现实问题,在这种情况下,"体教结合"模式培养武术人才的模式被我国相关的研究人员提出并得到了部分的实践应用。经过多年实践总结,"体教结合"培养模式使得国家教育体系与体育体系有机优化结合起来,是在实现优势资源共享的基础上培养高水平运动队和高技能、高文化水平的,综合素质优秀的武术运动员的一种培养模式。

一、体教结合模式的发展过程

国家体育总局在《落实2016年政务公开工作要点实施方案》中指出,要"加强体育传统项目学校建设"。而且《关于发展学校业余体育训练、提高学校体育运动技术水平的规划》也特别强调了学校业余体育训练和增强全体学生体质的重要性,确定了学校体育的工作即在学校中寻找有体育才华的学生,使其成长为综合素质全面发展可以为国争光的优秀竞技体育人才,在退役之后还可以从事相应的工作,为祖国做贡献。这次会议还就当时"举国体制"的体育教育中存在的一些问题提出了建设性的意见,它试图突破竞技体育人才由国家体育总局一家单独培养的局面,在一定意义上确定了"体教结合"的意向,为竞技武术人才由体、教两家齐心合力共同培养指明了方向。在会议召开之后,"体教结合"经历了积极准备、快速推进、多元化探索和不断强化管理的阶段，通过国家教育部和体育总局颁发的一系列文件，基本上明确了具体的实施办法。从学校招收体校武术运动员和退役武术运动员以及高中预科班和直接录取有突出表现的运动员开始，"体教结合"正在向着全国范围内重点普及，新的形式和运行策略在实践中不断得到发展和验证。"体教结合"培养竞技武术人才在认识发展过程中，经历了三个层面（微观层面——中观层面——宏观层面）的深化，从针对运动员个体、针对学校教育到体教两个部门的结合，"体教结合"则更多地强调运动员个体的修养到宏观的政策制定和行动推进，实现整体上两个部门的统一，对于该模式的认识成为整个体育界关注的问题，其重视程度也远远大于过去。

二、"体教结合"模式的概念内涵

对"体教结合"的界定，是从其具体层面上进行理解、剖析的。

（一）体即体育部门，教即教育部门

目前我国存在着体育和教育部门相互独立的发展现况，它们分别属于不同的上级机构管辖，体育部门专心培育体育人才，有着严格的训练时间，与其他院校的学生接触较少，在训练方法和营养补给方面都由专业的团队悉心指导，但是却忽视了运动员的文化学习；教育部门则主攻文化知识的深造，有着丰富的文化教育资源，体育人才的培养也是仅限于学校体育队和相关专业人才的培养，在训练的过程中相对业余，有着较高体育天赋的人才可能会因为训练方法不得当、营养供给不充足等原因而不能发挥出应有的水平。因此，"体教结合"便是最好的解决该问题的途径。将国家体育部门和教育部门进行合理组合，运动员的文化学习由教育部门负责，运动员体育水平则由体育部门负责，两个部门合作运用科学的方法培养运动员成为全面发展的人才。综上所述，由体育部门和教育部门这两种人才培养系统的有机结合，培养出的竞技体育人才能适应时代发展的需要。两个部门以有利于运动员的发展为中心，统筹规划好各自的职责和义务，经过科学合理的安排，促进高水平体育人才的培养和体育事业的可持续发展。

（二）体即体育运动，教即各级学校

当前我国各级各类学校过于偏重学生的文化课水平，不重视学生的体育素质培养，由此导致一部分具有体育潜质的人才不能发挥出其应有的水平。"体教结合"培养竞技体育人才不仅仅只是为了解决优秀运动员的文化问题，更多的是为了促进竞技体育科学合理的可持续发展。现代体育运动来源于学校，从世界体育

强国看竞技体育人才大多是从各类学校中选拔出来的,因此,我国将竞技武术人才的培养纳入现代的体育教育体系也是实现体育事业持续发展的必要举措之一。从全世界范围来看,国外的竞技体育人才大部分是在各类学校中训练出来的,脱离了文化大环境下的体育训练终究只会是暂时的,不利于体育事业的持久发展。奥林匹克运动的兴衰就是一个很好的例证,尽管在体育竞赛中取得了辉煌的成绩,但最终不能长久地维持体育事业的发展。因此,要做到学校教育和体育教育的优化组合,在重视文化教育的同时合理开展体育训练。为了适应社会发展对体育人才的需求和配合竞技体育的改革,高校要充分做到在以人为本、科学发展的前提下发掘培养优秀竞技体育人才,探索出符合社会主义初级阶段市场经济发展水准的竞技体育后备人才培养方式。

(三) 体即体育训练,教即文化教育

该解释是针对我国在对运动员训练过程中忽视文化知识学习的现象而言的。当前,高校运动队的目标是培养适应竞技体育比赛的高水平运动员,这与我国实行单轨制体育竞技后备人才培养模式有着密切的关联。建国初期,我国竞技体育希望实现赶超世界体育竞技水平、取得辉煌成绩的目标,但受当时经济发展水平的影响,单轨制人才培养模式才是最合适的培养人才的方法。在初期阶段,这个体制有效地提升了运动员的体育竞技水平,但是随着经济发展和社会的转型,这种人才培养模式的弊端暴露出来,体育人才的整体素养不够、招生单位经费短缺、学生数量减少的问题渐渐显露出来,加上当今国际上赛事的增多,对于竞技成绩的急于求成,盲目训练缺少科学规划的问题日益突出,而要探索出有利于我国竞技武术人才培养的合理模式就需要对体育体制进行深化改革。在这样的社会大环境下,"体教结合"模式培养竞技武术人才便应运而生,它不仅注重体育竞技人才运动水平的提高,同时也关注他们的文化教育状况,以此来培养全面发展的优秀高水平运动员。在科学合理地安排运动训练的同时,体育院校也要帮助运动员提升文化素养,只有这样,才不会出现优秀的运动员退役之后找不到工作或是无事可做的情景。其次,对于运动员的文化教育还可以帮助其情商和智商的提高,增强整体竞技运动的控制能力,面对突发情况沉着应对,稳定发挥自己应有的水平,并彰显优秀运动员的品质。相应地,"体教结合"培养出的运动员使大众摆脱了旧有训练模式培养出的"头脑简单、四肢发达的"的公众形象的认知定位。通过"体教结合"模式培养出的武术运动员将文化学习和运动训练结合在一起,成长为全面发展的人才。

三、高校竞技体育人才培养"体教结合"模式的特征

高校竞技武术人才培养的"体教结合"模式是我国根据其特有的现实状况所提出的培养体育竞技后备人才的方式，它与其他国家培养竞技体育人才的方式不同，有着自己独有的特色。

（一）具有鲜明的时代地域发展特色

"体教结合"模式培养我国高校竞技武术人才促进了我国竞技体育事业的发展。长期以来，"举国体制"下我国尽全力开展体育竞技，发挥社会主义集中力量办大事的优势，多项体育项目获得斐然成绩，促进了中国竞技体育事业的快速发展。虽然"举国体制"下我国竞技体育发展较好，但随着我国经济的迅速发展，其种种不足也暴露出来。在与时俱进观念的指导下，在遵循科学的发展规律的基础上，"体教结合"成了新时期我国培养竞技武术后备人才的有效举措，也成为我国高校培养武术后备人才的有效途径，它结合我国高校目前的发展形势，通过实现教育部门和体育部门的充分合作，发挥二者的优势，优化社会资源的配置，极具中国特色。

（二）国家政策的导向性

在认识过程中，"体教结合"经历了微观层面、中观层面、宏观层面的发展历程，在此过程中，体育和教育部门下发的一系列文件成了该模式发展的行动指南。从国家体育总局、教育部下发的《体育传统项目学校管理办法》，体育总局、教育部联合印发了《全国体育传统项目学校先进集体评选办法》，这些政策与举措在"体教结合"实施的初级阶段，使得全国普通中小学都开始重视对竞技武术后备人才的培养，各级学校也增强了对竞技武术人才培养输送方面的责任感。目前该项工作更是趋向于程序化，《体育传统项目学校管理办法》颁发于2013年，对申办体育传统项目学校的要求进行了严格规范，《国家级体育传统项目学校评定办法、标准及评分》则更是加强了国家对业余体育训练的控制。体育传统项目学校在上述政策的指引下已经成为我国竞技武术后备人才的培养基地，各项招生工作稳步进行，政策的制定与出台极大地增进了学校对人才培养的重视程度。

（三）实践地区的分散性

目前，"体教结合"还没有在全国范围实施，主要开展区域是在东部的发达城市，且大部分是出于学校的个体行为，因此具有分散性。以清华大学为例，其凭借学校自身雄厚的经济实力，独创了引进招募或是从中学招收优秀体育竞技人才

的运动员培养体系。但是，就全国范围来看，真正做到"体教结合"的高校仅有二十多所，而且主要分散在直辖市、高校集中地、经济发达地区等。全国范围内还有很多高校处在各自发展独立办学的阶段。由此造成了体育部门和教育部门各自为政的现象，武术运动员在参加比赛时会出现关于代表体育系统与学校的冲突，很容易引发一系列矛盾。随着体育竞技活动的日益增多，这些矛盾将会一一呈现出来，由此造成体育和教育结合中的凌乱和散漫，缺乏组织性和规范性，从而会不利于整体的体育事业长远发展。

四、高校竞技体育人才培养体教结合模式的优劣势

"体教结合"是高校根据社会发展阶段的特殊需求而提出的发展模式，它适应了经济社会转型的要求，有着其他模式无法比拟的优势，但在理论和实践中，它还不是特别成熟，存在着一些不足。

（一）高校竞技体育人才培养"体教结合"模式的优势

"体教结合"是高水平竞技体育人才可持续发展的必由之路，是培养全面发展型人才的重要举措；"体教结合"是要将运动员的竞技能力和文化水平的提升放在同等重要的位置，这也是培养综合素质全面发展的青少年运动员的关键所在；运动员成长阶段，营养是否丰富、训练方式是否得当是运动员体能恢复与增强的重要因素，体育部门在体育训练方面有专门的教练员，他们专业的训练知识可以帮助运动员在较少的时间内达到最佳的运动竞技状态，同时，教育部门在塑造运动员人生观、世界观、价值观过程中有着不可替代的作用；"体教结合"在一定程度上解决了"学训矛盾"突出的问题，在此基础上高校可以使具有体育特长的人才得到全面发展；此外，提高运动员的文化教育水平可以使其不至于在退役后因为没有文凭而遇到就业难的问题；它在体育系统与教育系统之间架起了一个很好的桥梁，有利于不同部门之间的沟通合作，能够协调好管理者与执行者的关系。

（二）高校竞技体育人才培养体教结合模式的缺点

首先，很多高校办高水平运动队的目的只是为了提高学校的竞技运动成绩，并没有对学生的全面发展有一个清晰正确的认识。其次，体教结合制度不健全，体育系统与教育系统的资源整合不完善，致使部门之间的协作、冲突频发，职责不明晰。比如，运动员注册、比赛资格归属问题，优秀运动员流动机制不够合理，这些都会导致各方利益博弈达不到均衡。再次，在现在多数高校里，教练员片面强调了高水平运动员的训练，而忽视了学生运动员专业文化课的学习，出现了体

教分离的现象，致使学习和训练之间的矛盾难以调和，使"体教结合"失去了原有的意义，最终致使学生运动员不能掌握该学科的文化知识和无法完成学业。此外，就我国目前的发展情况来说，"体教结合"的投入成本过于巨大，进行训练的同时也重视文化知识的学习，其中的费用对于许多家庭来说会是一笔不小的开支，这就需要国家政策的相对倾斜。最后，运动训练会消耗运动员较多的体力，造成运动员身心疲惫，这有可能会直接影响到他们学习效果的好坏，从而达不到预期的培养目标。

五、"体教结合"培养模式出现的问题与可持续发展对策

（一）体教结合培养模式出现的问题

1. 两个系统并未真正合作，各自为政的问题较为突出

"体教结合"是为了解决现实中的历史遗留的问题而提出的发展对策，但是由于人们认识上的差距以及部分学校急于求成，过于重视运动员的比赛成绩，而没有耐心培养那些具有潜质的体育人才，体育部门通过运动员进校学习作为运动员综合素质提升的保障，高校则希望通过招收的退役运动员快速组建一支高水平运动队来提升学校的知名度，这些都表明体育部门和教育部门并未真正合作，导致了"体教结合"仍是政策文件上的口号。目前虽然有些省市在政府部门的直接领导下已经展开了一些体育部门和教育部门合作培养高水平竞技体育人才稍有成效的尝试，但总体上两部门还是在各自微观和中观的系统内运作"体教结合"，宏观合作意识不强，很少出现跨省、跨地区的合作。

2. "体教结合"的硬件软件设施配置问题亟待解决

此处的硬件和软件配置主要是指场地设施、营养供给和教练配置。纵观该模式的实施过程，由于两个系统多年的各自为政以及人才培养方式的不同，在教育系统，学生有着良好的学习氛围，但是体育训练场所受到一定的限制，不少学校甚至没有特别专业的体育设施。作为运动员的学生只能在为业余体育爱好者所开设的场所中进行专业的体育训练，或者是不能得到专业的教练的科学指导，这会使得学生运动的积极性下降，不能发挥出其应有的水平，从而导致人才的埋没。相反，在体育系统中，体育设施基本上是专业一流的，作为学生的运动员们有着专业教练的细心指导，但是相对于普通学校而言缺乏文化学习的氛围。"体教结合"仅仅是停留在字面意思上，两个系统尚未做到实质上的优势互补，在教练以及运动设备上，系统之间还未实现真正的交流合作。

3.政策和竞争体制需要进一步完善

提升竞技体育人才的运动技能,在各种体育赛事取得优异成绩就是体育竞技后备人才培养的直接目的。这种培养机制的直接后果是造成培养过程中的急功近利,学校参与比赛的场数有多有少,年龄段和比赛种类上也有很大的不同。对于尚处在成长期的普通高校学生运动员来讲,缺乏有效管辖的竞赛机制会对他们的身体造成伤害,不利于体育水平的提高和身体状态的恢复。而对于大部分已经成年的大学生来说,他们的体育竞赛一般都是在学校范围内展开,同业余体育运动者进行竞争,相比来说,与专业运动员之间比赛数量则是极少的,这在很大程度上制约了运动员竞技水平的提高。

(二)体教结合培养模式的可持续发展对策

1.增强合作意识,促进资源合理利用

高校要想实现"体"与"教"的真正结合,归根到底在于体育系统与教育系统两系统的合作自觉。具体来讲,教育系统在保证学生能够正常完成学业的同时,更应该重视学生的体育训练需求,可以同体育系统签署相关的训练合作协议,由其全权掌握学生的体育训练活动,并给予资金帮助,使学生在学习文化知识的同时,可以接受专业的训练,进而促进学生的全面发展。

2.完善政策法规,推动"体教结合"

"体教结合"是一项有利于我国高校竞技体育后备人才培养的重要发展模式,它的实行不仅要依赖于两个系统的自觉合作,还需要政策的制订并加以正确引导。合理的政策制定可以规范"体教结合"的具体实施办法,增强工作人员的积极性,为体育和教育事业的长期发展做出贡献。我国制定了一系列相应的政策文件并对高校"体教结合"模式进行了实践应用,结果表明在普通高校里制定适应社会改革发展转型的举措是促进"体教结合"有序进行的制度保证。

3.提高人员素养,解决"学""训"矛盾

"体教结合"的主体是教练员,客体是学生,作为行为实施的双方,人员素质是影响结果好坏的直接因素。作为教练员,除了要对学生进行科学的训练指导之外,还要关注学生的学习成绩,避免片面化,鼓励学生全面综合发展。作为学生,在新时代要树立自身全面发展的观念,摒弃过去只重视学习或者体育成绩而造成发展不协调的急功近利思想,合理安排学习和训练时间,并在身体能够承受的范围之内,处理好"学"与"训"的矛盾,从而达到综合素质的稳步提升。

第二节 "三级训练体制"模式

一、三级训练体制的概念

有专家指出："三级训练体制"是指学校对小学、中学、大学中具有运动发展潜质的部分学生运动员，利用其课外活动时间，以组成运动队的形式，进行长期的系统的科学训练，以提高其运动竞技水平乃至综合素质等全面发展为目的的训练过程。其中小学阶段、中学阶段、大学阶段分别是学生武术运动员训练的基础时期、关键时期以及成才时期。

小学是优秀武术运动员选材的主要场所，它标志着运动员运动生涯的开始，其主要任务是：在通过各种选材测试相关内容的基础上，向中学输送具有良好运动天赋的运动员。学生运动员在中学时期进行科学训练是成为高水平运动员的重要阶段，这期间的主要任务是：将具有良好运动天赋的学生在进行科学的系统的训练后，把身体素质较全面、运动技术较高的运动员输送到上一级的大学里。大学时期，学生运动员学习各种前沿知识，这对学生运动员能否成为高水平运动员具有重要的指导作用，学生在接受训练指导后将理论与实践联系起来，形成学习与训练并举的金字塔运动员培养梯队。

高校竞技武术人才"三级训练体制"培养模式是指高校作为小学、中学、大学"三级训练体制"三段培养模式的"龙头"，统领协调中小学制定人才培养的纵向衔接的系统完整的目标体系，并依据高校竞技体育人才培养目标，利用高校的场馆设施、教育与科研等优势资源全方位培养中小学阶段输送的高水平体育后备人才的一种模式。"三级训练体制"培养模式指在学生运动员不同的成长阶段中，相关部门设立与学生成长特点相符合的小学、中学、大学"三级训练体制"式的跟踪培养模式。这种模式主要是通过建立三位一体训练小组，将大学、中学、小学三级培养体系纵向串联在一起，依据我国现有条件制定小学、中学、大学三级训练体制培养体系的发展规划，共同承担高水平运动员的培养工作的责任，同时通过高校这个龙头，带动中小学竞技体育的进一步发展，为国家培养更多优秀全面的复合型竞技武术人才。

二、高校竞技体育人才培养"三级训练体制"模式的特征

"三级训练体制"模式将学生运动员的学习与训练共同培养，弥补了举国体制下的"三级训练体制"只注重运动员的训练，忽视运动员的理论学习的缺点。此

外,"三级训练体制"模式具有自己独立的组织管理机构,既承担学校的对内组织管理工作,又承担学校对外相关工作的协调,与体育教研室分割开来,二者处于平行关系。它直属校体育部领导,与体育教研室在业务往来上既相互联系又有所区别。"三级训练体制"培养模式组织机构中配有负责具体工作的专职领导干部,在学校体育教师的配合下,形成了竞技体育高水平运动队"三级训练体制"的训练体系。该三级训练体制体系根据三阶段的不同训练特点,做出"小学做大、中学做强、大学做精"的人才培养目标定位。

"三级训练体制"训练网组织管理系统能全面地反映其管理与训练之间的层次关系,各级运动队的组织管理工作,都直接受上级领导的监督,使小学、中学、大学各级运动员的培养与输送工作能够有效地衔接,形成一个环环相扣的动态管理系统。在学校里,学生运动员与普通学生一样,接受同样的文化知识的学习,课余时间拿出来训练,形成"两手抓"的培养模式,这种培养模式极大地提高了青少年学生运动员的综合素质且训练效果比较明显,此模式将课堂上所学的理论知识与训练实践相结合,学生运动员的综合素质有了很大的提高。可见,"三级训练体制"组织管理模式既能充分地反应自身对运动训练工作的独立性管理,又能体现小、中、大各级学校运动队之间的衔接,从而形成纵向梯队输送模式,这样就在一定程度上解决了高校竞技体育人才的生源问题。随着现代体育的激烈竞争,竞技体育的水平的高低直接影响着我国在世界舞台的地位,虽然举国体制在建立之初,促进了我国竞技体育的发展,但随着社会经济和科技水平的不断提高,其弊端逐渐显露出来,高竞技运动水平及综合素质人才逐渐成为世界各国培养的对象。"三级训练体制"培养体系顺应时代产生,其有效的组织管理系统为促进我国竞技体育水平的提高提供了强有力的支持,也为我国高校培养高水平竞技武术人才提供了可靠路径。

三、高校竞技体育人才培养三级训练体制模式的优缺点

(一)高校竞技体育人才培养三级训练体制模式的优点

1."三级训练体制"模式为培养学生武术运动员的综合素质教育提供保障

"三级训练体制"培养模式是在群众体育的基础上,在家庭、社会、学校的共同努力下以学校为依托,培养综合型素质人才及高竞技运动水平运动员的方法。"三级训练体制"培养模式在将大学、中学、小学三级学校由高到低串联起来,将学生运动员与普通学生同等对待,为学生运动员的综合素质教育提供了保障。

2."三级训练体制"模式为培养武术高竞技体育水平人才提供保障

各级学校的硬件设施和高科技软件的应用,使大学、中学、小学相互联系、

相互作用，中小学则不断向上级学校提供高素质及运动水平的综合型人才，三级运动队相互促进、共同成长。学生边学习边训练，在轻松愉快的氛围中，既学到了此阶段应该学习的知识，又锻炼了自身素质。

（二）高校竞技武术人才培养三级训练体制模式的缺点

1. "三级训练体制"培养模式缺乏政府相关政策的支持

虽然我国在高校培养竞技体育人才的问题上一直在探索并且有所进步，高校"三级训练体制"模式培养竞技体育人才也有了许多成功的典范，但是，"三级训练体制"培养模式未能发展成熟并形成体系，仍处在不断地发展完善的过程中。政府对于高校培养竞技体育后备人才模式并没有具体的政策扶植，对"三级训练体制"培养模式在全国范围内的广泛推广造成了一定的阻碍，从而影响了"三级训练体制"模式的发展。

2. "三级训练体制"培养模式经费难以保障

充足的经费是"三级训练体制"培养模式可持续发展的物质保障，经费是基础，随着举国体制下"三级训练体系"弊端的逐渐显露，"多元化"模式培养高水平竞技体育人才在全国范围内迅速推广，"三级训练体制"培养模式作为"三级训练网"的继承与补充，也得到了迅速传播，在其传播过程中，各级学校的教学场地设施相对不足难以满足学生运动员的实际需要，各种经费的筹集时常面临困难，这为"三级训练体制"模式培养高校竞技体育人才的推广造成一定的影响。

3. 师资力量不足，阻碍"三级训练体制"培养模式在全国范围内的推广

由于各个地区经济发展水平差距较大，经济较发达的地区，学校师资力量比较雄厚，有利于"三级训练体制"培养模式的推广与实施；经济比较薄弱的地区，学校师资力量比较薄弱，"三级训练体制"培养模式难以得到推广。各级学校体育教师及教练员也必须提高自身的科研水平和业务水平。有的试点学校给外聘的体育教师的课时补助也难以保障，使竞技体育人才的培养工作难以正常进行，在一定程度上也不利于"三级训练体制"模式的发展。

四、"三级训练体制"培养模式可持续发展对策

（一）依托地方高校的科研与培训实力，促进"三级训练体制"培养模式的科学发展

高校在培养竞技武术人才中起着带头作用，是竞技武术后备人才培养的重要基地。高校可以从以下几个方面努力：首先，高校是一个多学科组成的综合系统，其整体科研水平与中小学相比相对较高，对新世纪新阶段前沿的知识掌握的比较

全面，高校应充分利用此平台，加强对"三级训练体制"训练模式的研究，探索出更多的符合优秀运动员身体发展规律的方法手段。其次，经济水平较发达的地区，高校可以向上级主管部门申办在本地区发展的优势项目高水平运动队，通过在本校选拔具有项目优势的学生或招收符合本校录取条件的体育特长生为本校的正式学生，学校自主举办高水平运动队，使得学生运动员既有一定的文化素养又有高超的体育技能，使高校成为培养适合当代发展的复合型人才的基地。

（二）积极借鉴成功经验

近年来，"三级训练体制"培养模式在全国范围内广泛传播，各地试点学校在摸索中不断前进，经过几年的时间，涌现出众多能在国内外各类重大赛事中崭露头角的优秀高水平运动员。试点学校得到了良好的社会声誉，并取得了运动员家长的支持与信赖。随着各类主流媒体的相关报道，引起了全国各地从事竞技体育事业人士的关注。"三级训练体制"培养模式不仅丰富了青少年的课外体育活动，还促使大、中、小各级学校体育工作的全面开展。各地学校在探索中逐渐找到了与本校特色相适应的道路，建议各级学校积极借鉴其他学校培养高水平竞技体育人才的成功经验，找到适合自身发展的具有地方特色的"三级训练体制"培养模式，以促进各级学校学生运动员的均衡发展，早日培养出高质量高水平的复合型人才，为我国竞技体育事业的发展提供大批优秀后备人才。

（三）加大对高校三级训练体制培养体系的投入力度

为了培养更多的高水平竞技武术人才，"三级训练体制"培养模式必将在全国范围内广泛开展，这是我国体育运动发展的需要，站在长远利益的角度来看，各高校领导应对"三级训练体制"模式培养全面发展的复合型人才重视起来，不能只关注运动员短期运动成绩的提高，高校应将运动队经费纳入学校经费管理条例当中，适当加大对高水平运动队的资金投入，通过学校宣传栏或会议的形式，加大学校及社区居民对"三级训练体制"培养模式的认识，加大高校对中小学体育的扶植力度，从各方面极力推进"三级训练体制"培养模式在高校范围内的实施，共同提高高校高水平竞技体育人才培养工作的效率。

第三节 "校企结合"模式

一、"校企结合"模式的内涵

高校培养竞技武术人才需要大量的资金，而其主要来源在于学校的拨款，但是这不能满足平日学校培养竞技武术人才的需求。在《教育部国家体育总局关于进一步加强普通高等学校高水平运动队建设的意见》中提到:"普通高等学校应在坚持公益性原则的前提下,善于利用社会主义市场经济运作方式,为高水平运动队的建设和发展筹措资金。"在此政策中我们可明确看出,国家体育总局、国家教育部提倡高校可在不违背公益性的前提下充分利用社会力量为高校高水平运动队竞技体育人才的培养筹集资金,并促进高校体育事业的发展。

二、校企结合模式概念的界定

"校企合作"是从高职院校与企业合作衍生而来的,主要是指学校和企业为培养出能适应时代发展、经济发展和事业单位所需的应用型人才,利用教育资源和环境存在的异同,发挥二者在各自人才培养方面的优质资源、技术、师资培养、岗位培训、学生就业、科研活动等的合作,是把在课堂上所学到的理论科学知识与生产实践紧密联系起来,从而利用理论指导实践,最终实现学校和企业之间双赢的一种培养模式。

随着当今时代社会主义市场经济的迅速发展,普通高校高水平武术运动队应集思广益,积极争取社会各界力量的支持来发展壮大。现今普通高校办高水平武术运动队社会化的主要模式有以下几种:普通高校与企业(公司)或行业体协联合办队;普通高校与国家体育总局联合办队;普通高校依靠自身力量办队;体育俱乐部等模式。对高校培养竞技体育人才的资金来源进行分析,可以看出"校企结合"模式是目前较好的高校培养竞技体育人才的方式之一。

"校企结合"模式的实质是高校与企业为了一定的目标,将双方在人才培养、资源共享等方面的联合与协作关系建立在自愿、平等、互利的基础上,并以合约的形式规范双方在培养高校竞技武术人才上所应担负的责任和义务及收益共享,从而提高高校武术运动队成绩,促进高校竞技体育发展的一种人才培养方式。

三、校企结合模式的特征

"校企合作"其实是共同培养高校竞技武术人才的一种双方共赢的合作模式,高校与企业之间存在着互补资源,二者互相交换资源,在此基础上实现各自的目标。

纵观现阶段学校与企业合作共同培养高校高水平竞技武术人才的模式来看,主要为综合性合作模式、企业冠名合作模式和资源共享合作模式三种。较之高校所采用的"体教结合"模式和"一条龙"模式来说,"校企结合"模式更适合今后高校竞技武术人才的培养。体育经费充足与否以及教练员水平的高低是高校培养高水平竞技武术人才的重要因素之一,二者都需要充足的资金作保障,而现阶段高校竞技武术发展仍旧是靠学校的拨款,这点资金远远满足不了高校对竞技武术人才培养的需求。当然学校是校企合作培养竞技武术人才的主力军,训练中出现的资金短缺问题可以借助社会企业的力量去解决,企业也能在各种比赛中利用冠名合作、资源共享等方式获得自己所需的商业价值。可以说高校高水平竞技武术运用"校企结合"模式培养体育人才是一种双赢的、新兴的、值得借鉴的方法。

四、"校企结合"的优劣势

(一)"校企结合"的优势

1. 获得资金支持,解决资金短缺问题

现阶段我国高等院校培养竞技武术人才主要依靠国家教育部下拨给学校的经费,但是仍旧很难满足学校竞技武术的发展。对于不同层次的高校教育部所拨财政金额也不一样,而学校也会在各项目间进行比较考量,不同的竞技项目的拨款金额也不同。

2. 获得更多的参加比赛的机会

毛泽东曾说过"实践是检验真理的唯一标准"。众所周知,平日的训练是为了比赛,而比赛可以更好地促进训练。要想全面运用和检验训练成果,提高训练的针对性只能较多地参加高水平的比赛。高校高水平运动员受赛事资源垄断和参赛资格限制的影响而无法参加更多的比赛,这对高校竞技武术的发展产生了不利影响。虽说国家已将有关大学生运动会的各项工作移交给教育部及其管辖的中国大学生体育协会负责,但是国家体育部门仍旧掌握着国内重大比赛的举办权、国际比赛的参与权及运动员参赛资格的选拔权等,在某些赛事中高校运动员的学生身份仍受到限制。我国高校除了篮球和足球项目有较多的比赛、赛制较为完善外,武术等项目在国内并没有完善的赛程赛制,这对高校竞技武术人才的培养和高校竞技武术的发展是不利的。因此,高校要想更好发展竞技武术不得不与体育部门和社会企业合作,以获得更多的参赛机会与资金资源等。

3. 扩大高校知名度,引进优秀生源

很多学校在体育上都有自己一定的特色,如英国剑桥大学、牛津大学的赛艇队,清华大学的跳水队,浙江大学的男子篮球队和三峡大学的男子足球队等。高校优秀竞技体育成绩在一定程度上提升了学校的知名度,有利于优秀生源的引进。

现如今，我国高校学生武术运动员主要来源是普通高中，少体校和传统项目学校的学生和省市队、俱乐部退役的运动员，这些相对固定的招生渠道，限制了高校招收优质生源的能力。华侨大学的男子篮球队已多次取得冠军，在一定程度上扩大了学校的知名度，吸引更多的优秀生源，这也成了影响高校竞技体育发展的因素之一。因此我国高校在与体育部门、中小学等社会组织合作招收更多优质生源的同时，也与社会企业合作以不断提高高校竞技武术成绩，扩大高校知名度，拓宽招生渠道。

4.扩大高校竞技武术人才的就业途径

评价一所高校的办学水平及其效益的重要指标之一是高校毕业生的就业情况和就业质量。专业特点和文化知识的不足致使高校竞技武术人才很难从事跨专业工作，就业面窄。高校竞技武术人才就业所需的服务平台与合理完善的服务线等，众多高校并未提供，这些因素使得高校竞技武术人才毕业后就业渠道单一，导致高校竞技武术的开展有了一定的限制。很多高校希望能够通过与社会企业间的合作拓宽高校竞技武术人才的就业途径。在比赛中，高校竞技武术人才展现自己高超的竞技水平，同时社会企业拥有广泛的社交关系网，这种"校企结合"的培养模式为高校竞技武术人才的就业提供更多的就业路径，创造更多的机会。

5.优秀教练员共享

随着现在经济的飞速发展，越来越多的高科技运用到竞技体育的领域中，这对竞技体育教练员的科学文化知识、专业技能和心理素质等的要求越来越高。我国高校高水平运动队的教练员多数是由体育院校或是高校体育院系毕业的本校体育老师担任，但是有些体育老师没有真正地参与过高水平的训练和比赛，缺乏长期专业的战术训练和比赛经验，理论知识大于实践技能，无法具体指导实践，而且这些教练员平日里还得上课，耗费大量的精力。这些因素在一定程度上都影响了高校对竞技武术人才的培养。在"校企结合"模式的推动下，高校可与体育部门或者企业间建立合作模式，聘请职业教练员，实现优秀教练员资源共享。

"校企结合"模式促进社会各方面的人、财、物资源实现共享，因此，要充分了解高校与社会资源的特征，对优势资源要进行有针对性、合理的整合运用，完善高校培养竞技武术人才的模式，促进高校竞技体育的发展。

（二）校企合作模式的劣势

1.学校领导不重视，积极性不高

"校企合作"模式对于我国多数高校来说仍是一片空白，没有规律、模板进行参考，高校相关领导的支持可很好地促进学校与企业的合作。高校相关领导对该校武术运动队的重视可以为高校竞技武术的发展创造一个良好的环境，有助于运动队的成长和发展。在学校和企业合作时更看重的应该是长远利益，创造二者双赢的局面。高校在"校企结合"模式下培养高校竞技武术人才不仅解决了武术人才培养的资金问题，学校高水平运动队在比赛中取得名次后还能提高学校的知名度，而企业也在合作过程中提高自身的形象与知名度，实现真正的双赢。高校领导应从长远考虑，积极促进学校与企业之间的合作。

2.组织机构不到位

由现有的合作中可以看到，多数是学校的教练员利用自己的人脉资源找寻企业促进学校和企业间的合作，学校与企业的合作，学校应有专门的组织机构对合作事宜进行负责，而教练员并不是组织机构的成员，合同中的很多事项也因此很难实施下去。而企业组织机构运作机制的不成熟，经费落实不到位，这些因素阻碍了学校和企业合作的积极性。"校企结合"模式运行机制的不成熟导致合同难以按照规定的执行下去，不仅不能更好地促进高校竞技体育的发展，更不利于"校企结合"模式的继续推进。高校领导应对"校企合作"模式加以重视，构建相应的激励机制来提高促进二者合作的积极性，对高校培养竞技体育人才加以重视，促进高校竞技体育的发展。

3.运动项目不均衡

企业在与学校合作时会优先考虑运动项目以及运动队的商业价值，不同的竞技项目有不同的商业价值，如篮球、足球、羽毛球、乒乓球、网球等群众基础好、受关注范围大、可观赏性强的运动项目，企业在合作时会优先考虑，而射击、田径和武术等受关注程度小，群众不太了解的项目则基本没有意愿合作的企业，这些因素造成了运动项目合作发展的不均衡。当前国内高校的体育赛事少而平淡，群众基础基本局限于学生，与国内外的职业联赛和国外高校体育赛事相比较来看差距甚大，赛事本身也不具有能够吸引企业投资的影响力。现今企业与高校合作时会进行两方面的综合考虑，一是该校运动队的价值，二是高校的知名度，如清华大学的跳水队。有的学校则会进行"捆绑销售"，宁波大学的篮球队比较出名，并与中国移动镇海分公司合作，但是该公司拨款中的一部分会用到宁波大学网球队中，这是因为该校部分领导爱好网球并要求企业对其进行投资。在社会主义市场经济体制下，学校的拨款已无法满足高校竞技体育的发展，而武术更难以与企业合作。

4.合同文本不够规范

学校与企业的合作中,学校占据绝对主动的地位,学校有关人员拟定合约,但是由于合同专业性极强,而学校的有关人员对合同拟定的相关知识了解不够,导致合同条款过于简单且不够规范,许多条款都被省略,如突发事件,企业资金不到位和由于武术运动员的行为不当给企业带来的名誉损害等问题的解决办法。"校企结合"模式培养高校竞技武术人才在我国属于起步阶段,没有模板进行参照,能借鉴的经验少,并且因合同文本的不规范会导致合作中不断产生新问题,妨碍高校与企业的合作。

第四节 "教学、训练、科研"模式

一、"教学、训练、科研"模式内涵

经过多年的探索与实践,体育院校"教学、训练、科研"三结合人才培养模式三者既相互制约又紧密相连,三者缺一不可,属于辩证统一的关系,其中教学是学校工作的重心,以传授理论知识为主;训练是教学的延伸,是将理论知识付诸实践的过程;科研主要针对教学与训练的两个方面,是教学、训练不断与国际接轨的重要保障,并不断为训练与教学服务。我国体育院校在三结合人才培养中做出了很多尝试。比较有名的是南体模式,即实施教学、训练和科研"三位一体"的新型体育学院的办学模式,采用三位一体改革观,将学校教育、专业化的运动训练和体育科学研究这三项职能以及围绕这三项职能所形成的相对独立的三种组织体系。学校、运动队和科研所进行改革,将原先独立运行、自成体系的"三张皮"改造成三位一体的共同体。

二、"教学、训练、科研"模式的特征

我国高等体育院校"教学、训练、科研"三结合模式目标明确,以培养全面发展的人为本,其根本任务是全面提高学生及运动员的综合素质。我国高等体育院校"教学、训练、科研"三结合模式结构清晰,将学校、运动队及与专业相配的科研所有机结合起来,逐渐朝多元化方向发展。我国高等体育院校"教学、训练、科研"三结合模式功能突出,使武术学生运动员与其他专业学生一样能拿到与之相匹配的文凭;还能在各类大型赛事中崭露头角,争金夺银,具有良好的培养效

果。我国高等体育院校"教学、训练、科研"三结合模式资源利用率高,能够将教学、训练、科研有机结合起来,实现资源的共享,并使整体的效益提高。

总之,体育院校"教学、训练、科研"三结合模式能有效解决传统培养方式造成的武术运动员文化素质偏低问题,有利于实现运动员的二次就业。体育院校教学、训练、科研三者有机结合起来,使武术教师在传授理论知识的同时,接触运动训练。有利于将理论与实践有机结合起来,有利于培养一支高水平的武术教练员队伍。体育院校中组建武术运动队,规模小、成本低,又能充分利用各种有利的资源,能用最小的代价实现预期的培养目标。

三、"教学、训练、科研"模式优缺点

我国高等体育院校经过多年的探索实践,逐渐形成了"教学、训练、科研"三结合的高校竞技武术人才培养模式。虽然该模式发展的较为成熟,有不少优势,但依然存在着局限和缺点。

(一)体育院校教学、训练、科研三结合模式优点

1.有利于培养全面发展的高素质人才

进入新世纪我国培养高水平竞技体育人才面临着巨大的挑战,如何根据自身特点、充分发挥优势,随着多年来的不断改革探索,"教学、训练、科研"三结合模式逐渐成为很多体育院校甚至普通高校的选择,传承传统培养模式的优点,摒弃不适应现代发展的缺点,教学采用集中与分散相结合的形式,学生运动员边学习边训练,有利于文化知识水平与运动训练水平的共同提高。定期对体育教师、教练员及运动员进行专业素质培训,将理论知识与实践相结合,全面发展。"三结合"模式,将各种资源充分整合,如与其他院校共同举办培训班,相互交流,相互学习;邀请相关专家进行专业讲座等。有利于资源共享,提高效益实现资源的优化配置,以及各种资源的共享,已成为各院校需要解决的主要问题。利用有限的资源,获得最大的效益,使院校各部门之间相互配合,为"三结合"培养模式打下了坚实的基础。随着现代科技的不断发展,体育院校办学条件不断提高,各种高新技术仪器设备及先进训练方法手段不断引入高校。

随着工资待遇的不断提高,很多科研水平较高的武术科研人员逐渐走入高校平台,并逐渐参与到教学与训练中,并把各种前沿的训练理论应用于具体的训练中,边学边练,使学生能够掌握与竞技武术相关的前沿知识,并逐渐与国际接轨。充分实现了资源共享的同时,培养效益也大大提高。

2.有利于推进体育院校建设及自身改革发展

学校建设关系到学校今后的生存及发展,多年来,我们在竞技武术人才培养之路上不断摸索前进,"教学、训练、科研"培养模式为我国的培养之路提供了保障。首先,体育院校担负着为国家培养并输送武术后备人才重要责任,各级体育领导也十分重视体育院校的培养工作,上级部门的支持,促进了学校的不断发展;其次,体育院校"教学、训练、科研"三结合培养模式将学校各种有利资源充分整合,实现资源的共享,将体育与教育有机结合,科研保驾护航,优势互补,使训练、竞赛、科技等融为一个整体,为学校的发展提供了支持与保障。

(二)体育院校教学、训练、科研三结合模式缺点

1.人才培养规格单一,学科专业优势不明显

长期以来,体育教育专业、运动训练专业一直作为我国独立的体育学科体系而存在,改革开放后,单一的体育学科专业已经无法满足现代高校改革及现代竞技体育的需要,学校必须不断拓宽专业渠道,提高自身实力,适应社会发展的需要。经过不断探索,学院逐渐与其他学科交叉发展,除最初开创的运动人体科学、民族传统体育等专业之外,又相继开创了公共事业管理、运动健康与康复等多个与体育息息相关的专业领域,使我国的体育学科变得多姿多彩。但是,体育院校由于生源差及师资力量薄弱等方面的问题,显得优势不明显,特别是普通高校高水平运动队发展势头强劲带来了很大的冲击,影响了体育院校的生源质量。

2.生源质量相对较差,就业渠道仍显不畅

充足的生源是我国竞技体育不断向前发展的重要前提,由于传统观念及办学环境影响,家长比较重视孩子的文化课知识学习,让孩子选择综合类院校,以方便以后就业,很多优秀的人才大量流失,导致体育院校生源较差。多年来,我国的竞技体育人才培养虽然在发展中不断前进,但依然存在着重视武术运动员运动成绩的提高,忽视武术运动员文化知识学习的现象,使很多优秀武术运动员退役后,由于文化知识水平有限,难以找到一份适合自己的工作,无法自给自足,这种观念根深蒂固,导致体育院校生源质量差,就业渠道也不够通畅。

四、体育院校"教学、训练、科研"模式可持续发展对策

1.加强教学、训练与科研的内在结合,优化资源配置,实现资源共享

逐渐改善部门单独管理的局面,将资源进行整合,对各部门进行统一领导,为培养全面发展的高素质武术人才服务。对科研经费、训练设施及教学等实行统

一管理，充分利用学校的资源，使资源发挥最大的效能，为培养全面发展的高素质的竞技体育人才提供保障。找出自身不足，与其他同类院校多交流、多合作，学习别人的优点，扬长避短，结合本校实际情况，充分利用各方面资源，转变传统的观念，不断提高认知水平，实现资源的共享，发挥全校各部门的力量，不断攀登竞技体育的高峰。

2. 创新管理体制，为优秀运动队服务

体育院校"教学、训练、科研"三结合人才培养模式的指导思想将从传统思想逐渐朝多样化方向发展，竞技体育项目众多，在转变思想的同时，组建教学、训练相关机构，适应现代体育发展趋势；在保障武术运动员正常体育训练的同时，充分发挥体育教育系统的功能，保证武术运动员的文化知识学习。从长远角度出发，为优秀武术运动员的二次就业提供坚实的保障。牢牢掌握体育及教育系统的发展规律，利用现代前沿知识，不断创新管理体制，为武术运动员的衣、食、住、行提供全方位的服务，为其将来更好的发展打好基础。

3. 争取各级领导的支持是学校可持续发展的重要保证

在处理好学院各级部门关系的基础上，以正确的指导思想为先导情况下，获得各级领导部门的支持是学校不断向前发展的重要保障。有了各级领导的支持，无论是资金拨款还是相关政策，都有利于体育院校的发展，同时对学校的改革也有一定的推动作用。特别是国家体育总局等一些对体育有重要决策的管理部门的重视与支持，对体育院校的发展至关重要，上级领导通过实地考察等方法，对学校的指导思想、办学目标、经费保障及学校建设等方面做出指导及鞭策，为学院的发展之路出谋划策。此外，各上级领导的支持，会给学院各部门工作人员以极大的鼓舞，使他们能全面投身于日常工作中，为学校的发展增砖添瓦，注入新的活力。

第六章　武术体育人才的激励机制

第一节　相关激励理论的概述

一、相关激励理论

激励一词在中文中有两层含义：一是激发、鼓励的意思；二是斥责、训导之意。通常管理学中的激励定义分狭义和广义两种，广义就是指调动人的积极性。狭义的激励就是指促进人们行动的手段，是使人们能自己产生希望行为的原因。在组织行为学中激励主要是指"激发人的动机，使人有一股内在的动力，朝向所期望的目标前进的心理活动过程"；管理行为学中的激励主要是指"启迪人的心灵，激发人的动机，挖掘人的潜力，使之充满内在的活力和动力，朝向所期望（既定）的目标前进的心理活动过程"；人力资源管理中的激励是指"激发人的内在潜力，开发人的能力，充分发挥人的积极性和创造性"。相应的也有人认为激励是指"由于需要、愿望、兴趣、情感等刺激的作用，使劳动者始终处于一个持续的兴奋状态中"。对上面激励概念的综合理解，本书认为：激励是系统的组织和管理者采取有计划的措施，设置一定的外部环境，对系统成员施以正强化和负强化的信息反馈，引起其内部的心理和思想的变化，使之产生组织者所预期的行为反应，正确、高效、持续地达到组织预定的目标。

已成体系和被公认的激励理论可分为着重研究激发动机的内容型激励理论、着重研究改造和修正人们行为问题的行为改造型理论和着重研究从动机产生到采取具体行动的心理过程的过程型激励理论。本书本着从激励的角度去研究竞技体育的人才激励问题，也就是利用激励理论去指导实践。现代激励理论中的认知派激励论所包括的内容型激励理论主要是研究什么事物会激励人们，是主要理论基础，故对内容型激励理论须进一步的概括和描述。而认知派包括的另一理论——过程激励理论是在使管理人员了解激发员工们行动、与工作相关的特殊因素基础上，清楚地解释人们为什么在完成工作目标时选择某种特定的行为方式，因此过程型激励理论也须进一步进行概括。

内容型激励理论主要包括：需求层次理论、成就激励理论和双因素理论。内容型激励理论中的马斯洛的"需要层次论"在1943年提出，是研究组织激励时应用的最广泛的理论。其理论把人的需要分成五大层次：生理需求、安全需求、社交需求、尊重需求、自我实现需求。其理论认为，激励的过程是动态的、逐步的、有因果关系的，在这一过程中，一套不断变化的、重要的需求控制着人们的行为。这种等级关系并非对所有的人都是一样的。社交需求和尊重需求这样的中层需求更是如此。他指出：人们总是优先满足生理需求，而自我实现需求则是最难以满足。另外关于层次需要理论的研究表明：高层管理人员和基层管理人员相比更能满足他们的较高层次的需求，因为高层管理人员面临有挑战的工作，在工作中能自我实现。总之，需求可以被认为是个人努力争取实现的愿望：只有满足了低层次的需求，高层次需求才能发挥作用；除了自我实现，其他需求都可能得到满足，这时它们对个人的重要作用就下降了；在特定的时间，人们可能受到各种需求的激励。任何人的需求层次都会受到个人差异的影响，并随着时间的推移而发生变化。Clayton Alderfer对马斯洛的需要层次论进行了重组，创立ERG理论。其理论认为有三种核心需求：生存、相互关系和成长。其理论证实了两个观点：(1)多种需求可以同时并存，不同层次的需求并不是截然分开的。并非是较低层次的需求得到满足以后，才会逐级地产生较高层次的需求。(2)如果高层次的需求得不到满足，那么对满足低层次需求的愿望更加强烈。

内容型激励理论中的"成就激励理论"是麦克利兰提出的，其代表作是《成就动机》(1953)。成就激励理论认为：人们被要按高标准工作或者在竞争中取胜的愿望激励着。人们受成就激励的强弱取决于其童年生活、个人和职业经历及其所在组织的类型。主要研究人的生理需求得到满足以后，人们还有哪些需求？David McCelland认为主要有三种需求：成就需求、权利需求和社交需求。高成就者有三个主要特点：自己设置目标、选择目标时回避过分的难度、喜欢能立即给予反馈的任务。研究表明：成就激励理论对于人们需要成就激励的原因，解释得不够透彻。内容型激励理论中的"双因素理论"是赫茨伯格提出的。他强调一些工作因素能导致满意感，另外一些只能防止产生不满意感；对工作的满意感和不满意感并存于单一的连续体中。这些因素可以分为两类：一类是激励因素；一类是保健因素。保健因素是外在的，激励因素是内在的。外在因素主要取决于正式组织（例如薪水、公司政策和制度），而内在因素在很大程度上属于个人的内心活动，组织的政策只能产生间接的影响。另外一些研究人员发现：激励因素可能会产生不满意，而保健因素却能导致满足感。

过程型激励理论主要包括：期望理论、强化理论、公平理论、目标设置理论。过程型激励理论中的"期望理论"是由佛隆1964年在《工作与激励》一书中首先提出来的。该理论认为：人们对于他们从工作中得到什么，有自己的主意，他们据此来决定他们加入怎样的公司和在工作中付出多大的努力。人们并非生来就受激励和不受激励，激励取决于人们面临的环境以及它如何满足人们的需求。如果个体在主观上认为通过努力、达到一定的绩效的概率很高，就会受到较大的激励，激发出工作的热情和积极性，在达到一定的绩效后，人们总是希望到与之相应的报酬和奖励，包括物质和精神奖励。例如：表彰、晋升、奖金和信任等，如果所得到的报酬和奖励能够满足这种需求，则发挥了很好的激励作用；否则，不能发挥很好的激励作用。期望理论在中国的应用有奖金发放与绩效挂钩；实现效价与期望值的最佳组合以产生最大激励力量。

波特—劳勒模型：本模型扩展了基本期望理论的模型，来探询影响员工工作绩效和满意度的因素。以非传统的形式来确定激励、满足和绩效这三者之间的关系，工作绩效能使人满意，不同的绩效决定不同的报酬，不同的报酬在员工中产生不同的满意程度。过程型激励理论中的"强化论"认为人们的行为是对外部环境刺激所作出的反应，只要通过改变外部环境刺激，就可以达到改变行为目的。这是斯金纳提出的，其代表作是《行为描述中的反射概念》。该理论认为：通过某种刺激物，使人们的行为重复出现或消退、终止，是调动人的积极性的有效方法，有正负强化。正强化就是对人的某种行为给予肯定和奖赏，使这个行为得到巩固、保持，比如：表扬、奖励、重用、提升、涨薪等等。负强化就是对人的某种行为给予否定和惩罚，使它减退、消退，有批评、降级、降薪、罚款、扣留等等。

过程型激励理论中的"公平理论"是一种关于社会的比较过程的理论，是在1965年由美国的J.S.Adams提出的，其代表作是《关于公平的理论》《在社会交换中的不公平》。公平理论重点研究当一个人和他人比较时，对自己的待遇感到公正的程度。公平理论的基础是两个变量之间的关系：投入和收益。投入代表一个人在交易中所付出的；收益代表一个人从交易中所得到的。当某人的投入和收益的比率与他人的收入的比率相等的时候就会觉得公平，反之就觉得不公平。员工选择的参照物并不是单一的，这使公平理论更为复杂。参照物是公平理论的一个重要变量，选择哪种参照物，不仅受到员工所掌握的有关的信息的影响，而且，要受到参照物的吸引力的影响。不公平将导致个人的内心紧张，人们就受到激励来减少它，直至一种可以容忍的状态。公平理论的近期研究，注重拓展公平的含义，早期的公平侧重于分配公平，即个体可见的奖酬数量和分配的公平。公平实际上还包括"程序公平"，即用来确定奖励分配的程序的公平。

过程型激励理论中的"目标设置理论"是由 Edwin Locke 提出，指向一个工作的目标意向，是工作激励的主要源泉。该理论认为，明确的目标、苦难的目标和反馈三个因素有助于提高工作绩效。目标设置理论所考虑的因素的苦难的目标都会带来更高的绩效。影响目标与绩效之间关系的因素还有目标承诺、自我效能感和民族文化。

通过以上的论述，我们可以从这些激励理论中得到以下几种主要观点：(1) 人的需求是多方面的和有层次性的，在满足需求方面首先追求满足生理需求（如：温饱），然后才去追求较高层次的需求。但在安全、社交、尊重和自我实现方面，它的层次性因人而异。在特定的时间内，人们受到各种需求的激励，并且人的需求随着时间的推移而发生变化。多种需求可以同时并存，不同层次的需求不是截然分开的；高层次的需求如得不到满足，对低层次需求的愿望更加强烈。(2) 人的自我高标准的要求和强烈的取胜愿望是激励的重要因素。激励主要是针对人的内心活动进行的，一些因素能产生满足感，一些因素能产生不满意。(3) 人们通过付出多大的努力期望得到什么，根据其努力的程度就拿相对应的什么给予满足，这些人将得到激励；否则，就不能起到很好的激励作用。其投入与得到的基本相等时，和其投入与产出的比率与他人的投入与产出的比率相等、收入相等时将会获得好的激励效果；反之，激励效果就不好。(4) 具体明确的目标是一种内部激励因素。目标应不易达到，但应经过努力而达到，不是无法达到，这样的目标具有很好的激励效果；困难的、富有挑战性的目标会带来更好的绩效。对于完成目标的有利行为要给予正强化，不利的行为要给予负强化。可以说这些理论观点在企业管理中都得到了很好的结合和运用。在竞技体育领域，在人才开发中也有必要进行运用。

二、激励在体育人才资源开发中的地位和作用

西方的管理学家布雷克、希克斯、海曼和斯克特、特里等纷纷把激励看作管理的重要职能，而且"管理学家早就能够精确地预测、计划和控制财力和物力，而对于人力资源，特别是人的潜力，至今无法预测、计划和控制，因此，激励就成为管理的最关键、最困难的职能，而且也应该是第一位的职能"。管理学中对于人

的管理通常有"三分是管理，七分是激励"的说法，这是因为激励通常表现为外界所施加的推动力和吸引力，转化为自身的动力，使得组织目标转化为个人目标，使个体由消极的"要我做"转化成积极的"我要做"。因此，激励的基本任务就是调动下属的积极性，激发他们的创造性和主动性。在人才资源开发中，不管你培养出多少优秀人才，但在管理和使用中，如果你不能在实际工作中充分发挥他们的能力，进一步挖掘他们的潜力，那么人才使用这个环节就没有做好，这直接影响人才的创造价值。詹姆士教授对员工的激励研究发现，按时计酬的分配制度仅能让员工发挥20%－30%的能力，如果受到充分激励的话，员工的能力可以发挥到80%－90%，两种情况之间60%的差距就是有效激励的效果。可见，激励是人才资源开发成绩的最终体现，在人才资源开发中占有极其重要的地位。

由于体育竞争的激烈性，注定了在体育人才资源开发中要挖空心思去激发人的创造力和潜能，去追求尽其所能的"有效激励"。在运动训练中有"三分训练，七分管理"的共识，激励又在管理中有极其重要的地位，所以，在体育领域激励显得比任何其他领域都重要，因此它在体育人才资源开发中相对其他领域更处于较重要的位置。

首先，科学地激励可以在体育领域内形成一种良性的竞争环境，从而充分开发人的潜力。这是因为激励就是奖勤罚懒，重奖做出突出贡献的人才。利用体育领域优胜劣汰的机制，通过科学的激励，形成一种来自各方面对人才的压力，使这些压力变成这些人才工作的动力，形成人与人之间不断竞争的机制，这样才可以激发竞技人才更好利用自身的能力，做出更大的成绩。

其次科学地激励可以吸引更多的优秀人才加入到体育领域。激励的一个侧面，就是收入的提高和奖金额度的增大，这可以提高体育人才的高度认同感和归属感，利于更专注地投入体育事业中。如今中国体育职业化的一些项目在现在这种特定的社会中，所形成的一种社会的感召和影响，值得我们思考。首先足球等职业运动员的高收入所带来的社会地位的上升，对选择从事这项运动的青少年来说是一种激励，现有的足球学校高的学费以及一定的生源数量说明了这一职业的吸引力。体育的社会影响力提高了，就可以吸引更多的优秀人才加入到竞技体育这个领域来。不断有大量的人才涌入，体育事业自然就会蒸蒸日上。再者科学地激励可以留住优秀的体育人才，防止优秀人才的外流。激励中有一种成就激励或者叫作事业激励，由于中国体育产业处于不断发展的阶段，每个阶段都有相应的目标或者事业，需要人来承担。利用中国体育所有的机遇和机会给人才施展的空间，那么也利于留住优秀的体育人才,减少大量的体育人才的外流和转行。

第二节 武术体育人才激励的现状

在计划经济时期,"举国体制"是我国体育管理体制的具体制度安排,武术运动员的培养活动以及武术教练员的管理都被锁定在这一体制框架之下。以"为集体和祖国争荣誉、做贡献"作为激励的质的规定,即激励的方向。注重给予荣誉称号、表扬、嘉奖等精神激励。相应的也给予一定的物质激励,如培养成绩突出的集体可以获得更多的财政支持,成绩优秀的运动员可以获得工资晋级或者福利增加等,但是物质激励的力度较小。在当时生产力水平低下、物质财富不富有的情况下,突出精神激励自然会起到较好的效果,符合当时社会发展的实际情况。

随着中国社会经济的发展,20世纪80到年代初,体育的激励还是以精神激励为主,但已表现了注重精神激励的同时辅以物质激励。这可以从经国务院批准通过的运动员体育津贴制度和教练员的技术补贴制度中得以体现出来。随后逐渐加大了物质奖励的力度。后来颁布并执行《优秀运动员奖励试行办法实施细则》和《专职教练员奖励办法实施细则》以来,在体育领域内表现为,在重视精神激励的同时也注重物质激励的作用。

自20世纪以来,随着计划经济体制向市场经济体制转轨,国家经济得到了快速发展,中国社会也相应地发生了巨大变化。在不断重视和加强物质激励的竞技体育大环境下,竞技武术领域内物质激励也随之得到加强,并逐渐超过精神激励而越来越成为激励的主角。从最近几届全运会来看,各省市给予获得了全运会金牌的武术运动员、教练员的物质奖励一般都在万元以上,有的还给予住房、汽车等大件物品的奖励。以前给予武术散打王争霸赛总冠军的奖金达到三、四十万之巨。由此表明,物质方面的重奖已经逐渐成为我国竞技武术人才激励机制的主要组成部分,这反映出对武术运动员、教练员在平时训练和比赛中的巨大付出所给予的高度认可,同时也体现了当今世界对竞技体育重奖的发展趋势。

在当前我国竞技武术人才激励中,存在的不足主要体现在以下几方面。

一、过分偏重物质激励,而对精神激励作用缺乏足够重视

在武术专家和武术教练员的问卷调查中显示,很多人认为目前我国竞技武术人才物质激励与精神激励结合得"较差"和"很差"。并且在访谈中,人们较普遍

认为，过分地重视和运用物质激励手段，而忽视了精神激励的重要作用。随着运动员金钱奖励数目的急剧增多，使社会各界引起了不少震动，以致使受奖的运动员和有关管理人员也感到始料未及的困惑。这些巨奖的出发点是正确的，但由于奖励的系统性和公平性尚有诸多问题，所以其重奖的效果受到了一定的影响。许多受奖者的竞技进取心有所下降，与培养运动员密切相关的教练员、科研人员、医务人员及管理人员的工作积极性也未得到充分调动，许多获奖运动员的训练水平下降很大，甚至过早地退出了竞技生涯。新时期我国竞技武术人才资源开发研究因是多方面的。一是激励实施的主体在认识上存在偏差和不足。许多人片面地认为，在计划经济时期，武术运动员的培养主体及其培养客体——武术运动员的积极性不高，主要是由于只注重采用精神激励的手段而导致的。而同时认为，在市场经济条件下，物质利益是各培养主体和武术运动员的唯一需要，物质激励是唯一有效的手段。二是在市场经济潮流的冲击下，武术运动员及其培养主体在其意识形态上已经发生了根本的变化，认为物质利益高于一切，而忽视了国家和集体利益。三是计划之外的社会奖励，打破了原已计划的物质和精神激励的组合结构，从而造成了激励的失衡。

二、奖金分配比例不合理而导致人际关系的不协调

对武术运动员和教练员进行重奖的目的是为了充分调动其训练的积极性和主动性，取得更好的武术竞技成绩，但由于奖金分配比例的不合理，而导致武术运动员与教练员之间关系恶化，甚至两者分道扬镳。这种组合关系也包括与队医、科研人员和管理人员之间的关系。如果失去了良好的团队协作，就不可能取得好的竞技成绩。

三、过于注重短期激励，而对长期激励重视不够

在武术专家和武术教练员的问卷调查中显示，很多人认为，目前对武术教练员的激励，在武术运动员培养过程的前、中、后三个阶段结合得"较差"和"很差"。这具体体现为，在对武术教练员的奖励过程中，只重视对培养出优异成绩的现有武术教练员进行奖励，而普遍忽视了对之前的培养做出过积极贡献的相关教练员的奖励。这种对前期武术教练员努力付出的忽视，必然会影响到这些前期武术教练员工作积极性的调动。由此也容易导致，在青少年武术运动员培养的初级阶段，基层武术教练员只注重眼前短期的竞技成绩，而忽视了青少年武术运动员

未来的长远发展,"竭泽而渔"的现象难以避免。

四、激励标准还不完善

这主要体现在两个方面:一是在对武术教练员的工作绩效进行奖励时,是以其所培养的武术运动员在比赛中取得的成绩作为奖励的依据,这种激励标准会对青少年武术运动员的培养会产生不利的一面,很容易导致青少年武术运动员的拔苗助长,违背其成长的客观规律。二是普遍没有把武术运动员的文化学习及综合素质的培养作为必不可少的内容纳入到武术教练员及相关管理人员的工作绩效评判中,仍然过分地强调对提高竞技能力和取得优异的竞技成绩进行奖励,因此而造成了当前武术运动员文化素质较差、退役后就业困难的尴尬境地。

第三节 "五结合"的激励模式

一、竞技武术人才激励原则

从竞技体育人才特点出发,搞好竞技体育人才开发中的人才激励问题,有必要明确竞技体育领域中人才激励所要遵守的原则。激励从经济性和实效性两方面来考虑,首先要考虑它的可持续性,一项激励措施和手段的出台,要看看其激励效果是否具有"非功利性"和"考虑长远利益",否则激励就是短期行为,其激励效果是一时的,不具有长期的激励效果。本书的人才激励原则的构思主要就是从可持续的激励效果来考虑的。

(一) 坚持激励的"全面满足"原则

1. 国家、集体和个体在激励中要全面兼顾。西方国家在人才激励时,主要讲的是个人的"期望",我们是社会主义国家,我们讲期望应该是发展革命和建设事业基础上的个人期望,因此在竞技体育领域对人才进行激励时,要考虑激励对象的全面性,即坚持全面满足原则。即考虑国家利益、集体利益和个人利益的充分结合,实行"全面满足"的激励。对国家部门、集体单位和个人实行相对应的物质、精神激励,使各自都受到激励。特别是中国竞技体育的发展还处于历史的转折时期,实行"全面满足"原则是大势所趋。国家、集体和个体,在竞技武术人才激励中需要三者兼顾,才能取得最佳的整体激励效果。这就要求在对竞技武术人才个体进行激励时,还需要考虑到相关集体和国家的利益和需要。同时,也应该考虑到竞技武术人才个体的利益和需要,从而对国家、集体和个人都能受到激励。

2. 精神需要和物质需要在激励中要全面考虑。人的许多需求都可以在精神需求和物质需求中找到自己的位置,精神需求里面也可以分出低层次的精神需求;同样是物质需求也可以找出高层次的物质需求。因此,精神需求和物质需求构成了人需求的复杂多样结构,所以,在针对这些需求进行激励时,要提倡物质激励和精神激励的合理搭配,这是全面激励的一个侧面。中国是社会主义国家,多年的传统是国家的利益与集体的利益放在个人的利益之上。也就是说为了国家、集体在一定程度上可以牺牲个人的利益。中国竞技体育领域同样体现着这种奉献精神,如我国乒乓球国家队,很多世界冠军甘当陪练,为我国培养下一代优秀乒乓球运动员。因此这种优良的传统,为竞技体育人才激励中坚持精神与物质激励的合理搭配提供了良好的组织基础。实践已经证明:精神激励得不到物质激励的支持和辅助,效果不能持久,物质激励成为激励的主要手段时,更应该强调精神激励的合理搭配。在精神激励方面中国有着优良的传统和丰富的实践经验,在竞技体育领域精神激励的例子很多。如:"中国十佳劳伦斯冠军奖"主要是对优秀运动员实施精神激励,为其他运动员树立目标和榜样。《CCTV体坛风云人物》评选属于年度评奖,有评选的独立计票机构,是中国体育界年度规格最高、程序最严谨、结果最权威、社会影响力最大的评选活动和明星秀场。这种精神激励的效果和影响范围很大。

（二）坚持长、短期激励相结合的"永久动力"原则

激励的目的就是使被激励者时时处于适度的激励状态。随着不同阶段目标的达到,要有相应的激励,这样才能保证人才在去激励状态下,又得到新的激励。因此,这就要求长期与短期激励的充分结合。如:奥运冠军是国家优秀竞技体育人才追求的最高目标,奥运冠军就是这些竞赛的最高目标,奥运冠军就是这些竞技体育人才的长期激励因子中一个因子。现实中不是所有的运动员都能成为奥运冠军,因此,应在运动员不同成长阶段进行不同阶段的短期激励,其形式可以是针对一场比赛的,也可以是针对输送人才这样一个周期的等等。通过短期激励目标的不断实现,使长期激励目标不断接近,长期激励的效果才能真正得到体现。也就是说长期激励必须通过短期激励的不断实施才能发挥长期激励的真正效果。对于武术运动员来说主要表现通过这种短期的激励可以调整武术运动员的动机,最终使运动员的运动动机能调整到运动员对运动训练竞赛中自己所做的努力（最后的结果）感到满意为止,从而激发更高的训练热情。总之,要使武术竞技人才时

时处于激励的状态，就必须坚持长期和短期激励的充分结合，这样武术竞技人才才能获得"永久的动力"。

（三）坚持宏观激励的"相互协调"原则

体育作为国家的一个事业部门，其激励过程中所采取的物质激励和精神激励的手段和措施，要与国家奖励政策和按劳分配的方针一致，要根据国家这些方针和政策制订竞技体育领域人才激励、人才奖励的方案和规定，依靠这些方案和规定对武术竞技人才激励、人才奖励进行宏观调控，避免激励一部分人而抑制一部分人现象的发生，应使宏观激励方案和政策对整个竞技体育领域的人才都有激励作用。竞技体育领域的激励要考虑与其他非体育领域的协调，也要考虑与体育部门的其他领域的协调，如竞技体育领域与群众体育领域的相互协调；在竞技体育领域的不同人才种类间进行激励时，按各自的贡献进行协调处理，以免激励副作用的出现。

（四）坚持激励中约束机制的"平衡发展"原则

中国武术竞技项目的职业化改革，实际上就是引进高收入的激励机制来取得武术竞技项目水平的快速提高，现实中的奥运金牌的高额奖金也是同样的道理。重视激励机制效果是可见的。但仍然存在一些现象，比如2016年里约奥约会中国女足挺进八强，但奖金只有600万人民币，男足世界杯12强赛的出线奖金却高达6 000万元人民币。通过这些现象，我们可以认为中国竞技体育大部分项目中存在着激励有余，约束不足的现象。管理学上有"奖励和惩罚要对等的说法"。在中国竞技体育领域一贯重视激励，相对应该有同等的约束标准，也就是激励的标准越高，职业约束的标准也应越高。然而职业约束层层表现出不足，如：职业的道德、素质和职业准入、职业淘汰、甚至法律等方面。法国马赛足球俱乐部为了夺取联赛冠军，行贿对方的球员，最后导致俱乐部老板塔皮埃入狱。法国足球协会主席勒格拉接受新华社记者采访时说："在法国，足球裁判受贿就要被永远开除出裁判队伍，司法机关只要接到对他的起诉就会进行司法介入。"这是国外竞技体育职业俱乐部职业约束的一个例子。让我们再来看意大利，意大利足球裁判协会主席曾经对新华社记者说过："我们很幸运，没有'黑哨'。近几十年来，在意大利足球裁判界的确没有发生过类似的事情。"这种效果与他们的约束机制有很大的关系，意大利足球裁判协会设有专门的调查办公室，负责打击举报或被发现的裁判违规事件，调查分为三个层面：地方级检察、国家级检察和上诉意大利足协。对最严重的违规裁判将吊销裁判注册证，取消当事人的裁判资格。相比中国足球职业联赛接连不断的黑哨现象，更表现出我们职业约束机制的不足，如果我们有一个标准：

出现行贿就取消其永久职业资格，相信违规现象屡禁不止应该得到改观。因此，对中国武术竞技人才实施激励时，应"激励"与"约束"紧密结合，强调激励中约束机制的平衡发展。

（五）多种激励手段综合运用原则

竞技武术人才需要的多样性、多层次、动态可变性的特征，决定了对其所采取激励的具体手段的多元性。激励理论认为，只有多种激励手段的综合运用和有机结合，才能起到最大的激励效果。比如将短期激励与长期激励相结合，通过短期激励目标的不断实现，长期的激励目标就会不断被接近，从而使竞技武术人才不断得到新的激励，保持了激励的延续性。

（六）相互协调的激励原则

在对竞技武术人才进行激励的过程中，所采取的物质激励和精神激励的手段和措施必须符合国家的奖励政策和按劳分配的基本原则，并依据相关的国家宏观政策来制定竞技武术人才激励的方案和措施。采取的激励应该考虑到竞技武术人才整体，避免激励一部分人的同时而抑制了另一部分人的情况发生。在不同的竞技武术人才种类之间进行激励时，应该根据各自的贡献率来合理设计，形成一种公平竞争与协作的良好氛围。另外，应该保持激励强度与社会经济发展水平之间的协调，保证激励的持续性。

（七）激励需适时、适度、适频原则

首先，激励存在时效性的问题，适时的激励可以产生出最佳的激励效果，收到事半功倍之效；而过早或过迟都将事倍功半，甚至没有效果。因此，在竞技武术人才激励中，把握好激励的时机对提高激励效果非常重要。其次，激励有强弱之分，有效的激励必须掌握好激励的强度，应与竞技武术人才取得的工作绩效或竞技成绩相对应，进行适度激励。根据亚当斯的公平理论，适度激励不仅要考虑激励的绝对数量，还要考虑激励的相对数量，注意奖酬的公平性，否则将产生负面的影响。其三，激励频率过高，不能充分发挥每次激励的作用；激励的频率过低，也不利于人的积极性的保持。因此，对竞技武术人才的激励还应该保持恰当的激励频率。

二、"五结合"激励模式

（一）基本概念

本书结合前面的分析和理论，认为中国竞技体育的管理激励要走"五结合"的激励模式。"五结合"的激励模式具体构思如下图6-1所示。

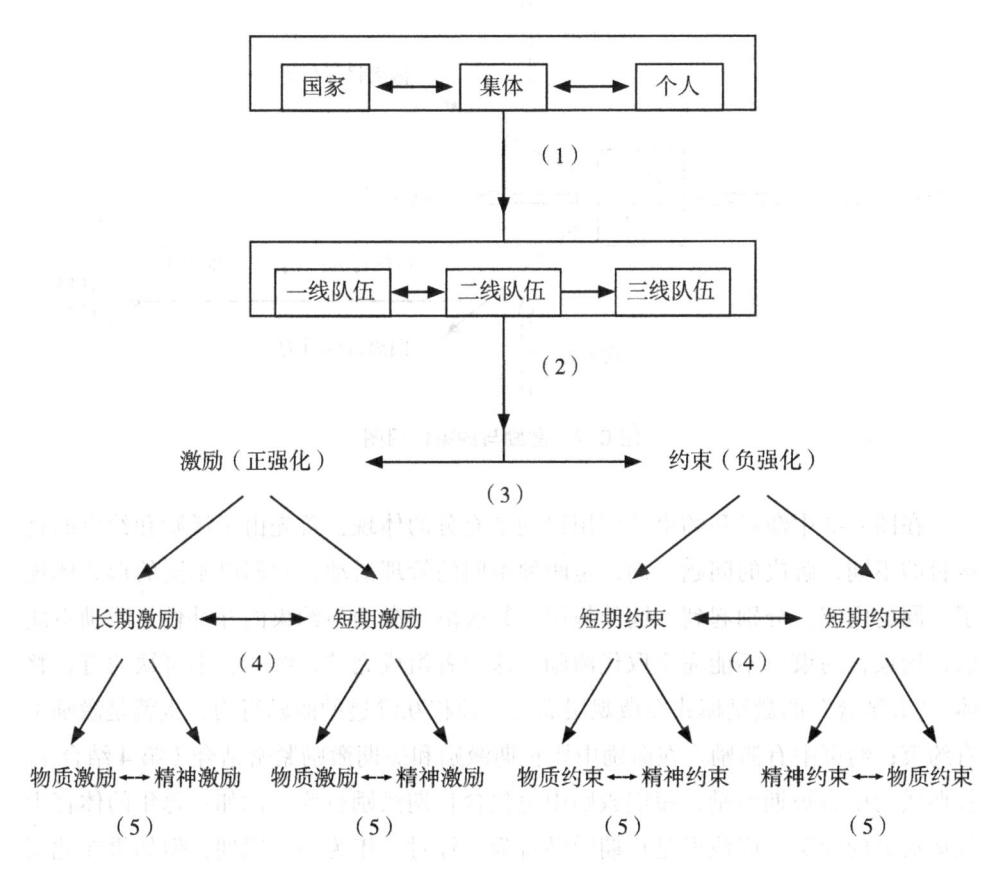

```
┌─────────────────────────────────────┐
│   国家 ←→ 集体 ←→ 个人              │
└─────────────────────────────────────┘
              │ （1）
              ↓
┌─────────────────────────────────────┐
│  一线队伍 ←→ 二线队伍 ←→ 三线队伍   │
└─────────────────────────────────────┘
              │ （2）
              ↓
   激励（正强化） ←——（3）——→ 约束（负强化）
      ↙      ↘                  ↙      ↘
  长期激励 ←→ 短期激励        短期约束 ←→ 短期约束
      （4）                         （4）
   ↙    ↘    ↙    ↘            ↙    ↘    ↙    ↘
物质激励 精神激励 物质激励 精神激励  物质约束 精神约束 精神约束 物质约束
  （5）          （5）              （5）          （5）
```

图 6-1 "五结合"的激励模式

在中国竞技武术领域实施激励时要从实际出发，首先要求从整体利益的角度，考虑国家、集体和个人利益的充分结合（这是第1结合），特别是在市场经济体制下，人们对物质需求越来越强烈时，如何协调这三者的利益尤为必要。这一层次整体协调好的前提下，需要进一步考虑整体激励的对象，也就是三线队伍的充分结合（第2结合）来实施激励，否则竞技武术人才培养的体系将受到很大影响。在这两方面的宏观层面处理好的基础上，接下来就是微观的激励操作问题。要求激励与约束紧密结合（第3结合），弥补当前中国偏重物质激励的不足。激励是在组织中使组织成员产生和增强为实现组织目标的工作动力的管理活动。只有与约束紧密结合，才能在组织中防止和减少组织成员偏离组织目标损害组织利益的行为，迫使管理成员努力工作。

图 6-2 激励与约束作用图

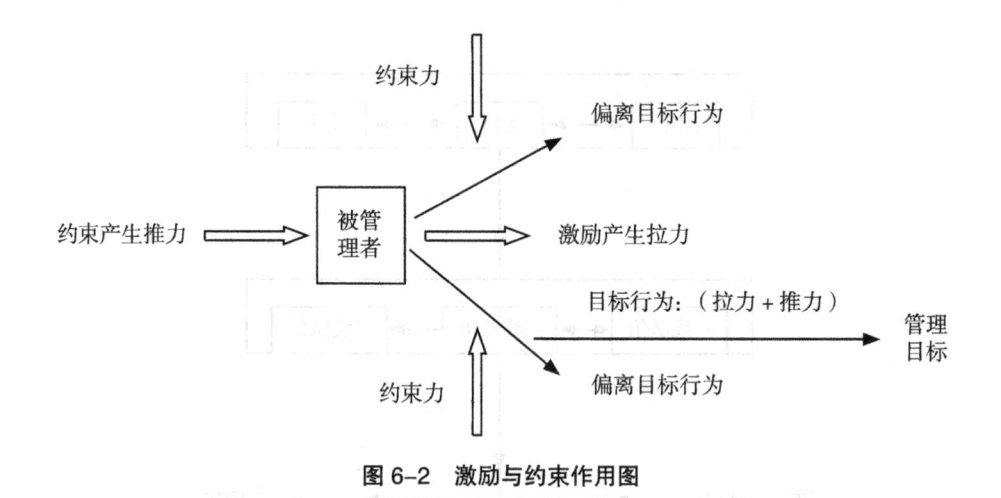

在图 6-2 中激励和约束的作用得到了充分的体现：首先由于激励和约束的直接目的不同，解决的问题不同，是两种不同的管理活动，它们以不同的形式体现了不同的内容，分别起到不同的作用。其次由于激励与约束的互补性，激励不能取代约束，约束也不能完全取代激励，这两者组成完整、统一、不可缺的有机整体。"五结合"的激励模式在微观层面是一种相互渗透的激励行为，也就是激励中有约束；约束中有激励。在激励中要长期激励和短期激励紧密结合（第 4 结合），长期激励中有短期激励，短期激励中也包含长期激励行为。比如：每年的体育十佳运动员的评奖，应该说是短期激励行为，针对一年为一个周期，但如果在此基础上，设计出台一个连续 2 次、3 次、4 次、5 次甚至 6 次获得十佳运动员称号的人可获得一个逐渐递增的重大的物质奖励，那么后面的激励就具有逐渐增加的相对长期的激励效果；但如果单出台总计 6 次获得十佳运动员称号的可获得重大的物质奖励，那每年获得十佳运动员的如果没有奖励，那么这个长期激励措施也因太困难和太遥远而激励效果甚微，因此短期激励和长期激励要紧密结合。不管在实施短期激励还是长期激励，在激励中要坚持物质激励和精神激励的紧密结合（第 5 结合），要达到物质激励中有精神激励，精神激励中有物质激励，在中国竞技体育领域早期注重精神激励，有一定的效果，但表现出了激励的短效性，现如今强调了物质激励的效果，同样表现出了激励的短效性，因此只有物质激励和精神激励的充分结合，实现物质激励中有精神激励，精神激励中有物质激励，才能弥补单方激励的不足，因此在竞技体育领域实施物质激励时，要注意人才的整体表现，整体没有达到一定标准，只是一方面的突出，应酌情减少物质激励的水平；若人

才在精神激励方面获得较多的奖项，可以定一个标准，一旦达到这个标准就实施物质重奖，这样激励的效果才能持久和公平。

（二）"五结合"激励模式的主要目标

1. 个人、群体和不同项目之间整体激励机制的建立

对于激励模式的思考是基于激励原则的坚持，激励理论的综合运用，以及改变当前中国竞技武术人才激励的不足而进行的，旨在搞好中国竞技武术的人才激励与人才开发利用。首先，中国竞技武术人才的激励主要是围绕以运动员多出人才、出好人才而展开的。因此，"五结合"激励模式主要是构建运动员成才不同层次衔接的整体激励机制，这样全国才能达到一盘棋的宗旨，不会各自为政，造成人才的堆积和浪费。所谓整体的激励机制包括两层意思：

一是对竞技武术领域实施激励时，对一、二、三线的竞技人才，要结合运动员的培养全面实施激励。如：上海专设"体育成长奖"，重奖培养输送奥运会冠军的启蒙教练和基层单位，体育成长奖至少为50万元，较之以前设立的优秀运动员输送奖和比赛成绩奖，成长奖项进一步确立了竞技体育以人为本的思想，重在培养人才、培养高水平人才，鼓励更多的基层教练科学选材、系统训练、弘扬甘于寂寞、无私奉献的人梯精神，可以说这是从一个方面来完善整体激励机制的一个很好的例子，并且这种整体激励的效果很好。另外，陕西省的"运动成绩追踪奖"，对于基层体校所输送的运动员每出一次成绩，其母校就会得到一份"运动成绩追踪奖"，其也是一个整体激励的好例子。

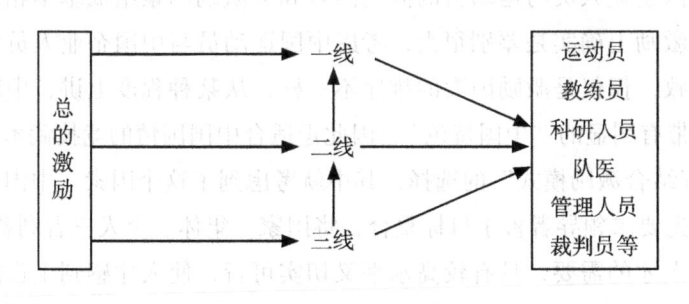

图 6-3 整体的激励过程图

二是对竞技武术人才实施激励时，对竞技武术领域的所有人才，要从贡献的多少全面实施激励。如九运会的金牌总数第一的广东省采用的"跟踪奖励"，对高水平运动员的带训教练、启蒙、输送教练以及科研后勤人员进行连续的奖励，也

收到了很好的激励效果。其中除了考虑运动员、教练员外，还考虑到如何进一步激励科研人员、队医、管理人员等。看来整体的激励机制要求对人才成长过程的不同层次的所有竞技体育人才实施激励。其过程可以通过整体的激励过程构成图表示（图6-3）。

建立和实施整体激励机制，竞技武术所组成的一个个训练、竞赛团体才能充分发挥团队精神，更好地完成各自的职责。随着运动竞技水平的日益提高，全部人员全身心投入合作的要求也越来越高。现在我们仅仅意识到科研人员的作用还不够。另外，整体的激励机制建立和实施，根据中国竞技体育当前的客观情况，还应包括竞技体育领域内职业化与非职业化竞技体育人才的整体激励问题。要从职业化项目中有比例地抽出一定的资金，成立一个专门协调两者奖励差别的基金会，来平衡非职业化项目、非奥运项目与职业化项目之间的巨大差别。以激励从事非职业化项目、非奥运项目的竞技体育人才，更好献身于其所从事的项目。另外，对未来将要选择从事这些项目的人才也是一种选择激励。

2.适合中国国情的激励形式的建立

中国竞技武术人才的激励模式的构建要从中国的国情、体制出发，寻找合适的激励方式。中国是社会主义国家，个体的需求与西方国家不一样，因此，选择的激励方式也应该有差别。中国在人才激励方面有中国自己的特点，因此中国竞技武术对人才实施激励时要充分考虑中国的国情，体现中国的特色，这样激励效果才能更好。通过对中国高水平运动员与中国企业人员的激励与去激励因素比较，我们看到中国企业人员与运动员的激励因素和去激励因素组成基本相同，中国与西方在个体激励上确实是差别很大，考虑中国运动员与中国企业人员的激励因素组成基本一致，仅仅是激励因素的排序不一样，从某种程度上讲，中国运动员的激励因素也带有明显的"中国特色"，因此走适合中国国情的竞技武术激励模式实有必要。"五结合激励模式"的选择，其中就考虑到了这个因素。中国竞技武术的人才激励首先要求领导者善于目标整合，将国家、集体、个人三者利益结合起来，使目标切合人才的需要，具有较高水平又切实可行，使人才感到工作的挑战，同时又可以达到相应的目标，在达到目标时要给予物质和精神激励，使被激励者感到满意。考虑保健因素与激励因素对于调动人的积极性来说都有一定的作用，只是影响的程度不同而已，因此中国竞技武术人才激励，要在中国社会主义分配制度的指导下，从两个方面着手，既体现"多劳多得"，同时也体现竞技武术领域的基本保障功能，现如今的运动员的伤残保险是保障功能的完善。中国是发展中国家，保健功能的激励作用在激励因素中所占的比例也较大，因此中国应充分发挥保健功能的激励作用。现如今，运动员的退役与职业的转换对更多的运动员来说（奥运、世界冠军除外）有一定的经济和社会风险，因此，建立运动员退役转职的保障制度是中国竞技武术人才激励模式构建应充分考虑的。

3.激励与约束相结合机制的建立

中国竞技武术激励模式的建立要注意与国际接轨，要健全激励与约束相结合机制，履行一定的责任。由于考虑竞技武术人才所具有的独到特点，正如有人提出："运动员和画家不一样，画家的画几年卖不出去，不会影响画家本人的事业，而运动员却只有短短几年的运动生命。"因此竞技体育领域的物质重奖和高收入永远都会扮演重要的角色，特别在中国市场经济体制下和职业化改革的进程中。西方发达国家从事运动行业的高的收入增长率也说明了高收入是竞技体育领域的一大特色。通过对美国不同职业人员平均的年收入（美元）从1971-1981年十年间的分析，我们能看到美国职业棒球运动人才收入提高得最多。在中国，一些职业化项目年收入由于种种社会因素和人为因素无法进行统计，但可以估计平均年收入增长量高的应是全国所有竞技体育职业化项目的人才群体。理论上竞技体育的高收入应该是由这个项目的自身价值决定的，但由于中国职业化项目中的总收入不是"自身造血"的结果，因此没有真正依靠市场和竞争来取得应得的"激励"，所以这是激励机制的严重不足。但考虑政策扶持的因素和过渡阶段的性质，以及制度的健全要有一个过程。因此在制度未健全的情况下却要强调赋予激励时，同时也要赋予一定的约束机制和赋予一定的责任和意识，强调激励和约束的紧密结合。否则，在中国竞技体育人才稀少或缺少竞争的情况下，容易养成"养尊处优"、"目光短浅"的习惯。竞技体育职业化背景下，主要追求的就是通过市场，来获取竞技人才的巨大物质激励。恰恰由于巨大的物质利益驱动，许多竞技体育人才视规则、制度为儿戏，不惜铤而走险！贿赂、黑哨、假球和兴奋剂等屡禁屡犯。其中一个主要原因，就是中国竞技人才约束机制的不完善，相应的立法和制度的不健全，没有跟上竞技体育快速发展的需要。因此，中国竞技武术人才实施激励时，要同步完善约束机制，特别是强调激励与约束的紧密结合。"五结合激励模式"的一项主要目标，就是在中国竞技体育领域强调激励时，也同步建立完善的约束机制。

第七章 武术体育人才培养新模式的理论构建

第一节 武术体育人才培养路径

一、武术体育培养人才的依据

（一）培养目标的需要

武术专业的目标是培养具备民族传统体育教学、训练、科研基本知识与技能的，能从事武术、传统体育养生及民族民间体育工作的高级专门人才。现阶段，一是培养的人才很难进入各级运动队从事教研等工作；二是社会上还没有针对社会体育指导员设定的固定岗位，培养的人也不可能进入这样岗位工作；三是相当一部分毕业生流向大中小校，主要从事公共体育课的工作，以武术套路专项学生为例（其他民族传统体育内容目前在各级院校的开展更多），一般院校所设教学项目主要是初级拳术、简化太极拳等而已，而作为武术套路专项的学生在入校前就有3到6年，甚至10多年的训练经历，大部分是二级以上运动员水平，在校期间他们又学习了少则十余种的传统拳械，所学与使用之间反差巨大；四是目前已经有大量毕业生进入公安系统从事安保工作，但是，培养目标丝毫没有体现。因此，就目前培养目标所设定毕业后去向与实际社会就业需求明显脱节。

（二）社会经济发展的需要

随着经济的发展，人们对体育产业的认识、分类，可谓众说纷纭，但一个共识就是体育产业已以其强劲的势头，在促进社会进步，经济发展中充当着重要的角色。

我国的体育产业渗透在一、二、三行业，它既可以为社会提供更多的就业机会，也有利于发展和扩大第三产业，以及优化产业结构。随着社会经济的发展，人作为社会主体的意识提高，更需要有高素质的体育专业人才。培养武术专业人才，正是顺应了体育产业和社会经济发展的客观需要。

（三）就业形势的推动

高等教育大众化的不断发展，高等教育的规模持续扩大，导致高等教育培养出来的人才正面临着越来越严峻的就业现实。同时，严峻的就业形势也使得人们在专业选择上更看重其未来社会适应力，从而迫使高校要根据社会的需求对自身学科专业进行不断优化。

2016年里约奥运会，我国在竞技体育方面取得了极大成就，在多个项目上取得突破。随着我国体育社会化、产业化、商业化、职业化发展方向的确立，体育产业呈现出广阔的市场，这也给武术项目一个极好的机会。国家体育总局武术管理中心主任陈国荣表示，武术运动以其独特的文化内涵和健身功效，得到了全世界各地人民的喜爱和推崇，目前加入国际武术联合会的国家与地区已达142个。这表明，我国对于武术人才的需求会越来越多，这就为武术专业人才提供了更多的就业机会，实现我国武术产业更好地发展。

二、武术体育人才培养的目标

依据武术未来发展趋势及特征，本书认为，武术专业应努力构建"宽专业、厚基础、强能力、高素质"的人才培养目标，培养具有扎实的基础知识、理论知识，具有较强专业实践能力和创新精神的复合型、应用型、创新型专业人才。

（一）复合型人才

培养高素质的武术专业人才是社会发展的客观需要，随着社会对民族传统运动的重视，体育人口的逐年增长，需要大量从事武术体育事业的复合型专门人才。

学科体系是人才培养的基础和平台。从学校整体宏观角度，其要根据国家发展需要、社会发展需要和科技发展需要趋势以及学校已有学科的实际情况，对现有学科体系进行战略性的结构调整，打破院系布局，在全校范围内优化重组，构建学科综合的大平台，注重在学科基础上拓宽学科门类。学科的交叉渗透容易产生创新成果，也易于培养高水平的复合型创新人才。因为一流的学科建设，是培养一流人才的基础。只有在一流学科建设的基础上，才能培养出一大批社会公认的创新型、知识复合型人才，并创造出对社会发展有深远影响的创新成果。但从武术与民族传统体育专业微观角度，应自身不断完善本学科体系，加强我国高等体育院校及设有该专业的普通高校间的交流与合作，打破"各自为政"的僵局，齐心协力完善本学科体系，为创建培养本专业知识复合型人才的平台而贡献各自的力量。

武术体育人才在专业知识结构上，应当把专项技术知识和体育理论知识融合起来，提高自身素养；重视和加强专业学习和实习，不但要增加专业学习时间，更要增加实习时间，而且也要扩展专业实习的形式和内容，学到更多的武术体育及其相关领域的知识；同时要注意提高学生人文知识和文化素养。

（二）应用型人才

当前，各体育院校在武术专业人才培养中也逐渐向应用型人才培养方向发展，但是都希望学术型与应用型兼顾，因此在培养目标、培养规格中还强调培养"具备一定的科研能力"的人才。我国原有的高等教育人才培养比较侧重于学术标准，但是，社会的发展使教育和经济、管理、文化等领域的联系更加紧密，政府机构、企业部门等各社会机构对高级实用性人才的需求越来越大。现阶段，高等教育的大众化已经使高等教育偏向于应用型人才的培养。发展应用型本科教育既是社会经济、科技发展的要求，也是教育发展的要求，有利于更加合理地调整高等教育的结构。

武术是民族传统体育产业的核心部分，包含的内容非常广泛。为民族传统体育服务的应用型人才应在就业之初具备一定的运动技术基础，培养过程中应侧重某项技术的学习。当然，在培养过程中也不能放弃对经营管理知识和其他综合知识的学习，以为其将来向着更高层次发展做好知识准备。

（三）创新型人才

高校人才培养目标的确立要综合考虑三方面的因素：社会发展需要、学生个体发展需要、学术自身发展需要。高校中教学与科研的关系反映了注重学生发展与注重学术发展之间的矛盾，专业教育的弊端就是只重视了社会的需要，而忽视了学生全面发展的需要。教育要注重学生的道德情感和自由个性的发展，这是确定不疑的目标，但也要在改进专业教育的基础上来实施。因为对学生进行高级的专业训练，使其具备某种职业能力是高校服务于社会的重要功能。在两者基础上还要加强对学生创新能力的培养，以适应信息化社会对人才发展的要求。我国体育院校应当在专业教育基础上综合考虑三方面因素，将目标定位于把学生培养成具有一技之长并全面发展的创新型人才。

三、武术人才培养的实施途径

（一）加强组织领导，完善教学管理评价制度

有了科学的课程体系和完备的师资队伍以及教学资源，还需要完善的教育管理制度来保证整个培养过程的良好运行。而评价是管理过程中运用的重要手段，所以要想培养合格的人才，必须建立完善的评价体系。目前，各高等体育院校的行政管理部门根据各自的具体培养方案来制定所需评价制度，多采用事前和事后

评价手段来不断改进整个培养过程,使其顺利进行。评价主体多元化是当今世界评价体系的发展趋势,所以我们要尝试引进不同的评价主体来对高校的人才培养过程进行公正评价,逐步改变学校内部单方面评价的封闭局面。

(二) 引进国外先进教育资源,实施中外合作办学及本土化教学和实践模式

加快我国武术专业人才培养,不仅有利于改善师资队伍知识结构,而且有利于改变武术专业培养层次单一、就业渠道少的现状。随着经济的发展、传统文化教育的增多,当前人们对武术体育的积极性和主动性大幅提高,体育人口的稳步增长迫切需要大量的武术专门人才。积极学习发达国家的先进经验,在现有的体育院校社会体育专业及综合性大学中,根据培养目标的不同,调整专业设置重点,拓展专业范畴,提升主干课程的质量,同时增加综合知识的选修课程,是加强武术专业人才培养的良好途径。

明确了世界其他国家民族传统体育人才培养发展趋势,我们在构建自己的人才培养模式时就要参考这种趋势,做到有的放矢。对共同目标的追求以及遵循这一领域的教育规律,是中外体育武术人才培养领域的共性。既然国外在这方面已经探索出一条相对成熟的道路,说明他们找到了其中的某些教育规律,我们就要掌握他们培养经验中的精华部分,为国内的武术体育人才培养工作服务。

(三) 创新教育理念、内容和方法

信息时代的到来,将对人类的生产和生活产生深刻的影响,必然引起一系列巨大的社会变革。信息经济是以知识为基础,以智力开发为依托的经济形态,其根本在于知识的创新与运用,而知识的创新在于人。因此,为社会培养具有创新意识和创造能力的人才,是信息经济时代对教育提出的基本要求,也是当前教育界普遍认同的人才培养目标。目前深化体育教学改革,积极推进素质教育已成为体育院系工作的主旋律。

创新是事物前进和进步的动力,是体育改革中必须确立的先进的教育观念,这是知识经济时代对高校体育专业教育提出的要求,在培养创新型体育专业人才的过程中,我们应当学会不断创新,与时俱进,摸索探求出适合培养我国体育院校武术体育人才的道路。要正确处理知识、技术的传授与能力培养的辩证关系,强调创新教育并不是否定掌握知识与技术的重要性,而是要加强探索学习与创新两者之间的内在联系和沟通机制;提倡知识、技术的学习是为了知识技术的发展和创新。在教育理念、教学设计、方法选用、教学评价等方面,应树立培养创新型人才的观念,只有创新才是体育专业教育改革和发展的真正动力。总之,在运用教学法时要以发展学生的智能和情感为目标，根据学生的个别情况灵活运用各种方法。教师是进行教学活动的主导者。因此，首先要强化教师的创新精神、创新思维和创新能力，使他们在教学活动中充分发挥"点拨"作用。我国体育院校应通过为社会培养大批素质全面的创新型人才，赢得更广阔的生存发展空间。

（四）产销结合，进行实践教学，创造条件，鼓励学生实践，使学生达到行知统一

武术专业的实践性很强，其实践教学极其重要。我国体育院校武术专业的实践教学可以从两方面进行，一是贯穿在课程教学的始终，二是单独的实习实践。在课程教学过程中，强调理论与实践相结合。

第一，课程教学可采取多样化方式，如多媒体教学、社会实践、现场观摩教学、专题研讨等。第二，进行案例教学，通过案例分析培养学生面对新情境处理和解决实际问题的新能力。案例材料不是随意编纂的，而是从实践中收集的。第三，可以以课题研究的形式，由教师灵活掌握，可以在每一专题之后或者某一课程之后，设计一些任务，让学生进行设计与论证，这一部分的实习大部分还是限于书面上的讨论。另一部分是单独的实习实践，让学生走出去，在实际的工作中运用所学知识，并学习在书本中学不到的经验。单独的实习实践在大二和大三分别开设，这样可以让学生早一些对所学知识有感性的认识，同时，可以在实习中确定自己的兴趣并认识到自身的不足，这样在其选择选修课程时就会有针对性，不会过于盲目。

在实践教学中应注意其实施情况，不应让实践教学流于形式，可与一些相关部门建立长期合作关系，建立实习基地。要紧随社会发展趋势设置实践教学内容，要具有相对的灵活性。同时，因为武术专业的实践性较强，可适当增加实践教学的课时，实践教学与课程设置最好能实现互动、互补。

第二节 武术专业人才培养评价指标的构建

评价就是判断某一事物的价值，或判断其优、缺点。人们越来越重视评价是因为它有诸多功能。首先是甄别功能，这是武术体育人才评价最直接、最基础的功能；其次是诊断反馈功能，是指通过评价得出被测者素质构成及发展上的问题及不足。反馈是指根据评价结果，提供调整和改进评价对象素质缺点的信息，分析缺点和不足及其产生的原因，提出诊断意见和素质优化开发方案，帮助其克服缺点，发扬优势，推动人才素质全面发展；最后是激励功能，是指通过对武术专业人才素质现有状态的鉴别评定，可以预知推测其素质发展的趋向，同时通过对武术体育人才素质诊断和反馈，使学生增强进取心，不断完善自己。

一、武术体育人才培养评价的指导思想

（一）创新评价体系

在评价指标体系构建过程中，打破学习成绩为出发点的传统学生评价体系，建立以实践技能为出发点，学用并重、学以致用，充分显示职业个性和鼓励实践与技能相结合的武术专业学生的评价体系。

（二）确定评价指标

以培养符合社会需求的应用型高素质人才为目标，以关注职业能力与适应就业为导向，明确评价指标。

（三）选择科学的评价方式

评价中，重视社会及用人单位对学生在实习实践过程中的考察，重视学校对学生在学期间的成绩及实习概况的考察，社会评价与学校评价相结合，形成校内、校外互动的评价方式。

（四）以人为本

注重"以人为本"思想，不断探索武术体育人才培养规律，发现问题与解决问题，让学生逐渐摆脱传统应试教育观念的种种束缚，力求通过评价引导和促进学生自觉按目标主动调整与改进的自我意识领域，调动其奋发向上的积极性，使其不断充实与掌握从业知识与能力，为其今后职业生涯的发展奠定坚实基础。

二、武术人才培养模式评价指标构建

（一）评价指标设计思路

选择有代表性的能反映武术人才培养目标共性的特征内容，并结合人力资源开发理论，设计评价指标。其中主要是根据教育评价原理，以设计评价指标为目的，而不展开进行实际测量和评价。例如实践技能：学生从业所需有关职业资格及相关能力的综合；适应能力：可以主动地适应学习工作环境，协调控制情绪，具有较强的心理素质与承受力责任感，不论遇到什么困难也要保证完成学习与工作中的任务，并勇于承担自己的责任等。评价指标的定义或量度设计可结合竞争情报学科特点和规章制度等实际情况来进行，既要有一定的挑战性与难度，又要以学生通过努力能够达到为佳，避免目标过高或过低。

（二）武术人才培养评价指标构建

武术专业评价内容框架如图7-1。

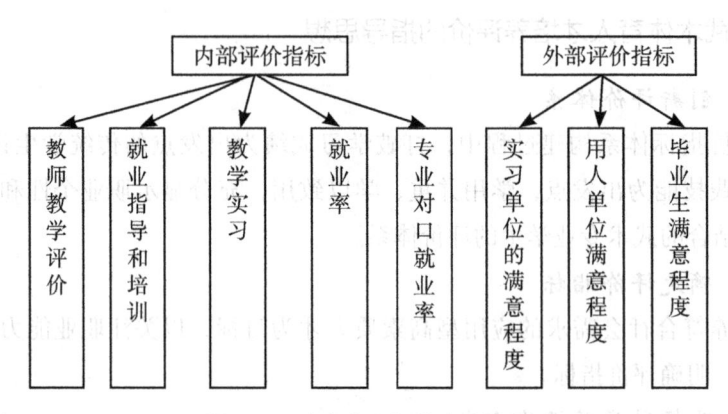

图7-1 武术专业评价内容框架

1.内部评价指标

内部评价指标主要是指：通过对学生的专业能力和就业状况进行考察，来评估学校的培养成果和工作绩效。这组指标是就业导向评价的核心指标，主要包括：教学评价、教学目标实现情况、学生学习评价、以就业为导向的教育和培训、教学实习、就业率等指标。

（1）教学评价指标

教师教学评价主要考察学校的教学过程和培养能力是否得到用人单位和学生的认可，是对教学效果的初步评价。内容详见表7-1。

表7-1 武术专业人才培养教学评价指标

一级指标	二级指标
教学内容	1.内容的正确性
	2.内容的讲解效果
	3.难点的处理情况
	4.重点的处理
	5.层次和结构
	6.内容联系专业实际情况
	7.内容熟练程度

续表

一级指标	二级指标
教学组织	1. 教学组织过程的合理性
	2. 组织形式与教学内容的结合效果
教学方法	1. 考虑学生个体差异
	2. 注重激发学生学习动机
	3. 注重学生终身体育意识的养成
	4. 注重营造合作的学习气氛
	5. 与课堂管理相配合
	6. 学生主动性的情况
	7. 对传统教学法的改革情况
教学资源与手段	1. 教学媒体与教具使用
	2. 教学设备与空间规划
	3. 行政资源利用规划
	4. 自然与社会资源利用规划
	5. 运用现代教学手段情况
	6. 实验教学改革与设备
教学态度	1. 课前准备情况
	2. 治学态度
	3. 对学生学习要求情况
	4. 为人师表
	5. 结合课堂教学运用现代教学手段情况
	6. 实验教学改革与教学育人情况

（2）教学目标实现情况评价指标

教学目标实现情况评价是考察武术专业全部学程中各目标的实现情况，主要有：四年教学总目标的实现情况，各学年教学目标实现情况，各年级学习与实践教学目标实现情况，实习目标实现情况等。具体内容见表7-2。

表 7-2　武术专业人才培养教学目标实现情况指标

一级指标	二级指标
实现教学目标	1. 四年教学总目标的实现情况
	2. 各学年教学目标实现情况
	3. 各年级学习与实践教学目标实现情况
	4. 实习目标实现情况

（3）学生学习评价指标

学生学习评价主要是通过学生在校四年各科学习成绩、时间考核成绩与实习成绩的考察，来确定教学目标的达成情况，进而了解学生就业的准备情况。评价指标见表7-3。

表 7-3　武术专业人才培养学生学习评价指标

一级指标	二级指标
思想政治素质方面	1. 思想素质
	2. 政治素质
	3. 道德素质
	4. 思想政治课成绩
科学文化素质方面	1. 公共基础素质
	2. 体育专业理论素质
	3. 体育专业实践素质
	4. 体育人文科学素质
三维健康方面	1. 身体健康
	2. 心理健康
	3. 社会适应能力
武术专业能力	1. 体育运动素质
与实践创新能力	2. 社团活动和社会工作素质
	3. 学术科技和创新创业素质
	4. 社会实践和志愿服务素质
	5. 专业拓展和技能提高素质

第七章　武术体育人才培养新模式的理论构建

（4）以就业为导向的教育和培训评价指标

以就业为导向的教育和培训是武术专业学生准备走向工作岗位，成为职业人才必不可少的一步。这方面的评价可以在大学的三、四年级，也可以在毕业前，最好是在四年的大学教育中贯穿于始终。教育和培训的主要评价内容应该包括：① 职业技能，这是立足社会首要的技能，是在大学四年的学习中，对各门学科和技术提炼和浓缩的一种职业能力。② 职业道德，通过职业道德教育和培训可以使学生更加热爱自己的主业工作，树立奉献精神，对其评价可促进学生的形成良好的道德规范。③ 入职教育，指进入职业工作应具备的心理和技术技能方面的能力。④ 职业政策，指国家和相关部门为学生就业制定的各种法规政策。具体的评价指标体系见表7-4。

表7-4　就业为导向的教育和培训评价指标

一级指标	二级指标
职业技能	1. 发现与解决问题能力
	2. 表达与组织能力
	3. 改善与创新能力
	4. 协调与沟通能力
	5. 获取信息能力
	6. 适应能力
职业道德	1. 事业心
	2. 责任感
	3. 积极与主动性
	4. 团队精神
	5. 纪律性
入职教育	1. 心理教育
	2. 专业教育
职业政策	1. 法规教育
	2. 政策教育

（5）教学实习评价指标

教学实习是检验学生学习效果的手段，也是为未来从事武术专业工作打好坚实基础的有效方法。依据对学生实习评价的范围和侧重点的不同，可以把评价指标体系分为综合评价指标体系和专项评价指标体系。综合评价指标体系主要有实习组织管理工作评价指标体系和实习生实习成绩评价指标体系两类。前者面向全部实习过程和所有实习环节，对实习的计划、组织、实施和控制做出评价；或者对实习条件、实习过程、任务完成与效果进行评价。后者是以单个实习生的实习效果为主要评价对象，依据体育教育实习的总目标和基本内容，对实习生的成绩从师德、教学工作实习、班主任工作实习、教育调查实习、课外活动实习五个方面考察评价。一般而言，由于评价标准不同，评价的结果也会不同。评价指标确定后，评价标准的制定就成了评价工作的中心，评价的全部过程都是围绕着标准进行的。具体指标见表7-5。

表7-5　武术专业人才培养教学实习评价指杬

一级指标	二级指标
实习组织管理工作	1.实习环节
	2.实习的计划、组织、实施和控制
	3.实习条件
	4.实习过程
	5.任务完成与效果进行评价
实习生实习成绩	1.实习生的成绩师德
	2.教学工作实习
	3.班主任工作实习
	4.教育调查实习
	5.课外活动实习

（6）就业率评价指标

就业使社会、家长、学生和学校都承受着越来越大的压力，而作为武术体育人才培养机构建立一套系统的评价体系，充分利用各种资源，调动各层面人员的

第七章 武术体育人才培养新模式的理论构建

积极性，引导毕业生找到适合自己的职业成为体育院校的一项重要工作。就业评价既是评价人才培养的重要方面，也对这一专业的改革起到导向作用，以提高办学质量和重视就业工作。目前武术专业毕业生就业的方向越来越多，使得以往"单一指标"的就业评价体系已不能满足要求。分析学生就业的现状和影响因素，借鉴一些成功经验，建立和完善适合我国当前国情的武术专业学生就业评估体系，成为促进学生就业，推动武术专业改革的重要基础。就业评价就是在广泛收集就业行为信息的基础上，对毕业生就业这一既具有时效性又体现连续活动特征的"评价客体"进行综合评判，为学校专业改革提供依据的。当前我国对于高校就业评价体系的研究多限于对就业率问题和建立评价指标体系的理论探索阶段。由于长期使用单一就业率指标和近年来教育部不断强调将高校毕业生就业率与高校招生计划、发展规划、专业设置、教学评估、学位评定相挂钩，造成就业率虚高和造假现象严重，高校就业工作弊端不断显现，人们对原有就业率普遍质疑。就业工作评价指标体系的建立，有助于打破单一的就业率指标，将就业的多方相关信息综合起来，实现动态跟踪、智能调节、全面服务的综合要求，为毕业生和就业指导部门之间搭建一座更具实际操作价值的就业平台，以信息整合优化培养模式，以动态服务调节市场需求与学生定位之间的差距，促进毕业生充分就业。就评价指标而言，初次就业率的统计，是不恰当的，应该统计和评价毕业半年和一年之后的就业率。把初次就业率作为最重要的指标，导致所有高校都有把最后一年作为就业年的趋势，正常的教学活动，包括学生的毕业实习、毕业设计都为毕业找工作让路，严重影响大学生培养质量，这又反过来加剧就业难。统计半年或一年后的就业率，更符实际，也引导学校关注毕业学生的事业发展。

　　对于武术体育人才培养的实际评价问题，如何选择和确定评价指标是一个很重要的环节，认真、慎重地筛选是十分必要的。在实际应用中，常用的方法有多种，我们根据武术体育人才培养的特征和实际条件的需要采用了专家访谈法，在对武术体育人才就业现状和就业影响因素分析的基础上，同时结合体系框架，对相关就业指标进行了整理，并与相关学校就业指导部门、专职工作人员沟通，建立了武术体育学生就业评价指标体系，分为初次就业率、半年以后就业率和一年以后就业率三个就业率指标。这三个指标又应从以下几个方面进行评价：①就业绩效，包括就业状况、就业质量和就业途径；②就业服务，包括就业指导、满意度和配套机制；③课程与创新，包括课程设置与就业创新。具体评价指标见表7-6。

表 7-6 武术专业人才培养学生就业评价指标

一级指标	二级指标
初次就业率	1. 就业绩效
	2. 就业质量和就业途径
	3. 就业服务
	4. 就业指导
	5. 满意度和配套机制
	6. 课程与创新
	7. 课程设置与就业创新
半年以后就业率	1. 就业绩效
	2. 就业质量和就业途径
	3. 就业服务
	4. 就业指导
	5. 满意度和配套机制
	6. 课程与创新
	7. 课程设置与就业创新
一年以后就业率	1. 就业绩效
	2. 就业质量和就业途径
	3. 就业服务
	4. 就业指导
	5. 满意度和配套机制
	6. 课程与创新
	7. 课程设置与就业创新

经过扩充的指标体系能够更加全面系统地反映毕业生就业的现实状况，从而更好地推动就业工作的开展；同时注意了系统的通用性和可比性，使得指标体系适用于各校间的武术专业学生之间的评价比较。

（7）专业对口就业率评价指标

专业对口就业率评价主要倡导武术人才培养应当坚持按照用人单位的实际需要设置专业和课程、学制教育和职业培养，强化技能训练和实践能力的培养。

2. 外部评价指标（社会评价）

引入外部评价机制，通过服务对象和合作伙伴的评价，来考察体育院校体育武术专业人才在社会上的声誉和影响力。主要指标包括：用人单位满意程度、毕（结）业生满意程度和合作单位满意程度。用人单位的评价包括对培养人才单位的总体满意度，学校是否为用人单位培养了具有必要技能的工作人员，经过在校4年的学习的武术体育人才的工作效率怎样，用人单位是否能够更多地参与专业和课程设置等。毕（结）业生满意率包括毕（结）业生对学校课程、资格证书的有效性的评价和对工作满意度的评价等。合作单位满意率包括合作企业、外部培训机构、投资伙伴等机构对教育培训机构的满意情况。外部评价的具体指标见表7-7。

表7-7 武术专业人才培养外部评价指标

一级指标	二级指标
用人单位满意程度	1. 对武术教育的总体满意度
	2. 是否为用人单位培养了具有必要技能的工作者
	3. 用人单位是否能够更多地参与专业和课程设置
已毕业学生满意程度	1. 对学校教学课程的评价
	2. 资格证书的有效性的评价
	3. 对工作满意度的评价
	4. 专业的对口情况
	5. 工作的稳定性
实习单位的满意程度	1. 基本技能
	2. 工作方式
	3. 专业精神与人格
	4. 交流与反思

（1）用人单位满意程度和已毕业学生满意程度

就业满意度是反映就业机会的可获得性、工作稳定性、工作场所的安全、机会平等、收入、个人发展等有关方面满意程度的综合概念，也是反映高校人才培养水平的一个重要标志。毕业生就业满意度不高，将影响毕业生将来的就业信心甚至职业生涯的发展，同时也将影响武术人才培养的可持续发展。

（2）实习单位的满意程度

武术专业实习活动是一门重要的专业课程。通过实习，能使学生更好地了解武术特点，熟悉工作的各个环节，全面提高专业实践能力，为将来成为一名合格的人才打下良好基础。实习期间和实习结束后，学生的实习是否达到实习目的，如何对每位实习生的实习情况进行科学的评价，也是十分重要的评价内容。对实习生实习过程和结果进行科学准确地评价，一方面给实习生提供一定的反馈信息，引导实习生明确实习的目的和要求，反思取得的成绩和存在的不足，找到提高工作能力的努力方向；另一方面，通过评价也能给高等体育院校武术专业培养提供一定反馈信息，促进武术专业的课程和教学改革，以适应不断发展的社会对武术的要求。为了培养合格的武术体育人才，我们从以下几方面进行评价。

①基本技能，包括语言能力、分析工作对象的能力、制定符合实际的工作目标的能力。②工作方式，包括开展自主学习、合作学习与探究学习，组织方式的多样化。能与工作对象共创良好环境，与工作对象交流的能力。③专业精神与人格，包括能热爱自己本职工作，积极上进，有奉献精神，具有健康心态和团队合作精神；能尊重别人、平等、友善地对待每一个人。④交流与反思，首先包括能帮助工作对象进行交流与反思，对活动过程和结果进行评价；其次能积极与同事和其他相关人员交流和沟通，对自己的实习工作行为进行反思，从中获得经验和教训。

第三节 武术专业建设及人才培养模式发展趋向

专业建设在高等教育发展过程中的地位是显而易见，建设的好坏直接体现了学校的整体办学思路和发展水平，加强专业建设是提高办学水平，优化教学质量的关键。作为中华传统文化的组成部分，民族传统体育传承已引起社会各界的高度重视，除了社会发展的推进以外，学校教育的传习是民族传统体育保护传承的主要阵地。而民族传统体育在学校传承的载体和依托则是学科和专业，学科和专业建设是高等学校工作的龙头,最能体现学校的办学特色。武术与民族传统体育专业是由武术专业演变而来,与其他体育专业相比,称得上是老牌专业。作为"既是老牌专业又有新成分,既有上位概念又有下位概念"专业名称的矛盾体,非常有必要对其发展的历史演变、成长过程中呈现出的困境以及将采取什么样的路径才能引领该专业蓬勃发展进行分析研究,这不仅是专业建设的时代要求,更是历史赋予的使命。

一、武术与民族传统体育专业建设历程

(一)武术专业时期

武术自古以来就受到国家和政府的重视。辛亥革命后,近代教育逐步发展,各级各类学校陆续建立,武术作为传统体育被列为学校体育课程。1915年武术进入教学体系得到了制度保障,从那时起,高等武术教育就掀开了新的篇章。同年4月,"全国教育联合会"第一次会议在天津召开,通过了《拟请提倡中国旧有武术列为学校必修课》的议案,教育部明令"各学校应添授中国旧有武技,此项教员于各师范学校养成之",此时武术正式成为学校体育课程。1916年和1917年南京高等师范学校与北京高等师范学校均开设了武术课,政府将以前的师范院校体育系作为武术师资的培养基地,这充分表明当时武术已成为一门课程进入到高等教育领域。此后,以武术为重点的体育院校如雨后春笋般层出不穷。1917年初北京体育研究社附近开设体育讲习所,以培育善于体育和武术的老师,1920年更名为北京体育学校。1933年中央武术馆于南京创办了"国术体育传习所",直至1941年其改名为"国立国术体育师范专科学校",各地陆续也多有体育师范学校、示范班的出现。新中国成立后,国家十分重视高等学校武术专业的发展,高等体育院(系)首先将武术作为一门专项选修课纳入其教育体系。20世纪50年代末到60年代初,我国各大体育院校(系)依次开设武术课程。1957年2月,国家体委和教育部对北京、上海、武汉、成都、沈阳等体育学院提出"将武术列为选修课"的要求。1958年8月国家体委在山东青岛召开了全国体育学院院长座谈会议,将武术列入重要议题并强调武术专业在高等体育教育中的地位和作用。会后,北京体育学院(现为北京体育大学)、上海体育学院相继设立武术系,其他各大体育院(系)分设武术专项选修课程,加重了武术在高等学府的教育教学中的比例。1961年国家体委组织人员编写《武术》教材,并作为全国体育院校本科教材,武术教材有了统一的规范和教学内容,使武术教学有了较为系统和规范的理论基础。经国务院

-209-

批准，1963年教育部发布国家首次统一制定的《高等学校通用专业目录》，其中体育类下设八个专业，田径运动、体操、游泳、球类运动、冰上运动、运动保健、武术与体育名列其内，这预示着这八个专业正式成为教育部规范下的高等教育本科专业。1967-1977年"文革"的十余年中，我国体育院校（系）的教学活动受到了一定影响。1977年恢复高考后一直到1997年的二十年间里，教育部不断调整专业、修正目录，武术专业则一直被完整地保存下来。1985年国家体委武术研究院成立，对我国传统武术进行了大规模的挖掘与整理，更加提升了武术在体育学科中的地位。随后，北京体育学院率先建立了武术系，上海、沈阳、武汉等几所体育院校也随之建立了武术系，这标志着武术专业人才从此摆脱了完全由体育教育专业来培养的现实状况。1988年6月，教育部颁布武术专业为新设本科专业之一，1989年开始招生。1993年，国家教委重新颁布《普通高等学校本科专业目录》将专业设置进行了改革，将过去的"九个专业"（体育教育专业，运动训练专业，体育管理专业，体育生物科学专业，武术专业，体育新闻专业，体育保健康复专业，运动原理专业，警察体育专业）改为七个专业（体育教育，运动训练，体育管理，体育生物科学，体育保健康复，武术，警察体育），武术专业改为民族传统体育试办专业，武术被列为适当控制设点专业与其他六个专业共同构成教育学科体育学门类全部专业，这也充分凸显了武术专业在高等体育教育中举足轻重的地位。

（二）民族传统体育专业时期

1997年经国务院学位委员会和原国家教委批准，民族传统体育学被设为一级学科体育学下的四个二级学科之一，并形成以武术为主体，包含民族民间体育和传统体育养生在内的学科。1998年7月国家教育部颁布新一轮修订的《普通高等学校本科专业目录》，体育学为一级学科，下设五个专业（即社会体育、体育教育、运动训练、运动人体科学、民族传统体育）。此时的武术专业被调整为民族传统体育专业，该专业成为一门新设本科专业（包括武术、传统体育养生和民族民间体育三个方向），人才培养方案也在原来武术专业的基础上按照民族传统体育专业的要求进行了修改。此后，一些体育院校将武术系改名为民族传统体育系，而另一些体育院校认为武术是民族传统体育专业中的主干专业方向，为了体现其地位及影响力，仍然使用武术系这个名称；但是，其教学内容范围已经扩展到民族传统体育专业的范围；专业的师资无论从质量还是数量都有了较大的改善，武术工作者的工作范畴也相应扩展到教学、训练和科研等领域，这之后民族传统体育专业的招生范围从原来的单一的体育类院校发展到综合性院校和师范性院校中，课程设置也逐步开始围绕着武术、传统体育养生、民族民间体育几个方向建立，也有与之相配套的理论课程和技术课程及教材进入课堂。

（三）武术与民族传统体育专业时期

教育部于2012年将新一轮的《普通高等学校本科专业目录》修订中的民族传统体育专业更名为武术与民族传统体育专业。体卫司和教学指导委员会在调研的基础上提出："过去民族传统体育专业的这种叫法，虽然在其发展的10年过程中，对于武业的人才培养的目标、规格和范围上有了一定的拓展，但是，也存在一定的问题。"与此同时，学术界对武术与民族传统体育专业的更名也产生了不同看法。第一种，虽然民族传统体育专业还不够成熟，但是原先的武术专业从其就业情况来看就业面太窄，民族传统体育专业从一定程度上扩宽了就业渠道，对学生的就业起到帮助，因此，坚持保持民族传统体育专业名称不改变。第二种，武术专业发展至今，学科在理论与技术层已经形成了初步体系，具有较完善的培养目标，培养方案，课程设置等，内容十分丰富，群众基础较好，在国内外拥有较高的知名度与认知度，容易传播与推广。而"民族传统体育"这个称谓是比较含糊的，对于武术龙头的地位和民族传统体育特色的表达均不够突出，有部分教学内容因为受到民族、经济、文化、地域等方面的限制，不能够突出重点，不利于专业发展，因此，认为改为原先的武术专业较好。第三种，首先，现阶段，我国大部分民族传统体育专业的院校主要以武术为主，但是它并不能代表整个民族传统体育，这对民族传统体育的传播与推广并不利；其次，社会对于民族传统体育专业的了解和认识不够，也直接影响到毕业生的就业，民族传统体育专业的社会认知度既不及武术专业，又不能凸显武术专业的主干力和影响力；最后，为了突出武术在民族传统体育专业的主干地位和优势力量，既能通过武术拉动其他民族传统体育的发展，又能够拓宽本专业培养目标的范围，传播民族传统体育文化，对学生的就业也产生积极的作用，因此，建议将民族传统体育专业更名为武术与民族传统体育专业。2012年国家教育部经过研究最终决定将民族传统体育专业改为武术与民族传统体育。

简而言之，高等院校本科武术专业时期主要以武术这一单独的教学内容为主；在民族传统体育专业时期，专业的发展时间短，发展快，其教学内容和范围有所扩大，包含武术、传统体育养生、民族民间体育三个方向，但是这个时期的人才培养模式是武术专业时期的人才培养模式的简单移植或者直接嫁接，缺乏既完善又能与民族传统体育专业相配套的人才培养模式；在武术与民族传统体育专业时期，武术龙头主干地位得以凸显，其他民族传统体育也同期发展，做到统筹兼顾。此时期本专业仍旧沿用之前的人才培养模式，并以运动形式划分专业方向，按照运动员的培养方式培养学生，缺乏顺应时代发展、社会需求，特色突出的人才培养模式。

截至目前，我国具有武术与民族传统体育专业单独招生资格的普通高等院校有46所。它们分别是北京体育大学，首都体育学院，西安体育学院，上海体育学院，武汉体育学院，成都体育学院，沈阳体育学院，天津体育学院，河北体育学院，吉林体育学院，南京体育学院，哈尔滨体育学院，广州体育学院，山东体育学院，天津师范大学，山西师范大学，河北师范大学，晋中学院，东北师范大学，沈阳师范大学，哈尔滨师范大学，苏州大学，扬州大学，江苏师范大学，浙江大学，杭州师范大学，阜阳师范学院，集美大学，江西师范大学，山东师范大学，鲁东大学，菏泽学院，河南大学，郑大体院，河南理工大学，洛阳师范学院，商丘师范学院，黄河科技学院，吉首大学，广西师范大学，海南师范大学，贵州师范大学，云南师范大学，西北师范大学，青海师范大学，青海民族大学。46所高校分布在我国24个省市，除去西北、西南地区以外，其他几个区域院校分布较为集中。本书认为这与地区的经济发展、人口、文化及受教育程度等方面有着密切关系，建议国家及政府提高对西北、西南等地区的政策扶持，促进专业均衡发展。

二、武术与民族传统体育专业建设的路径

（一）理念路径

从教育理念和办学理念入手，破"旧"立"新"。如今，我国高等教育进入了以提高质量为主题的质量时代。高等教育发展形势和核心任务的转变，对武术与民族传统体育教育提出了新的要求。对此，专业建设要以促进人的发展、为人的发展服务为指导思想，树立以"文武并重，德技双修，承传统文化，育创新人才"的教育理念。在人才培养过程中，坚持以提高本科教学质量为生命线，以凸显民族传统文化、彰显武技、弘扬民族传统精神为出发点，以改革传统封闭的旧课程观，构建充满活力的师生互动的课堂教学运行体系，突出人文教育与科学教育融合发展的教育内容，实现本专业技术教学由"项目教学"向"项目教育"转变，由"技能传习"向"文化传承"转变。扭转当前专业建设中盲目攀高、求大、求全、规模即效益、层次即水平、提高就是上层次的错误观念。

在选择专业发展方向体现"四个性"：

1. 要充分预见学科发展的趋势，瞄准科学前沿，体现前瞻性；

2. 切实发挥自身的比较优势，体现可能性；

3. 突破原来学科界限，通过推进学科的交叉与融合培育新的增长点，体现创新性；

4. 深入社会实践，以就业为导向，体现需求性。在此基础上，以先易后难、先试点后拓展、先了解社会需求后调节专业方向的办学和工作思路，将武术与民族传统体育专业中3个传统领域方向进行创新拓展。

（二）内容路径

从专业自身的逻辑和功能出发，构建多元化的办学特色体系。《国家中长期教育改革和发展规划纲要（2010～2020年）》明确指出："要建立高校分类体系，实行分类管理，引导高校合理定位，克服高校同质化倾向，形成各自的办学理念和风格，在不同层次、不同领域办出特色，争创一流。"对此，各高校应充分利用自己在地理位置上的优势，扬长避短，针对本地区特有行业的特殊需要，调整专业方向，把"人无我有"和"人有我强"作为专业设置和建设的目标，努力培育和形成自身的特色和品牌专业。从专业自身的基础出发，应加大基础研究的力度，厘清学科的基本概念、基本对象、研究范式，加大交叉学科融入的力度，逐步完善本专业理论体系和知识范畴。从课程体系与教学内容上，以品牌为驱动力，打造精品课程和精品教材来支撑专业特色。做到深入分析区域资源优势，充分挖掘地方人文资源，编写出具有浓郁的中国特色和地方特色的校本教材，力争改变武术与民族传统体育专业课程设置千篇一律的局面，重构差异化的专业主干课程、特色课程、实践课程等，以寻求同类专业的不同内涵。例如我院将在改革试点期间拟重点挖掘湖北武当道教养生文化、武当武术文化、湖北特色拳种以及前辈传承下来的传统武术等课程资源进入校园，突出地方特色和服务区域社会经济发展。

（三）"进出口"路径

从资源优势和学生就业着眼，增强生源质量，把握出口关。武术与民族传统体育专业作为传承、弘扬民族文化的新兴学科，已从2004年的33所高校，发展到45所高校设此专业。目前，报考武术与民族传统体育专业的人数逐年递减，生源质量不断下降，甚至出现单招报名全额录取的尴尬境地。

武术与民族传统体育专业应在全国各高校统一遵循的标准基础上，协同项目管理中心、国家体育总局以及教育部等相关职能部门，依据民族传统体育在我国的区域性特点以及各单位在武术与民族传统体育领域的资源优势，在招生计划和方向上想办法。对于已拓展的专业新方向，国家并没有给予多大的政策支持，需要对招生方向和人数进行调整，充分利用学校的调控和协调能力，更多地给予办学单位一定的自主设置权限，使办学单位能够在规范的指导下，体现一定的灵活性。依据国内外大学的成功案例，实行宽进严出政策。所谓"宽进"是指放宽的入学条件，入学者在具备基本文化知识以外，突出专业技术技能，即专业技术上有特色。曾经，中央电视台曝光高考加分项目，其中武术二级运动员造假事件给本专业敲响了警钟。所谓"严出"是指依据社会发展需要，制定完善的人才培养方案，落实学分学时制度，在培养质量上下功夫，严格把控出口关，严肃对待各门课程的考试。通过制定"宽进严出"制度不仅能够解决生源不足的矛盾，而且还能招揽突出的、有个性和有特长的学生进校接受教育，有利于武术与民族传统体育文化传承。

（四）制度路径

加强制度建设，以制度规范和引导专业建设评价机制、组织结构的创新必须要有适应的管理制度来保障它的良性运行，否则再好的设计和创新都是空谈。但长期以来，我国广大民众包括广大教师深受传统的人情观的影响，导致诸多措施难以落实和执行。再加上我国大学目前的权力结构普遍"头重脚轻"。绝大部分行政权力和学术权力集中在学校一级，二级学院，基层组织缺乏相应的权力，致使其应有的职能和积极性缺失。如果要充分发挥竞争机制的作用，就必须要创建"能力本位"的制度环境，避免人情用人、人情管人，权力适度下放，建立按能力和绩效用人的制度，真正做到"职务能上能下、人员能进能出、薪酬能高能低"，形成凭能力用人、凭绩效用人的良性局面。

第八章 学校武术教育课程改革

第一节 反思课程现实

一、中小学校

2004年4月2日,中共中央宣传部、教育部颁发了关于《中小学开展弘扬和培育民族精神教育实施纲要》。以下简称《纲要》。为落实纲要精神,国家体育总局武术研究院邀集全国百余位研究者组建了"关于学校武术教育改革与发展的研究"课题组,对这一课题进行研究。该研究集全国之力对我国中小学武术教育现状进行了调查。从其调查结果可知,"武术在中小学的开展很不乐观"。影响武术在中小学中开展的原因是多方面的。

(一) 外来体育文化的冲击

自20世纪以来,中国在教育方面开始接受西方文化,经过一个多世纪的发展,我国学校教育事业在各个方面都尽可能地仿照西方模式,很少使用中国传统教育方法,中国传统文化也逐渐走出了学校教育的舞台,中西文化比例严重失衡。仅从学校体育教学这方面来看,无论是学校开设的体育课程还是升学考试内容,几乎都是西方体育。改革开放和经济全球化使得各国文化得以迅速交流、融合,这本是学习外来文化、革新自我的大好时期,但却变成了一味地接受和改变,使本国传统文化消失殆尽。这种现象不仅体现在教育中,在我们的日常生活中也随处可见,中华民族传统节日的淡化与西方节日的盛行、婚嫁生日等习俗中民族文化的缺失与西方元素的不断增多,把国民的民心逐渐西化了。

由于长期以来社会对中外文化的认识存在严重的片面性,使得学校基础教育出现了崇洋媚外、忽视传统文化的现象,升学考试等选拔优秀青少年学生也多以外来知识水平为标准。目前,我国整体上对中华传统文化的认识和学习氛围有所欠缺,很多被称之为国粹的传统文化在青少年一代中遗失殆尽,学校和社会都没有为学生提供一个学习民族传统文化的良好氛围,从而使得武术在中小学教育的推广过程中缺乏一股推动力。学校基础教育是每个人必须接受的教育,也是人们知识积累的源头，而在这个建立一生知识根基的教育过程中，我们却没有尽可能多的向学生传授拥有五千多年历史的中国传统文化，而以西方文化标准来培养祖国的下一代。在这个文化大融合的时代，我们自身有价值的文化正在逐步被同化，被遗忘，而一个民族如果没有了自己的文化，也就失去了存在的根基。

武术作为中国传统文化的载体，在中小学体育教育中，却几乎完全失去了地位，这一点从调查结果中就能看出来，很多中小学生将跆拳道、拳击等项目列入武术中，有的甚至不知道武术源于中国。很多学校领导和家长都认为武术比其他技击项目如跆拳道要难教、难学，而且由于动作过于复杂，如果练得不好反而让人失去兴趣，学生也更难接受。同样是经过了文化的交流和学习，而被我们忽视的传统文化，在国外很多国家却奉为珍宝，他们保护本国文化的基础上，积极学习其他国家的优秀文化，比如武术在新加坡被列为中小学体育课的必修内容，日本也将"武道"列为体育课的必修项目，而武术在我国中小学推广过程中的尴尬境况与在国外的流行形成很大反差。翻看我国的近代史，看到的是一部中华民族的屈辱史，更是一部中华儿女坚强抵御外来侵略的抗争史，但是打开中小学课本，看看体育场，映入眼帘的却是各式各样的外来文化，对于正在接受义务教育的中小学生，这样的情况难免使他们对中华民族传统文化概念模糊，武术是中国传统文化的精华，我们应该在经济全球化的背景下正确全面地审视自己的文化，不断传承下去。

（二）武术进入中小学目的不明确

通过问卷调查和访谈了解到，大多数家长、学生甚至一部分教师都认为，学习武术就是为了强身健体、防身自卫，并没有将学习武术文化放到首位，没有认识到武术对传承中华民族文化的作用。这说明目前中小学武术教育仅仅停留在技术教学层面，而没有将武术作为一项民族传统文化进行发展和弘扬，大部分教师只是将武术传承民族文化和发扬民族精神停留在说教的层面上，而没有真正在教学过程中对学生进行武术文化教育。这使得武术与其他体育课程的区别意义减小，仅仅是作为一个体育项目来学习，忽视了武术最根本的价值。目前我国整体上对中华传统文化的认识和学习氛围有所欠缺，使得武术在中小学教育中的推广缺乏一股氛围和推动力。邱丕相在《中国武术文化散论》中提到"仅仅把中国武术视为一个体育项目、一种专门的技能，还远远不能包容和理解中国武术。任何体育项目虽然都会具有文化的意义，但没有一个体育项目像武术一样具有浓郁的民族文化特征，具有武术那么大的包容量和负载能力"。武术融军事、美学、中医、哲学等为一体，承载着中华民族的智慧、理念和文化，是其他任何一个体育项目所不具备的。我们要充分认识到武术这一独特的文化价值，在武术课的普及以及教学过程中明确目标，使中华民族传统文化得以继承和弘扬。

（三）对武术课程的认识错位

校长和家长对开设武术课可能引起的伤害事故有所顾虑，导致他们对武术的重视程度不够，有的校长竟然认为不宜在学校里大面积推广武术，因为孩子们的体育课有自己的一套教材、一套教学内容，这些教学内容与武术训练的总体目标还是一致的，所以武术的开展并不是急需的。武术教师自身的综合素质问题，武术影视和小说的虚幻造成了学生对武术认识的错位。

（四）武术教学内容片面

武术自列入体育教材以来，虽历经时代的变迁，其内容却一直没有实质性的改变。纵观近些年的武术教学内容，在基础教育课程改革的背景下，《体育》和《体育与健康》教材中的武术教学内容虽然较之以前有所变化，减少了套路的动作数量，增加了体现攻防格斗的散打和女子防身术等内容，但是，武术教学内容主要还是以基本功、基本动作和套路为主。目前无论是学生还是体育教师都或多或少地对现有学校武术教学内容提出了不满，主要反映在教材陈旧，结构单一，缺乏科学性、系统性和吸引力，难以激发学生学习武术的兴趣，在一定程度上脱离了学生的实际需要，既枯燥沉闷，又烦琐、复杂，不受学生喜爱。

对于不同的影响因素应有不同的应对策略。对于外来体育文化的冲击，我们要有足够的重视和正视，但也不能老喊"狼来了"却始终无动于衷。对于其他客观原因，可以采取积极主动的措施来解决，如政策上给予支持、制定相关的法规来促进武术在学校中的开展。武术师资的问题可以通过加强师资培养和定期培训来解决，但对于中小学武术教师引进的问题，则只能借助于政策的力量了。校长和家长的质疑、教师的畏难及学生的不合作，与武术课程内容的片面性有极大关系，以至于他们对武术及当代学校武术教育价值没有正确而全面的认识，可见，对武术课程内容的改革势在必行并急需实施。对于武术教学来说，不能仅仅局限于技术层面，而要充分发挥学校武术教育的作用来促进学生的和谐发展。武术礼仪和武德教育是学校武术教育中的一个空白。加强武德、武礼教育，对于消除校长和家长对学生学习武术安全问题的顾虑是有用的。受中国传统天人合一哲学思想的影响，中国的伦理规范是知行合一的，对于武术的规范也是如此。没有了武术的技击属性，其德礼就失去了存在的基础。皮之不存，毛将焉附。没有了武术德礼的规范，武术就只能是类似街头混混的打架斗殴，这样既不利于社会的和谐，也不利于武术在当代社会中存在、发展。可见，若不能很好地解决武术技击与武术德礼二者的关系，会很不利于武术在学校中的开展。这是进行武术课程内容改革首先应考虑的问题。

教学评价指引着教学活动，要改变单纯以武术技术来衡量学生学习武术的情况，而加强综合评价。课外武术活动对于学校武术教育来说是很重要的一种形式，它有利于培养学生的习武兴趣，促进学校武术教育的正常开展。社会与学校在武术教学上形成的竞争态势对武术在学校中的开展最终还是有促进作用的，因为，要想使武术很好地立足于学校就必须加强学校武术教育改革。外来体育文化的冲击，和人们对武术及学校武术教育的正确而全面的认识，都需要通过武术课程内容的改革来应对。习武动机的激发、认同参与武术教学、习武兴趣的满足及学生的和谐发展最终都要落实到武术课程内容。虽然，不同时代对学校武术教育提出不同的要求，不同的教师也可能具有不同的价值取向，不同的学生更可能具有不同的现实需要，使学校武术教育价值可能侧重于某些方面。但是，正如前面所述，在中国当代社会背景下，学校武术教育价值旨趣是促进人的和谐发展。可见，武术课程内容是否全面、合理，是否适合中国当代社会背景下人的和谐发展的需要，就成了关键。

武术课程内容的改革要适应基础教育课程改革背景下的体育课程改革。《课程标准》根据三维健康观、体育的特点以及国内外体育课程发展的趋势，改变了过去按运动项目划分课程内容和安排教育时数的框架，重新构建了体育课程的内容体系，拓宽了课程学习的范围。体育与健康课程目标是多维的，但没有规定具体教学内容。不规定具体教学内容，教师选择教学内容的余地就很大，学生锻炼身体或掌握身体锻炼的手段和方法也很多。起决定作用的是，哪个项目的特色能得到充分发挥并满足学生的兴趣和学生身心发展的需要，哪个项目就具有优势，就能占领学校这块领地。武术在学校中的优势一方面取决于武术对实现课程目标的作用，另一方面则取决于武术跟其他体育项目相比是否具有自身的独特性，这是武术在学校中存在的唯一理由。

如果不同体育项目的教育作用都一样，那么，人们一般都会选择更易于教学的体育课程。中西体育文化既具有共性，又具有各自的独特性，以中西体育文化为课程内容对学生进行教育，其价值肯定是不同的，关键是在实践中，能否实现这种不同。因此，要充分发挥武术在学校教育中的独特作用，不能将武术仅定位在某种运动形式的技术层面，或将学校武术教育仅定位为单一的某种运动形式的技术掌握和在此基础上的身体运动教育，而忽视其他更为深刻的教育价值。这也对武术课程内容提出了更高的要求，要以学校武术教育自己独具的属性来满足学生身心发展的需要。

因此，要用现代教育理念来指导武术教材的编写，不能仅满足于对以往教材的缝缝补补，不能简单地用西方体育的模式来规范武术，因为武术有其更为深刻的内容，否则，中西体育文化的区别和二者所起作用的差异可能就很小了。

综上可知，使中小学武术教育陷入目前尴尬境地的核心原因是武术被人为地割裂，这导致了人们对武术认识的错位，也使得武术的多元性和整体性在武术课程内容中得不到反映，其技击属性被弱化，其德礼教育被遗弃，学校武术教育的作用也就得不到真正发挥。

二、高等学校

相对于中小学武术教育来说，高校武术教育则是另外一种情形。高校只要设置了武术课，一般都能正常开设。那么，对于一已开设武术课的学校，需要考虑的问题就是其武术课程内容有哪些？这些课程内容在实际教学中作用如何？高等学校普通体育课在1978年以前有统一的教学大纲，其武术课程内容为武术基础知识、基本功、基本动作、青年拳攻防对练或初级长拳、初级剑术或简化太极剑、简化太极拳或太极剑六段选。90年代以后，国家教育部颁布了《全国普通高等学校体育课程教学指导纲要》，使高校的武术课程内容增加了选择性和自主性。对部分普通高等学校体育课的武术课程内容进行的摘录和整理（见附件）发现普通高等学校体育课的武术课程内容基本是以套路形式为主，有的学校既有套路，也有散打，但基本是以两个项目分别开设的，也有单独以散打形式开设的，太极类项目在一些学校则以保健体育课的形式开设。可见，武术课程内容是单一的，武术课程内容缺乏系统性。另外，武术课程名称处于并列或包含状态，也造成了人们对武术认识的混乱。在某种程度上来说，这是对武术课程内容没有正确而全面的理解所造成的。

从对一些学校武术教育、教学进行的观察和对任课教师、学生进行的访谈得知，普通高等学校体育课程的武术课以套路或散打技术学习为主。通过观察个人练习，从开始到结束，基本功练习局限于肢体的活动，套路教学中基本无攻防练习，也没有涉及套路鉴赏，散打教学侧重于技术的学练，基本没有武德、武礼的教育。综上可知，在普通高校武术教育中，基本功和基本动作、套路、散打各行其是，武术课程内容选择单一，这就割裂了武术的多元性和整体性，影响了学校武术教育整体作用的发挥，且仅把武术当作项目对待，侧重于技术的教学，而没有从教育本身，把武术作为一种教育资源，致力于人的全面、和谐发展。

谁来教，关系着学校武术教育的开始怎么教，关系着学校武术教育的效果和成果教什么，则更是一个基础性问题，有了合适的武术课程内容，才有谁来教和怎么教的可能。对武术课程内容的现状进行的分析可知，武术多元内容结构被肢解造成了武术课程内容的单一，武术课程内容选择的片面性使武术教学效果具有局限性，使当代学校武术教育价值不能彰显。因此，必须对武术课程内容进行改革。根据价值选编合适的武术课程内容，与当代社会背景下人的全面、和谐发展的需要相结合，赋予武术课程内容相应的价值。在学校武术教育、教学实践中，使武术课程由侧重客观的技术向侧重主观的学习主体，由封闭到开放的，由单向、独自式的到多元、交互式的，由教师权威性工具到自主发展的系统，由外显性的到外显、内隐或潜在并重的，由注重结果的到强调过程的，由内部简单关联的到生态发展的方向转变。由于当代学校武术教育价值总是通过武术课程载体的运行才能实现，故上述武术课程内涵的变化也必然对当代学校武术教育价值产生影响。

第二节 选择课程未来

一、政策策略

从今天学校体育教育存在的问题中，我们发现学校武术教育正在被形式化——有大纲规定，有教学内容，有教学计划但无人教、无人学，强化的武术指导纲要和弱化的武术教学实践正在形成强烈的反差，这是一个非常可怕的现实。而问题的另一个方面是作为中国传统体育文化的代表——武术，不论是在小学、初中、高中还是普通高校的教材体系中，仅仅是众多"身体运动"项目之一，一个不同学年段的在校生，所接受的武术教育的时间往往很少。一位老师如是说，"由于时间有限，例如，初级长拳第三路，每节课一段，四节课一套，以至于在学生毕业实习时连技术也已经遗忘殆尽。"在对学校武术教育进行改革的同时，还需要国家从政策上给予积极支持。如，以教育立法的形式确立武术课程在学校中的地位，高度重视、充分发掘、科学认识武术课程资源，立足武术课程资源管理，按照学校武术教育目标，合理选择武术课程内容。

二、理论支持

（一）内容类型

现有武术课程内容基本是以单元性课程为主，如少年拳、陈式太极拳或散打，而整体性课程缺乏，使得武术课程内容没有连续性、顺序性和整合性可言，武术课程内容单一或仅限于技术的学练，影响了学校武术教育功能的发挥，不利于人全面、和谐发展需要的满足和当代学校武术教育价值的实现。因此，急需改革武术课程内容，并积极构建整体性课程。前述可知，哲学观念影响着身体观，而身体观无疑会对以身体为对象的体育文化形态及其实践产生影响。受中国传统"天人合一"哲学观念的影响，东方包括印度、中国、日本身体观的突出特点是"身心合一"，在此基础上形成了医家的实体性身体观、儒家的社会性身体观和道家的自然性身体观，医家的实体性身体观认为人的身体活动应是意、气、形体的统一，儒家的社会性身体观则认为人的身体活动应受制于社会伦理，而道家的自然性身体观则认为人的身体活动应合乎于自然大道。身体观在以身体为对象的体育文化形态及其实践中得以表现，武术作为一种中国传统体育文化，不可避免地受上述身体观的影响，使得它在进行"内外兼修"的同时追求身体、意念和呼吸的协调，武德与拳理、技术与修养的结合，和外在形健与内在神韵的统一。

可见，在学校武术教育中，武术课程内容应该起到健康教育，技击教育和审美教育的作用。因为整体性课程主旨是健康教育、技击教育和审美教育，所以，可按学校武术教育功能将武术课程资源划分为身体健康促进类、技击能力培养类和套路演练与鉴赏提高类三种课程内容类型。这样类型的课程内容能够充分发挥学校武术教育功能、从而满足人全面、和谐发展的需要，进而实现当代学校武术教育价值。

（二）内容维度

总的来说，武术课程内容维度应该满足健康教育、技击教育和审美教育的整体性课程主旨，应该适合身体健康促进类课程、技击能力培养类课程和套路演练与鉴赏提高类课程建设，由此可见，武术课程内容维度应是基本功和基本动作、徒手实战和器械实战、套路演练这三种形式的有机统一。这其中，基本功和基本动作是武术学练的基础，因此，在武术基本功和基本动作学练的基础上进行徒手实战和器械实战，在武术徒手实战和器械实战学练的基础上才能领悟和体现武术美，也因此，套路演练须在武术基本功和基本动作、徒手实战和器械实战学练的基础上进行。值得注意的是，北京体育大学的《太极拳精品课程》中提出的以太极拳拳种方式传习武术的理论与实践，能够体现武术课程内容的连续性、顺序性和整合性（图 8-1）。因此，下面以太极拳课程内容为案例进行分析。

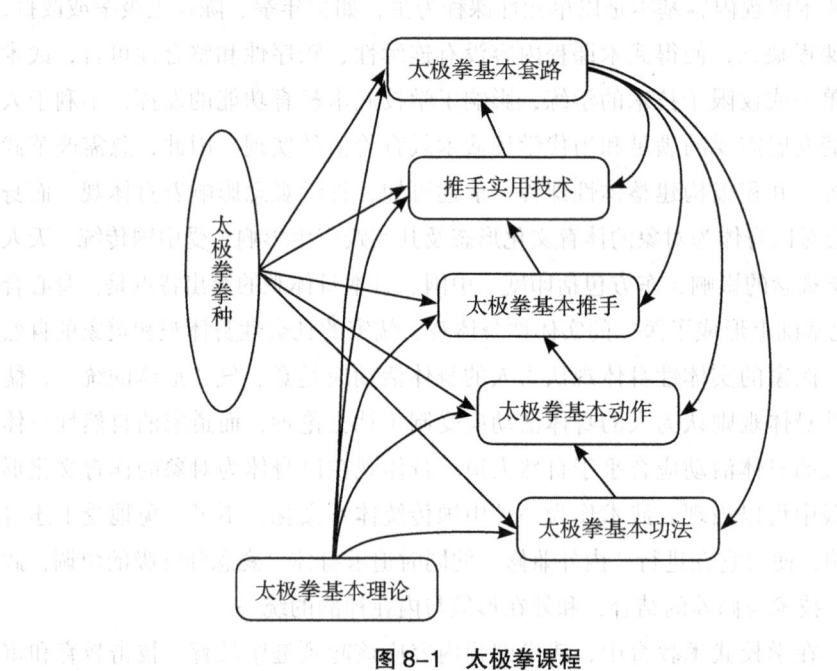

图 8-1 太极拳课程

从图可知，以太极拳拳种方式传习，结合太极拳基本理论，先从掌握太极拳基本功法、基本动作开始，继而学练太极拳基本推手和推手实用技术，然后再演练太极拳。"以太极拳拳种方式传习"维系了太极拳技术结构的多元性、整体性和教学训练方法的程式化原则，使个体在不断提高其技击能力为主体价值取向的习武过程中得以全面、和谐发展。

（三）内容结构

课程内容采取何种逻辑形式编排和组织，直接影响课程内容结构的性质，也制约着课程实施中的学习活动方式。武术课程内容包括武术技术和武术理论，武术技术又分徒手技术和器械技术。总体上应根据纵向贯穿和横向展开的原则来编排和组织武术课程内容。遵循基本功和基本动作到徒手实战和器械实战再到套路演练的程序展开，即先学肩功、臂功、腰功、腿功、桩功、手型、步型、手法、步法、腿法、跳跃、平衡、跌扑滚翻等，再学推手、散打、短兵、长兵等，最后学拳术或器械。根据不同年龄阶段学生的身心特点编排和组织侧重点及难度不同的武术课程内容，使武术课程内容具有连续性、顺序性和整合性，同时，不同学段的武术课程内容又具有针对性。

第三节 体现教育价值

学校武术教育受西方体育冲击，被当作一个项目来对待，表现为单一技术的学练，使学校武术教育作用得不到发挥，当代学校武术教育价值得不到实现。因此，教师要创设一定的教育情境，通过适时的引导和合理的讲解，使学校武术教育的其他元素得到恢复，使当代学校武术教育价值得以彰显。虽然基本功和基本动作简单，如肩功、臂功、腰功、腿功、桩功、手型、步型、手法、步法、腿法、跳跃、平衡、跌扑滚翻等，但这不只是简单的肢体活动，而是身体、呼吸和意念的有机统一，例如，冲拳和冲拳加发声吐气效果就不同。因此，教师在教学时，讲解这些动作的原理，学生在练习时，身体、呼吸和意念配合，在此过程中，学生身体内强外壮。学生学练推手、散打、短兵和长兵时，在交往中体悟冲突，在冲突中进行交往，这种随机的对抗与编定的对练不同，攻防双方在判断或攻或防时，进行着身心的较量，教师在此时应根据适当的情境，渗入技击原理、武术规则和武德、武礼教育，在此过程中学生适应冲突交往，心理日益健康，尚武崇德得以培养，和谐人格得以造就。

因为文化及美的事物的本质通过课程内容来体现，所以，要围绕拳术或器械套路演练组织课程内容，如为了使学生体悟武术文化及鉴赏武术美，教师要解释武术所蕴含的哲理及创造武术审美教育情境，使学生在体悟武术哲理和鉴赏武术美的过程中获得熏陶并能够"诗意地栖居"，在此过程中，学生精神修养提高。学生在身体内强外壮、适应冲突交往和高尚精神修养的基础上最终得以和谐发展。见图8-2、图8-3。

学校武术教育中的课程内容改革离不开人的全面发展学说及武术理论，它作为实现当代学校武术教育价值的基本条件，也为武术课程内容改革提供了找寻策略的路径，即：以教育立法确立武术课程地位，以教育目标确定武术课程内容，以科学认识开发身体健康促进类、技击能力，培养类、套路演练与鉴赏，提高类等武术课程资源，有机地统一基本功和基本动作、徒手实战和器械实战及套路演练，以便使动作程序的纵向贯穿与年龄心理特点的横向展开趋于契合，最终实现学校武术教育价值。

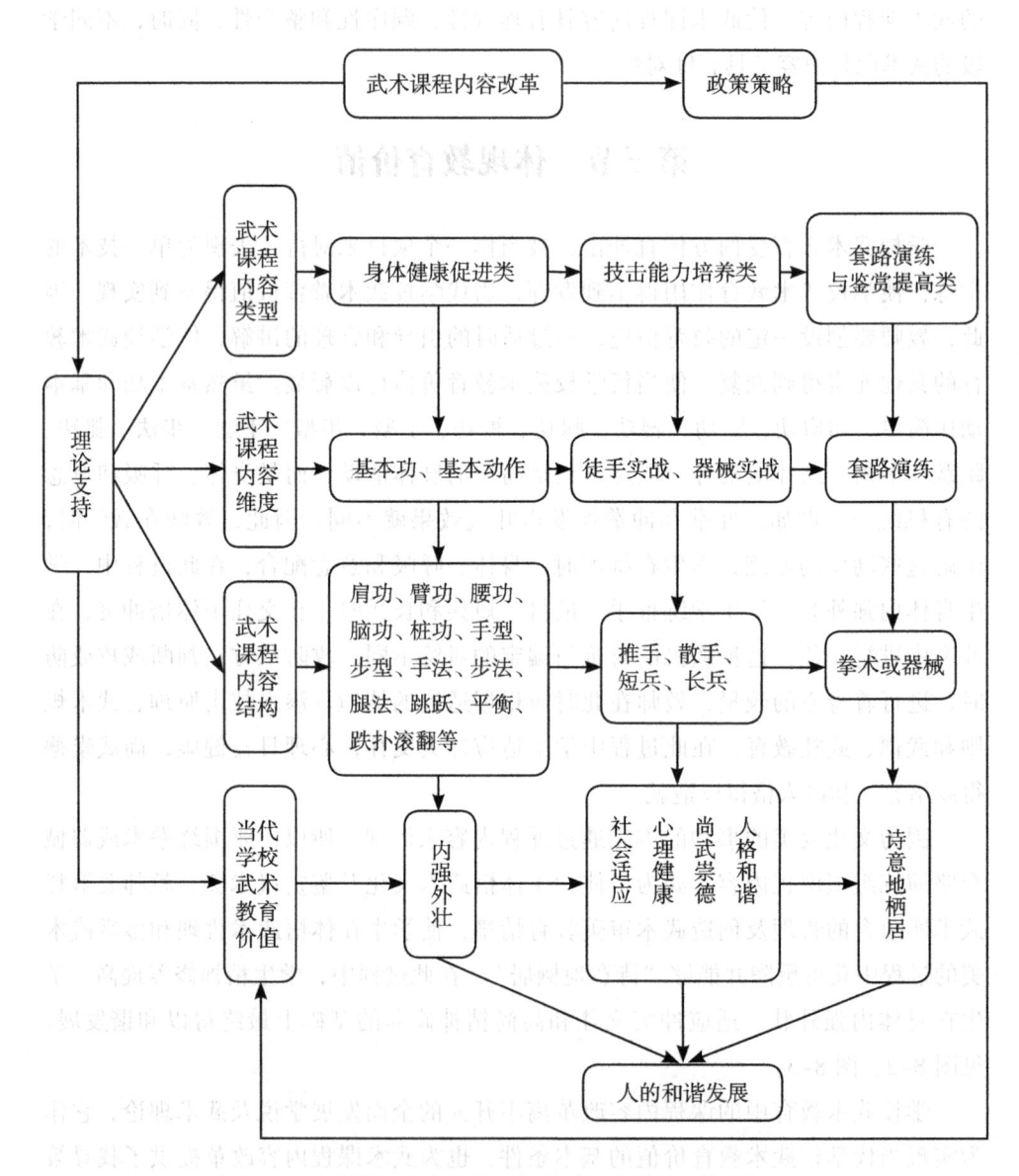

图 8-2　武术课程内容改革与当代学校武术教育价值的实现

第八章　学校武术教育课程改革

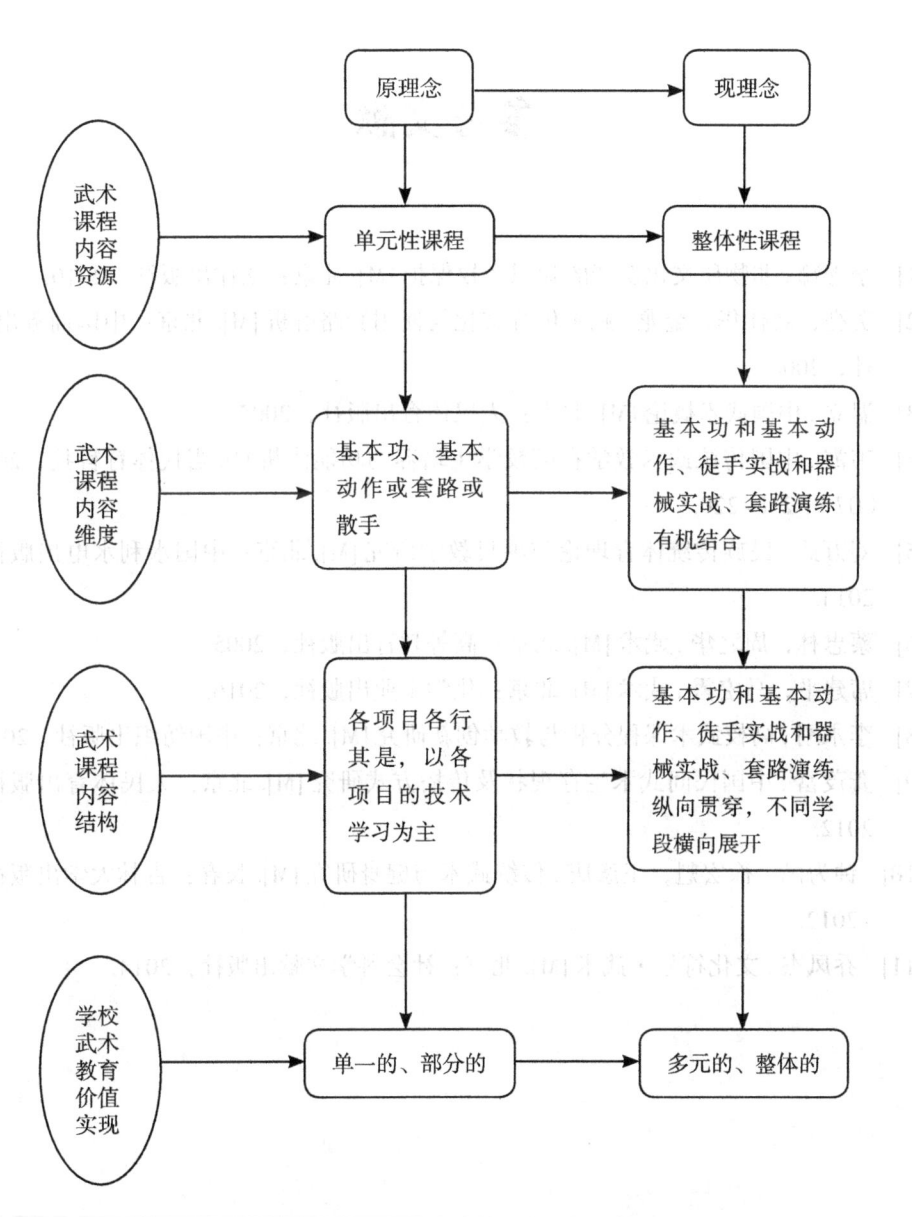

```
                    原理念 ──────────→ 现理念
                      │                  │
                      ↓                  ↓
武术课程内容资源 →  单元性课程         整体性课程
                      │                  │
                      ↓                  ↓
武术课程内容维度 →  基本功、基本      基本功和基本动
                    动作或套路或  →    作、徒手实战和器
                    散手              械实战、套路演练
                                      有机结合
                      │                  │
                      ↓                  ↓
武术课程内容结构 →  各项目各行        基本功和基本动
                    其是，以各    →    作、徒手实战和器
                    项目的技术        械实战、套路演练
                    学习为主          纵向贯穿，不同学
                                      段横向展开
                      │                  │
                      ↓                  ↓
学校武术教育价值实现 → 单一的、部分的 → 多元的、整体的
```

图 8-3　武术课程内容改革前后学校武术教育价值实现对比

-225-

参考文献

[1] 李秀娜. 非物质文化遗产的知识产权保护 [M]. 北京：法律出版社，2010.

[2] 贾亮，黎桂华，金龙. 武术传统文化与使用套路解析 [M]. 北京：中国商务出版社，2008.

[3] 温立. 中国武术概论 [M]. 北京：人民体育出版社，2005.

[4] 韦霞. 中国传统武术教学在高校学生培养的功能浅析 [J]. 当代体育科技，2015（07）：218-220.

[5] 刘万武. 民族传统体育理论与项目教学研究 [M]. 北京：中国水利水电出版社，2014.

[6] 蔡忠林，周之华. 武术 [M]. 北京：高等教育出版社，2005.

[7] 席建平，马宏霞. 武术 [M]. 北京：化学工业出版社，2016.

[8] 李永刚. 高校武术课程分析与教学创新研究 [M]. 北京：中国纺织出版社，2016.

[9] 龚茂富. 中国民间武术生存现状及传播方式研究 [M]. 北京：人民体育出版社，2012.

[10] 钟为民，徐宏魁，王彦庆. 传统武术与健身研究 [M]. 长春：吉林大学出版社，2012.

[11] 乔凤杰. 文化符号·武术 [M]. 北京：社会科学文献出版社，2014.